刘金锁8561证券投资系列 三

8561
单根K线
战牛熊

刘金锁 著

中华工商联合出版社

图书在版编目（CIP）数据

8561 单根 K 线战牛熊 / 刘金锁著 . -- 北京：中华工商联合出版社，2023.12
ISBN 978-7-5158-3816-8

Ⅰ．①8… Ⅱ．①刘… Ⅲ．①股票投资－基本知识 Ⅳ．①F830.91

中国国家版本馆 CIP 数据核字（2023）第 217055 号

8561 单根 K 线战牛熊

作　　者：	刘金锁
出 品 人：	刘　刚
责任编辑：	吴建新
装帧设计：	张合涛
责任审读：	付德华
责任印制：	陈德松
出版发行：	中华工商联合出版社有限责任公司
印　　刷：	天津创盈印刷有限公司
版　　次：	2024 年 2 月第 1 版
印　　次：	2024 年 2 月第 1 次印刷
开　　本：	787mm×1092 mm　1/16
字　　数：	320 千字
印　　张：	14.25
书　　号：	ISBN 978-7-5158-3816-8
定　　价：	78.00 元

服务热线：010-58301130-0（前台）
销售热线：010-58302977（网店部）
　　　　　010-58302166（门店部）
　　　　　010-58302837（馆配部、新媒体部）
　　　　　010-58302813（团购部）
地址邮编：北京市西城区西环广场 A 座 19-20 层，100044
http://www.chgslcbs.cn
投稿热线：010-58302907（总编室）
投稿邮箱：1621239583@qq.com

工商联版图书
版权所有　盗版必究

凡本社图书出现印装质量问题，请与印务部联系。
联系电话：010-58302915

前　言

股市投资技术多，
复杂指标常晕过。
唯有简单才是美，
单根K线牛熊飞。

在《8561 A股特色股票投资交易体系》一书里的第八章，我提到过单根K线战牛熊的部分内容，本书会将这部分内容展开了给大家详细讲解。

在平时和股民朋友交流过程中，我发现有很多股民朋友对简单的K线知识都不能掌握，明明是主力在出货，股民却还幻想着是在洗盘！明明是主力在洗盘，他却理解为主力在出货，这就会造成反向操作。结果是买在主力出货的时候，买完就跌；卖在主力洗盘的时候，卖完就涨。鉴于以上原因，这才给了我写这本书的动力！

股市投资大概有两种分析策略：

一种是基于上市公司基本面的价值投资分析，也就是常说的买股票就是买企业，跟着企业一起成长，赚企业成长的钱。

另外一种是根据图形和指标类的技术分析，技术分析相对于基本面价值投资分析来说，相对简单一些，尤其对于普通投资者来说更加容易上手。但技术分析里的很多技术指标，让投资者一头雾水，不知到底该从何学起？其实学习技术分析第一步就是先学习K线的知识，因为K线图就是技术分析投资者的眼睛，没有K线图这个指标作为技术分析的基础，很多交易策略都不能落实到实战当中。我在电视台做节目和讲公开课的时候，讲过很多次，股民要想学习技术分析，正确的学习顺序应该是K线、成交量，然后才是均线、MACD指标、KDJ指标、筹码分布等技术分析，K线一定是排在第一位的，所以本书内容都是围绕K线作为基础来进行详细讲解的。

很多技术指标相对复杂，而K线相对简单明了。我经常说，简单就是美，很多股民朋友学习了无数个指标，最后还是要回到基础的K线上来，所以少了K线作为技术分析的策略，都是不客观的。为此，我才会写出这本股民必看的书，让投资者朋友能很容易上手，很快就能运用到实战当中！

股市投资就是一门生意，假如您要投资一个项目，在投资之前，一定要先学习和研究如何才能把这个项目做好，而不是等到项目出现亏损了再去想怎么止损的问题，这种亡羊补牢的做法，对于投资来说是大忌。

从业20多年的时间里，我见过一些投资股市的成功者，他们有做价值投资的，也有做技术分析投资的，但他们不管是用什么策略来投资，都离不开K线图作为参考！我听到有些人会讲，价值投资不需要择时，那意思就是不用看K线图，有太多散户就是被这种理论给误导了！其实真正的价值投资者也是需要择时的，他们使用的是上市公司估值的择时分析，低估的时候买进，高估的时候卖出，他们寻找和等待的就是安全边际，这个所谓的安全边际其实就是在择时！

我做投资者教育教学期间，见过有的投资者在2500元高位时买入贵州茅台，跌到1500元受不了，最后割肉止损出局。我在《8561 A股特色股票投资交易体系》一书中详细解读过，关于价值投资择时的问题，各位股民朋友一定要重视！好公司不等于好股票，好股票不等于好公司！意思是得适当学会择时，虽然价值投资追求的是上市公司的长期投资价值，也不会追求买在最低位、卖在最高位，但是必须也要考虑择时的重要性。这些年我见过太多做价值投资，而不择时造成巨额亏损的案例，对于大多数散户来说要想在股市赚到钱并非易事！基本面再好的股票如果买点不对也不会赚到钱，对你来说就不是好股票；同理，基本面不好的股票买点判断对了，买完赚钱了，对你来说就是好股票。

万丈高楼平地起，牢不牢固看地基！所有股民朋友想要进入股市投资，必须要做好功课才能入市，否则大概率都是亏损的！试想一下，假如您想投资一门生意或者项目，但是您手里只有钱，对这个项目或者生意没有深入调研和学习相关的专业知识，您的投资大概率是要失败的！股市也是同理，股市对于每个人来说就是一门生意或是一个项目，在投资这个生意之前，一定要把地基先打牢固了，再开始建楼层，这样后面就会更加稳固，投资胜率才会提高！

从业20多年以来，我见过太多的散户投资者被市场淘汰，倾家荡产、妻离子散的真实案例我也见得多了，所以我在很多场合都会劝散户投资者，一定要理性投资股市，理性看待股市，不能盲目投资！最起码的基础知识了解以后再去投资，这样就会少吃亏。如果有人说，学习也会亏钱，我只能劝一句：您不适合投资股市，建议早点离开股市为好，因为一个不爱学习的人投资股市，大概率都是失败的。

鉴于K线就是股市技术分析的根基，所以本书一切内容都是围绕着K

线展开来写的，我会用通俗易懂的方式来给各位读者讲解，让新股民也更容易学会，让老股民能颠覆一些之前的错误认知。希望通过本书的内容，能让所有看到本书的股民朋友们，真正实现知识升级的目的，并且能落实到实战交易当中。

由于本书从 2021 年 8 月开始写，2023 年 3 月完稿，所以书中案例时间跨度较大，请读者朋友们重点关注知识点，别太在意案例时效性。

本书可以作为投资者教育的一本教材使用，倡导股民理性投资，不盲目追涨杀跌，理性客观投资股市，积极乐观地面对投资股票浮亏和浮盈问题。

在此真诚感谢提供本书中真实聊天记录、账户和交割单的几位投资者朋友，感谢所有 20 多年来一直不离不弃的投资者和朋友们，是你们给了我研究股市的动力，也给了我创作《8561 单根 K 线战牛熊》的灵感，尤其感谢出版社各位同事在我写作过程中给予的点点滴滴的帮助，有了你们的帮助才使得本书顺利出版和发行。

刘金锁
2023 年 8 月 24 日星期二写于北京

目 录

第一章 引 论 ... 1

第一节　使用单根 K 线做交易的前提条件 ... 2
第二节　8561 A 股特色股票投资交易体系简介 ... 19

第二章 K 线基础知识详解 ... 35

第一节　什么是 K 线 ... 36
第二节　常见 K 线买卖点分析 ... 38
第三节　K 线组合找买卖点 ... 55
第四节　借助物理学惯性原理判断 K 线短线节奏 ... 78
第五节　波段转折 K 线的重要性 ... 80
第六节　学习 K 线知识的注意事项 ... 82

第三章 8561 三段式 K 线学习法的实战应用 ... 83

第四章 左侧交易和右侧交易的实战应用 ... 89

第一节　左侧交易的应用 ... 91
第二节　右侧交易的应用 ... 96

第五章 常见 K 线组合形态实战应用 ... 103

第一节　头肩顶和头肩底形态 ... 104
第二节　双底和双顶形态 ... 107
第三节　三重顶和三重底形态 ... 109
第四节　圆弧顶和圆弧底形态 ... 111
第五节　最狠"A"字顶形态 ... 115

第六章　跟庄操作的 K 线形态要素 …………………………… 117

第一节　主力的成本分析 …………………………………… 118
第二节　如何计算主力持股成本 …………………………… 121
第三节　如何判断主力洗盘 ………………………………… 123
第三节　如何判断主力出货 ………………………………… 128

第七章　8561 分时 K 线 T+0 战法 …………………………… 137

第一节　T+0 的优势 ………………………………………… 138
第二节　T+0 的劣势 ………………………………………… 139
第三节　分时 K 线 T+0 实战应用技巧 …………………… 139
第四节　T+0 应用注意事项 ………………………………… 148

第八章　8561 短线王急速追杀战法 ………………………… 151

第一节　8561 短线王急速追杀战法原理 ………………… 153
第二节　8561 短线王急速追杀战法选股条件 …………… 153
第三节　8561 短线王急速追杀战法买入条件 …………… 153
第四节　8561 短线王急速追杀战法止损和止盈条件 …… 154
第五节　8561 短线王急速追杀战法的优劣势分析 ……… 156
第六节　8561 短线王急速追杀战法使用注意事项 ……… 156

第九章　8561 单兵突围战法 ………………………………… 159

第一节　8561 单兵突围战法原理 ………………………… 160
第二节　8561 单兵突围战法选股条件 …………………… 161
第三节　8561 单兵突围战法买入条件 …………………… 162
第四节　8561 单兵突围战法止损和止盈条件 …………… 163
第五节　8561 单兵突围战法使用注意事项 ……………… 164

第十章　8561 K线扭转乾坤战法 …………………………………… 167

第一节　8561 K线扭转乾坤战法原理 ………………………… 168
第二节　8561 K线扭转乾坤战法选股条件 …………………… 168
第三节　8561 K线扭转乾坤战法买入条件 …………………… 171
第四节　8561 K线扭转乾坤战法止损和止盈条件 …………… 172
第五节　8561 K线扭转乾坤战法使用注意事项 ……………… 172

第十一章　使用K线进行精准挂单交易 ………………………… 175

第一节　精准判断阻力位和支撑位 …………………………… 176
第二节　什么是挂单交易 ……………………………………… 192
第三节　挂单交易的优势 ……………………………………… 194
第四节　挂单交易的劣势 ……………………………………… 195
第五节　挂单交易的实战应用 ………………………………… 197
第六节　挂单交易的注意事项 ………………………………… 201
第七节　一买就跌一卖就涨的原因是什么 …………………… 204

第十二章　学习股市投资的原则 ………………………………… 207

第一节　先定位自己 …………………………………………… 208
第二节　选择先由简到繁再大道至简的学习路径 …………… 209
第三节　适合自己的就是最好的 ……………………………… 210

第十三章　影响股价涨跌的因素分析 …………………………… 211

后　记 ……………………………………………………………… 215

第一章 引 论

> 炒股先学避深坑，
> 各种风险需分清，
> 莫靠运气学排雷，
> 方向正确不会累。

8561 单根 K 线战牛熊

第一节
使用单根 K 线做交易的前提条件

一、在正式讲解本书核心内容之前必须强调一个注意事项

任何的交易策略都会有适用群体和适用期，一个方法再好也不会适用于所有的行情，更不会适合所有的投资者，这一点是肯定的。因为每个人的投资经历、资金来源属性、投入股市资金占家庭总资产的比例、投资心态、知识储备、投资风格等都是不一样的。你给一个喜欢价值投资的投资者讲短线逻辑，你觉得他会喜欢听吗？同理，你给一个每天打板的短线交易者讲价值投资，你觉得他会有耐心听吗？所以，适合自己的交易策略才是最好的！

8561 所有的战法都是建立在符合 8561 选股条件的基础上作研究分析的，这是一个基础，所以本书所有的知识点，前提是这只股票符合 8561 选股条件，再去延展分析，否则就不值得浪费时间去研究分析。因为 8561 的核心是，在风险最小的情况下再去追求利润最大化，而不是简单去追求纯短线的暴利机会！股市拼的是什么？不是看谁"活"得猛，而是要看谁"活"得长。

> 巴菲特名言：保住本金是第一位的。

单纯的短线操作大概率都是失败的，这也是我一直强调的非常重要的一点，因为很多散户投资者之所以亏损，就是没有搞清楚本金的重要性和股市的二八定律。股市投资的成功者都会有自己正确的交易策略和操作纪律，没有规矩不成方圆，没有纪律不成大事！对于我来说，股市的操作纪律是一切必须建立在符合 8561 选股条件的基础上，尽量在保证本金安全的情况下再去追求利润。

二、重要知识点：绝对不能参与的股票类型分析

很多投资者之所以造成亏损，大多数都是参与了不能关注的类型股票，因为如果你选择错了股票，再怎么努力都是白费功夫。比如你买了一只主力

高位出完货的股票，你的结果要么是被深套很多年，要么就是割肉止损出局。所以，各位投资者必须先学习哪些类型的股票不能买，这样就能大幅降低亏损的概率。

以下几种股票的类型是不能参与的，一定要把自己关注的股票进行完全分类，这个分类是很重要的！

1. 老庄股（不能参与）

老庄股是一种特殊的K线形态，一般情况下是很容易分辨的，老庄股的命运大多都会出现日线级别的崩盘走势。我讲课的时候经常会讲到这个知识点，其中一句话：老庄股千万不要参与，因为早崩晚崩，早晚得崩盘。不管你在这种股票上有没有获利，只要你恋战，基本最后都会遇到股价雪崩。如图1-1所示。

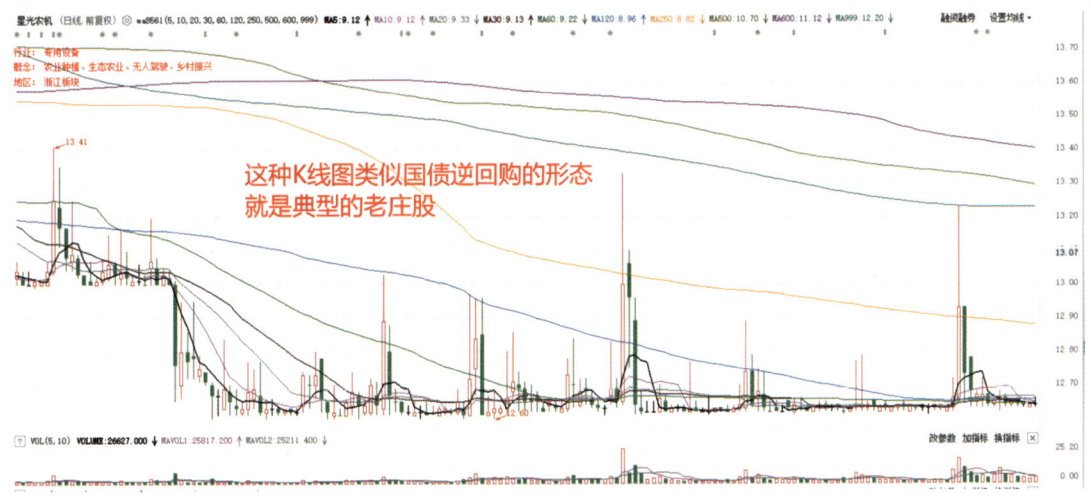

图1-1 典型的老庄股

图1-1中，星光农机这只股票K线图能走出国债逆回购的形态，明显就是老庄股，我在讲公开课的时候曾经讲过多次，虽然当时这只股票也在低位，但后来还是崩盘大跌了，如图1-2所示。

从图1-2中可以看出，星光农机最后的命运就是崩盘，最大跌幅超过40%，如果要是买了这种股票，最终结果可想而知。

再来看一个老庄股的案例，这只老庄股的案例，我在抖音直播和电视节目中曾经提前预警过很多次，不要参与这种类型的个股，作为反面教材，投资者可以跟踪学习这只股票后期是怎么崩盘的，如图1-3所示。

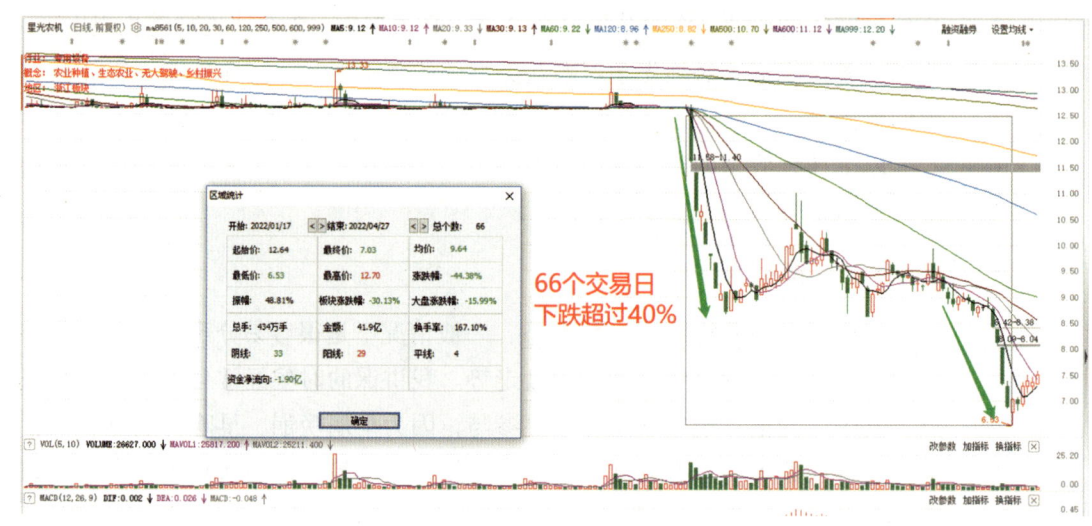

图1-2 崩盘的老庄股

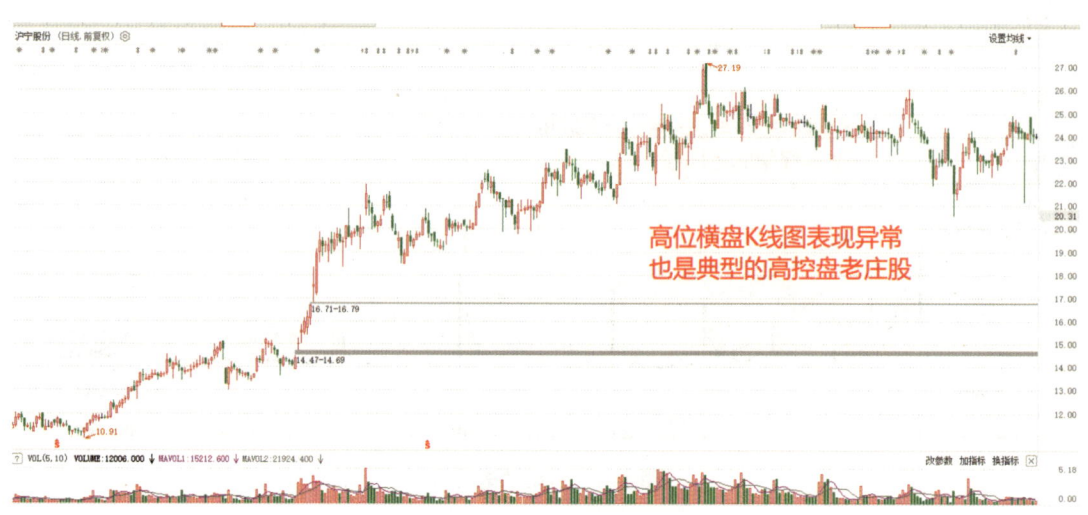

图1-3 高控盘老庄股

　　从K线图中也可以看出，沪宁股份这只股票在2021年3月4日之前，一直处于长期高位横盘，主力控盘能力非常强，基本就是一个区域横盘震荡，K线图表现是非正常的走势，这就是典型的老庄股形态，后期走势也是崩盘的命运，请看图1-4所示。

　　从图1-4中可以看出，沪宁股份这只股票在2021年3月26日一个涨停板大阳线的诱多后，在3月29日周一开盘就瞬间往下砸盘出货，之后一段时间连续下跌创新低。如果在高位参与了这只股票，短期损失是巨大的，想

图 1-4 崩盘的老庄股

要挽回损失是很困难的。

各位投资者一定要熟记这些老庄股的特征，多找类似案例研究，强化风险意识，千万不要随便参与，以避免短期内出现大幅亏损。

2. ST 股票

由于全面注册制的推出，壳资源不再稀缺，上市公司被 ST 以后退市的股票将会逐步增加，乌鸡变凤凰的事件也会大幅减少，想要凭借 ST 翻身赚钱的时代已经过去。一旦买了退市的 ST 股票，就会遭受无可挽回的损失，所以不要再去参与 ST 的股票，下面介绍一下全面注册制新规的退市条件。

在全面注册制下，其实有一个基本的原则，那就是"容易进来也容易出去"，也就是说上市的条件放宽松了，但同时退市的条件也放松了。过去上市公司有着所谓的壳价值，首先表现出来的就是上市公司没有意愿主动退市，即使公司亏损到了无法直视的程度，也要想各种办法坚持"赖"在证券市场上，但是在注册制之下可能就不行了。

在全面注册制之下，将股票退市的条件设置得非常之多。针对过去上市公司不愿主动退市的情况，监管部门设置了很多强制退市条件。当然，也设置了不少上市公司主动退市的宽松方式，有时候这种主动退市就是让上市公司知难而退，相比等最后被勒令退市，自己选择退出可能更好一些。

我们再次强调一下，退市容易并不代表着上市公司和相关的责任人就没事了，他们无法逃避法律的处罚以及投资者的赔偿追索。假如公司退市，不论是主动退市还是被勒令退市，实质上已造成了投资人的损失，而其原因又是上市公司和相关的其他关联公司以及相关责任人的主观因素，或者是故意行为所致，那么未来退市后，还是需要继续承担责任的，处罚包括民事赔偿责任以及刑事追责。

全面注册制下的退市制度如下：

条件一：1元退市法，也就是当股票的股价连续20个交易日低于面值，也就是低于1元的时候将会被强制退市。

条件二：3亿市值退市法，当股票的总市值日均低于3亿元的时候，同样也会被强制退市。

条件三：财务指标退市法，当上市公司连续两年净利润为负数，并且总营收低于1亿元的时候，也就是当两大财务指标同时达到条件时，将会被终止上市。

条件四：当上市公司存在重大违规行为，比如违规信披、IPO造假、财务造假和内幕交易，以及操纵股价等都会触发退市风险。

条件五：上市公司年报存在异常的，也就是对于那些持续盈利能力存在不确定性的，最明显的特征是过半的董事对年报数据不保真的，这些就会直接触发退市。

从上面列举的退市制度可以看出，以后退市的股票会逐年增加，所以切记不要参与ST股票的交易，不管它的技术面有多好、形态有多么漂亮，都要彻底从投资对象中删除，看都不要再看，以免造成不可挽回的损失。

3. 业绩大幅亏损但还未被ST的个股（谨慎参与）

有些上市公司虽然还没有出现连续两年亏损，但是业绩大幅亏损的，也要谨慎参与。如果想参与这类业绩亏损但还没被ST的股票，一定要研究清楚公司为什么大幅亏损，是商誉减值，是经营成本增加了，是研发费用大幅增加了，还是出现现金流问题了，抑或是公司相关产品市场需求出现问题？这些因素都要认真研究分析。真要想参与业绩不好的股票，一定不要大仓位参与，短线少量资金操作一下也就算了。

4. 次新股（上市3年以内，谨慎参与）

上市时间少于3年的股票，要谨慎参与，原因有三个：

第一，因为上市时间短的股票还没充分显示出公司在市场中的真实价值，上市公司原始股东的股份很多还没有解禁，所以对于股价来说多数情况都是风险很大的；第二，新股上市以后短期内容易遭遇爆炒，而爆炒之后的调整时间也不会短；第三，是全面注册制以后，会出现很多破发的个股，一旦破发以后，技术层面是向下找不到支撑的，就会出现无底洞的大坑。鉴于以上三点，我认为尽量不要参与次新股，如图1-5所示。

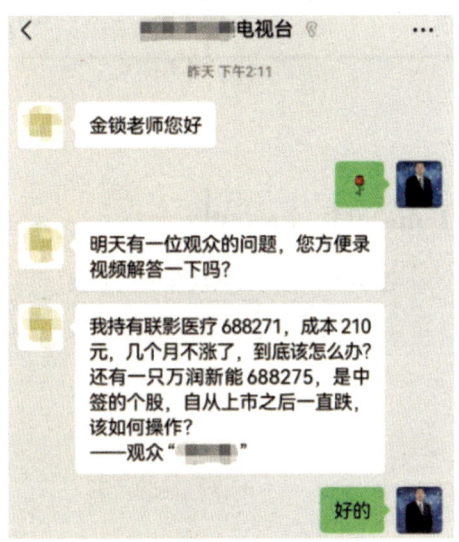

图1-5 关于次新股的提问

图1-5中是某电视台节目组在2023年3月1日准备录制节目的时候，股民朋友提出的一个问题，这位观众持有的是688271联影医疗，这只股票是2022年8月22日新上市的，这位观众买入的成本是210元。

如图1-6所示，这只股票上市以后最高价是218元，这位观众的成本是210元，这是典型的追高买入。截至2023年3月1日，股价从最高点跌了20%多，从而造成亏损。

同时他还持有一只688275万润新能，这只是中签的，由于从上市第一天就开始下跌，后面有一小波反弹也没卖出，所以造成亏损。

像这种买次新股造成大幅亏损的案例，这些年我遇到很多，所以建议投资者尽量不要参与次新股的投资。

如果真想参与次新股，要注意研究股票的跌幅和横盘的时间，跌幅大、横盘时间超过1年以上，可以适当找波段低点参与，这样风险会降低很多。如图1-7所示。

图 1-6　追高买入次新股的亏损

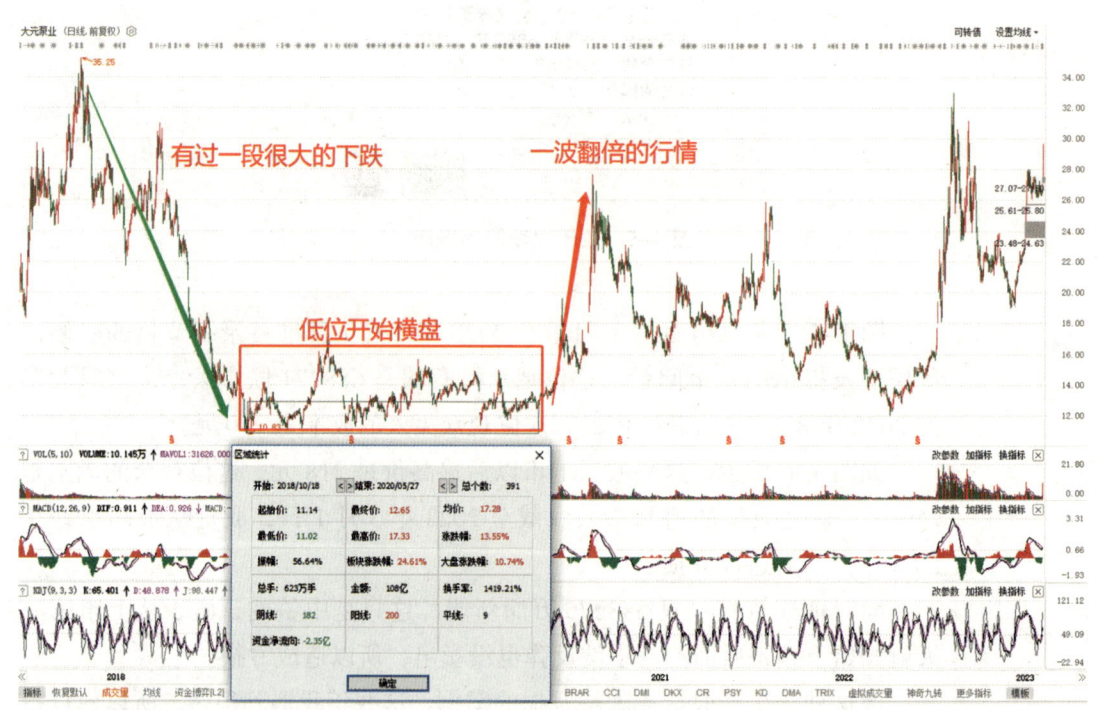

图 1-7　符合条件的次新股可适当参与

如图 1-7 所示，大元泵业这只股票是 2017 年 7 月上市，先是涨了一波，之后开始连续下跌，在到达低位后开始横盘震荡，说明有主力资金开始参与了，在横盘持续了近两年的时间以后，才再次开启了一波翻倍的行情。像这种次新股一定要等它下跌完了以后，开始出现底部放量横盘了，再去关注，没有出现长期横盘就不要参与，否则很容易就买在半山腰上。

再来看一个2022年第八期小班课学员的亏损账户，在报名小班课之前，该学员自己买了一只次新股，出现严重亏损，如图1-8所示。

图1-8 学员的亏损账户

这是那位学员在没有报名小班课之前买的股票，这几只都是大幅亏损的，其中一只就是次新股德马科技，从买入以后就一直下跌。

如图1-9所示，这是德马科技的K线走势图，当时这只股票的最高价是78.15元，这位投资者在64元附近买进去，股价一直连续下跌，最终造成账户出现大幅亏损。

从上面案例可以看出，散户尽量不要随便参与次新股，尤其是全面注册制实施以后，次新股风险更大！

从业20多年里，我看过很多股民亏损的账户，而且几乎每天都能看到，所以我所写的书和做节目或者讲课的内容，都是真实的案例分享。我接触的股民朋友多了，慢慢地也就总结出来很多能帮助股民朋友减少亏损的经验，各位投资者一定要听我一声劝，好好学习，让自己投资股市之路越走越顺畅。

8561 单根K线战牛熊

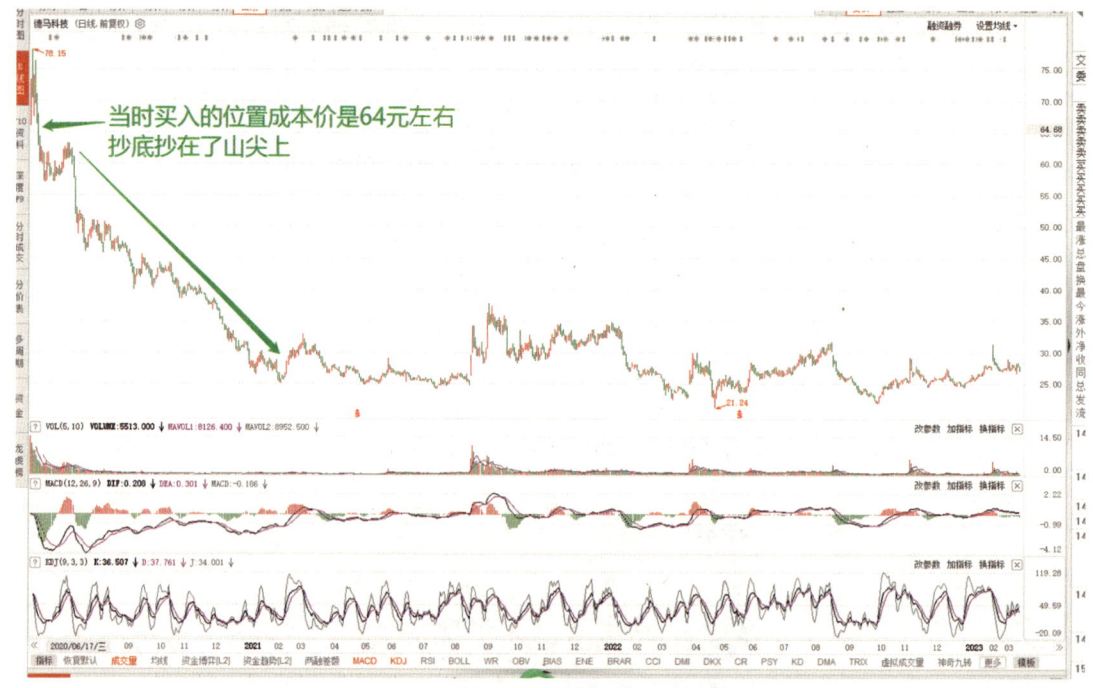

图 1-9 高位站岗的次新股

> 大家永远记住一句话：用别人犯的错误，使自己成长，这是成本最低的方法，也是成功的捷径！股市如人生，这也是人生当中需要时刻记住的一句话。

5. 3年内曾经被炒作过翻了几倍的股票（不能参与）

  3年内已经走过自己牛市的股票也不要随便参与，股票走势都是有生命周期的，大多数股票一旦走过一波翻2倍以上的牛市趋势以后，再想走一个牛市至少需要3~5年的时间，充分调整以后才能实现。虽然也有个别的股票刚走完一波牛市，调整一段时间以后又走一波牛市行情，但是这都是少数情况。多数情况下，一旦一只个股走完主升浪行情，主力出货完毕后都会休息一段时间。

  从图1-10中看出，这只股票是002093国脉科技，这只股票在2015年走了一波翻7倍的行情，截止到2023年3月，已经过去了8年的时间，股价还是在低位震荡，没有回到2015年牛市的高点位置，一旦买到那个牛市高点，到现在已经套牢8年的时间了。像这种情况我也见过很多，有很多投

· 10 ·

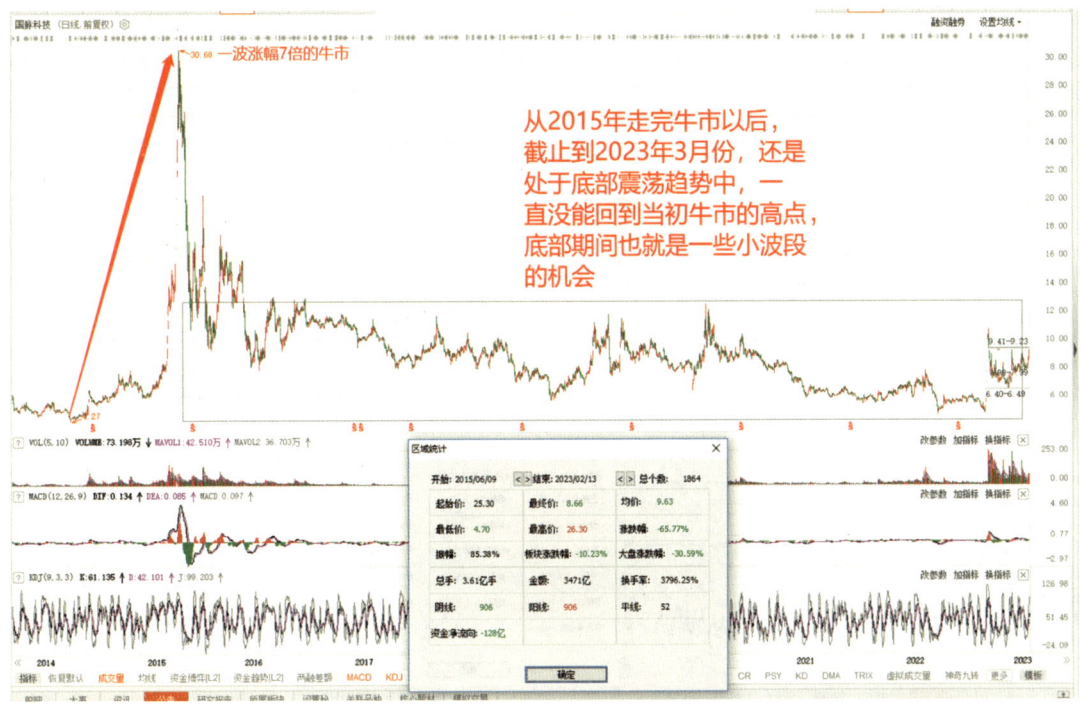

图 1-10 主升浪之后的长期调整

资者的账户中，持有的就是这种类型的股票。虽然股价已经跌到低位，可以战略看多了，但是也需要时间才能有机会涨回去。万一要是退市了呢，那也就没机会了。

再来看一个等待 7 年的案例，如图 1-11 所示。

从图 1-11 中看出，西安饮食这只股票是 2022 年第八期小班学员持有的股票，是他报名之前买的，想让我帮助解套。他就是在 2015 年高点买进去的，找到我以后，正好也在 2022 年低位横盘了，我告诉他，既然已经持有 7 年了，不要介意再多拿一年，继续坚持来回做差价解套吧。最后在 2022 年 10 月终于迎来了主升浪，最终解套并获利出局。这是一个真实的等待 7 年的案例，要是没有耐心或者正确的解套方法，也许早就割肉止损出局了。像这种案例也许您也遇到过。

所以，一定不要去追已经涨过主升浪的个股，一旦被套，那将是几年痛苦的煎熬时间，如果赶上退市的，那损失就更大了。复盘的时候只要遇到这种涨过主升浪的个股直接"秒过"，不要总想着吃个鱼尾行情，鱼尾虽然肉香，但是鱼刺也多，一旦没有及时止盈止损，迎接您的将是大幅亏损。

再给各位读者看一个真实的账户案例，这是一位 2022 年第八期小班课

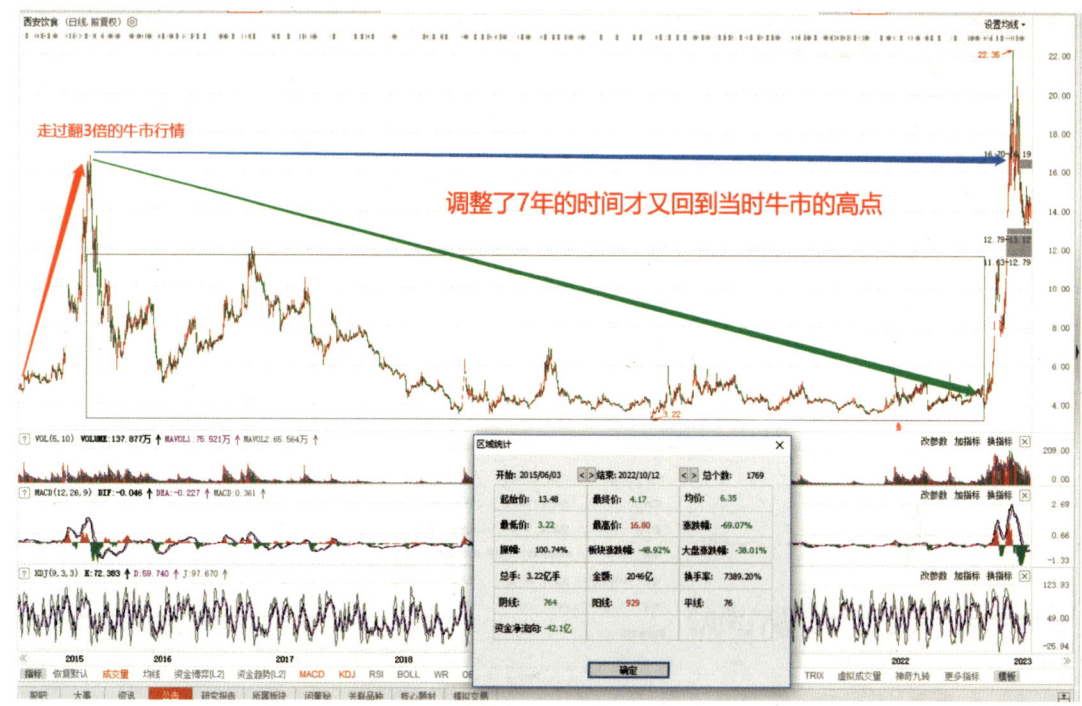

图 1–11　深套的股票

学员在没报名之前自己买的股票，遇到了大幅亏损，希望能让正在看书的您学到并且悟出一些什么，如图 1–12 中所示。

中银证券	293100	10.670	-666124.620
3127377.000	293100	12.943	-17.56%
中信建投	100	25.390	-423353.000
2539.000	100	4258.920	-99.40%
吴通控股	100	3.540	-375530.860
354.000	100	3758.849	-99.91%
洁特生物股份	140	24.210	-313635.280
3389.400	140	2264.462	-98.93%
中兴通讯	200	33.730	-250783.360
6746.000	200	1287.647	-97.38%
大智慧	100	6.630	-230720.290
663.000	100	2313.833	-99.71%
八亿时空液晶股份	100	43.340	-135688.630
4334.000	100	1400.226	-96.90%
券商ETF	1000100	0.855	-98428.560
855085.500	1000100	0.953	-10.28%
士兰微	100	34.590	-77616.980
3459.000	100	810.760	-95.73%

图 1–12　严重亏损的账户

从图 1-12 中可以看出，这位投资者的账户亏损非常严重，好几只个股的亏损超过 20 万元，最多的一只亏损 66 万元。经过和这位学员交流，我发现这位投资者的投资策略就是买完以后，如果股票开始下跌，跌到受不了的时候就割肉止损，出来的资金继续买下一只股票，买完以后继续亏损，继续割肉止损，如此反复，最终造成大幅亏损。

几只个股也都是买在相对的最高位，也有的个股是次新股，所以才会造成大幅亏损。由此，大家切记一定不要参与已经有过大幅上涨的个股，也不要买刚开始下跌通道的个股，次新股也不要碰，这都是投资股票的大忌，也是很多投资者大幅亏损的主要原因。

所以我讲课的时候，经常会说，必须要学会分析，知道哪些类型的股票不能买，这是学习股票知识的第一步，不要先学习怎么买牛股，不要有一夜暴富的心理，那样一定会让你遇到大挫折。永远记住，买股票一定要选择安全的相对的低位去买，这是保证本金安全的最起码的原则！

6. 正在做顶的个股（不能参与）

正在构筑顶部结构的个股属于主力准备出货阶段，也不能参与，否则就会在山顶上站岗。很多投资者被深套，多数都是买在情绪的最高点，买在主力出货的阶段，即使短线上有点小利润，后面大概率也是被深套的。如图 1-13 所示。

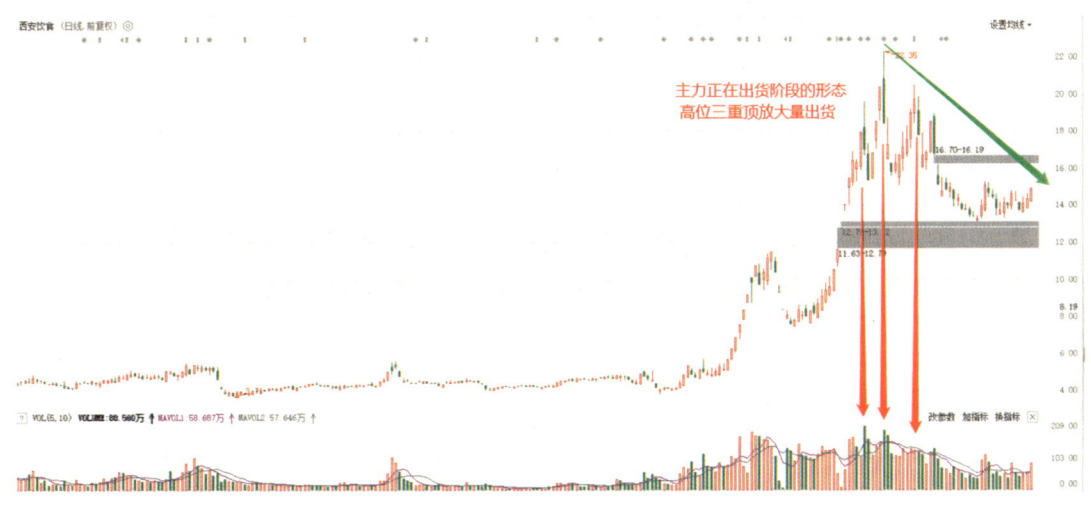

图 1-13 高位出货的形态

在图 1-13 中，这只个股是 000721 西安饮食，在 2022 年 12 月 22 日以后，我讲课时经常会提示，一定要远离这种类型的个股，因为这就是高位出货的形态，之后就会开始高位震荡出货，后面开始走下降通道。像这种高位出货的形态还是比较好分辨的，我在"刘金锁8561"微信公众号里也提示过很多次，如图1-14所示。

个股方面

本周（2022年最后一周）个股出现三个交易日的普涨行情、两个交易日的普跌行情，理论上还是不错的。从市场情绪上看，本周也是明显回暖了，毕竟出现了三个交易日的普涨行情，理论上节后第一周不会太悲观。

本周下跌比较多的就是之前提示的与中药、化学制药等相关的板块，这是集体性调整，目前继续演绎结构性行情，预计2023年还是这种节奏，但是整体的操作难度会小于今年。个股方面，在2023年可能会继续出现一些"妖股"，我们操作时要从低位个股中选择，这样才有机会找到能走主升浪的个股。

2023年最危险的个股就是今年已经出现大主升浪行情的个股，如以岭药业、新华制药、西安饮食、天鹅股份、竞业达、中通客车、绿康生化、宝明科技、传艺科技、通润装备、英飞拓等，这些个股在2023年大概率会是下行的节奏，少说也有40%~50%的下跌空间。所以，假如你持有以上类型的个股，每次反弹都是"逃命"的好时机，千万不要恋战不止损，否则即使大盘涨到4000点和他们也没关系，他们依然会走自己的熊市行情。

再次郑重提示：旅游酒店板块已经进入严重分化的趋势当中，不要再参与了，尤其是一些高位的开始放出巨量的个股，一定要远离，真想操作也要找低位补涨的，做做短线就算了。否则一旦被套，估计要几年的时间才能解套！

最后，祝所有的股民朋友们元旦快乐，祝大家在新的一年里身体健康，在股市里取得理想的收益！感谢大家一直以来的关注和陪伴。我们来年再战！

图1-14 微信公众号中的温馨提示

图1-14是2022年12月31日我在"刘金锁8561"微信公众号里面写的，"金锁看盘"周末版2022年12月31日文章里面也提示了做顶个股的风险。文章中提到的个股都是走完主升浪的个股，接下来两到三年迎接这些个股的大概率都是熊市行情，即使大盘涨到4000点和它们也没关系，因为它们走完自己的牛市行情了，短期内是不会再有大机会的。

像这种类型的个股，每次反弹都是"逃命"的好时机，这也是我在做节目和讲课的时候经常说的一句话，熟悉我的投资者应该能理解我这句话的真正逻辑是什么。

7. 下降通道的个股（不能参与）

一只个股在主力出完货以后，就会连续走下降通道，其中也会有反弹，但反弹后还会继续创出新低，所以在没有走出下降通道之前不能随便抄底参与，否则买完以后可能还会连续创出新低，从而造成买完继续下跌，买在了半山腰，这种案例我也见过很多。如图 1-15 所示。

证券代码	证券名称	证券数量	可卖数量	成本价	当前价	最新市值	浮动盈亏	盈亏比例(%)
603267	鸿远电子	2000	2000	106.153	103.4900	206980.00	-5851.73	-2.51

图 1-15　连续走下降通道的个股

图 1-15 中，这个账户也是一位 2022 年第八期小班学员的账户，这位学员在 2022 年 11 月 30 日刚报名小班课时候持仓鸿远电子，成本是 106.153 元，当时的股价是 103.49 元，小幅亏损。我分析了一下，这只个股已经走完主升浪，正处于下降通道当中，如图 1-16 所示。

图 1-16　走完主升浪的个股

当时我的判断就是这只股票主力已经出货完毕，正处于下降通道当中，目前的调整时间和调整幅度还不够。所以，我按照 8561 交易法则回避风险的条件，给了两个跟踪学习的建议：第一个建议是紧盯股价，挂单成本价，以解套赶紧回避风险为主；第二个建议是如果跌破支撑位 100 元，要以先止损回避风险为主。之后在 2022 年 12 月 6 日的时候，股价反弹了，收根小阳线，解套小幅获利后卖出，结束了这只股票的操作。后期股价跌破了 100 元支撑位后继续创出新低，截至 2023 年 3 月 16 日收盘，股价已经跌到 83.99 元。也许调整一段时间，以后还有机会再回到 106 元的位置，但是这种买在下降通道中的选股策略是完全错误的。

这位学员卖出这只下降通道的个股，回避了继续下跌的风险，然后换了一只符合 8561 投资策略选股条件的股票，开始盈利之旅，如图 1-17 所示。

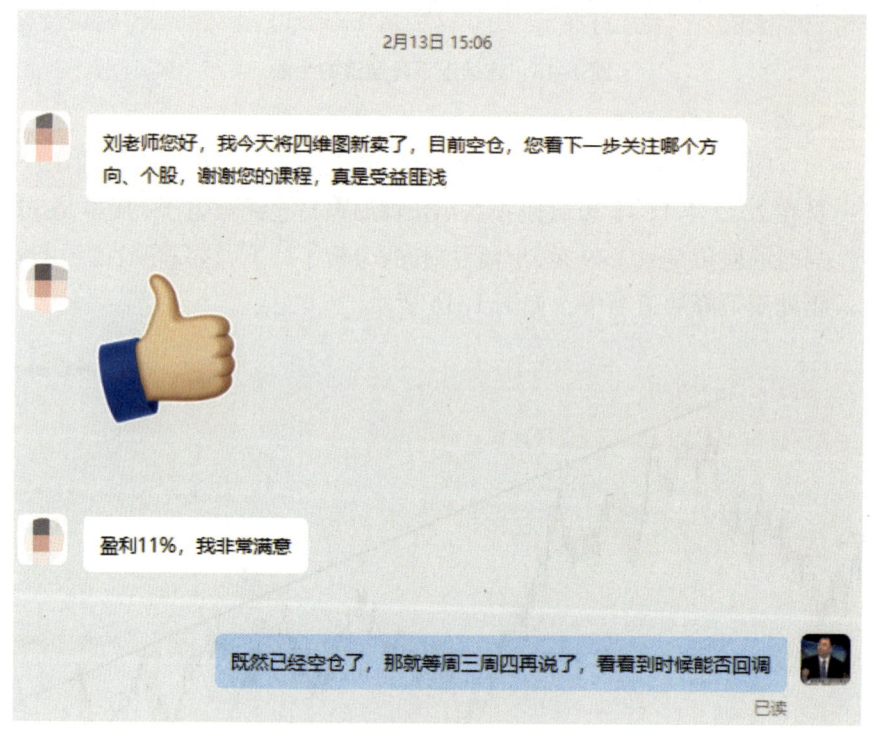

图 1-17　重新定位，正确选股

这位学员在 2022 年 12 月 6 日解套卖出正处于下降通道当中、有风险的鸿远电子以后，改变了选股思路，使用小班课中学习到的 8561 选股策略知识点，重新定位，正确选股，最终开始走上正确的投资之路。

8. 有"黑天鹅事件"发生的个股（不能参与）

"黑天鹅事件"是指难以预测，但突然发生时会引起连锁反应、带来巨大负面影响的小概率事件。它存在于自然、经济、政治等各个领域，虽然属于偶然事件，但如果处理不好就会导致系统性风险，并产生严重后果。

一般来说，"黑天鹅事件"是指体现出以下三个特点的事件：它具有意外性；它能产生重大影响；虽然它具有意外性，但人的本性促使我们在事后为它的发生编造理由，并且或多或少认为它是可解释和可预测的。

"黑天鹅"存在于各个领域，无论金融市场、商业、经济还是个人生活，都逃不过它的控制。"灰犀牛"是与"黑天鹅"相互补充的概念，"灰犀牛事件"是太过于常见以至于成为人们习以为常的风险，而"黑天鹅事件"则是极其罕见的、出乎人们意料的风险。

"黑天鹅事件"对于股市的影响有以下几点：

1. 平安"融资门"和三聚氰胺事件使得2008年股市财富的损失最严重。经过相对平静的2009年，由"黑天鹅事件"撕开的损失血口逐年增大。大众对产品安全越来越重视，公共舆论也在发挥日益重要的监督作用。

2. 主板、中小板、创业板每年均有2%以上的上市公司发生"黑天鹅事件"，三者数量之比为44∶15∶8。创业板市场的"黑天鹅事件"集中发生在2012年。食品饮料、医药生物、有色金属行业是"黑天鹅事件"高发地。

3. "黑天鹅事件"约有三分之二为上市公司自身原因造成的，治理不当是最主要诱因，且数量呈每年扩大之势。产品安全问题、财务造假、信批不实、业绩变脸、污染事故最为典型。

4. 环境污染问题到了必须正视的时刻。虽然上市公司股价对环境事故的反应明显具有滞后性，且10天左右能消除负面影响，但其破坏力其实更具隐藏性，且后续"伤害"不容小觑。

5. 随着泡沫不断破灭，投资者谨慎性有所增强，2012年由"投资者预期骤变"引发的"黑天鹅事件"急剧下降。但"黑天鹅赌局"却远未结束，过度炒作的泡沫破灭后带来的破坏也是毁灭性的，值得警惕。

6. 公司危机公关处理能力对市场表现起着关键作用。危机处理是否得当，直接影响股价的受冲击程度，还与其所处行业和事件关键词密切相关。此外部分事件短期对资本市场冲击不大，但后遗症难消。

7. 2015年1月19日，大盘遭遇融资融券"黑天鹅事件"，股指大幅下挫，券商板块集体跌停，创业板成为较活跃的板块，但是也出现了冲高回落的走势。从板块来看，小盘、低价药、送转预期和医疗器械等板块维持红盘，而券商、银行和基金重仓板块领跌市场。对于此次融资融券的"黑天鹅事件"，深圳活跃的部分私募认为，此次下跌只是上涨过程中的一次快速下跌，跌幅不会很深，调整时间也不会很长，有可能很快就会调整过去，只是上轮牛市中"5.30"的重演，不会改变上涨趋势。对于后市，遇到"黑天鹅事件"，市场会有恐慌盘出现，大盘回调在所难免，惯性下挫还会继续，投资者可对手中个股进行波段操作，尤其是融资融券标的股和前期涨幅较大个股，空仓的则建议投资者保持观望，等股指企稳，新股申购资金解禁之前进场也不迟。

以上内容摘自：黑天鹅事件_百度百科。

https: //baike.baidu.com/item/%E9%BB%91%E5%A4%A9%E9%B9%85%E4%BA%8B%E4%BB%B6/10210452?fr=aladdin

近些年很多股票，如长生生物、乐视网、康得新等都因为"黑天鹅事件"而退市了，散户一旦买了这些股票，损失也是无法挽回的。如图1-18所示。

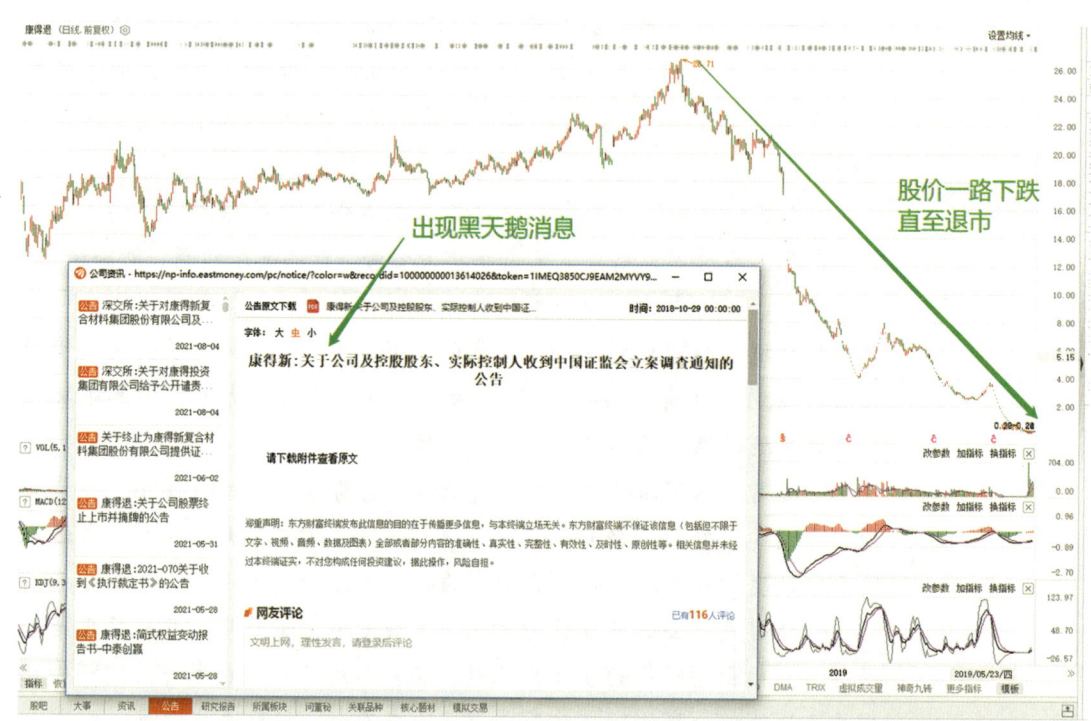

图1-18 遭遇"黑天鹅事件"的股票

康得新在 2018 年出现"黑天鹅事件"以后，股价就开始跌跌不休，虽然也有资金参与炒作，但最终还是没躲过退市的命运。

所以在投资股票的时候，一旦遇到出现"黑天鹅事件"的个股千万不要参与。如果持有的个股出现"黑天鹅事件"了，找机会早日回避风险，不要抱有侥幸心理去较劲。小心驶得万年船，风调雨顺船安全！

以上关于不能参与的股票类型，各位投资者一定要坚持原则，遇到以上类型的股票类型直接忽略，不要花时间去研究它们，这样就会避免很多坑，也就会减少一大部分亏损，然后再多学习一些正确的选股方法和交易策略，逐步进入盈利的时期。

> 投资方法千千万，
> 资金安全应当先。
> 莫要火中取栗钱，
> 脚踏实地稳向前。

第二节
8561 A 股特色股票投资交易体系简介

一、8561 四个数字代表什么

第一次看到本书的股民朋友可能不知道 8561 代表什么，下面就把 8561 股票投资交易体系详细讲解一下。

8561 A 股特色股票投资交易体系之核心：数字"8"的含义为"中线思路，短线操作"这 8 个字。这个思路要解决的是以下几个问题：过于追求短线暴利；盲目操作，盘中迅速买卖交易；追涨杀跌；频繁换手。以上 4 个问题是很多股民经常亏损的原因。

"561"这三个数字的含义是三条核心均线。

数字"5"含义是 500 日均线；

数字"6"含义是 600 日均线；

数字"1"含义是 1000 日均线，数字"1"还有一个含义就是"专一"，意思是做股票一定要学会专一，不能总是频繁更换股票，也不能买太多的股票同时持股。

"561"这组数字解决的问题是：持有股票只数过多，以及听所谓内幕消息做股票。通过这个方法可以找出所谓的消息股。

8561股票投资交易体系还有一个核心原则：风险控制！风险控制的第一步就是合理的仓位控制！这个理念解决的是最后一个问题——永远满仓。这个原则也是在建仓初期需要考虑的！满仓的风险是永远处于被动当中。我在给股民讲公开课的时候经常会给大家算一笔账：如果本金是100万，在满仓的情况下，100万涨10%是110万，但110万跌10%就会回到99万；如果买完就跌，100万跌10%还剩90万，90万再涨回来10%，是99万。另外，我们要知道，股票涨的时候少但跌的时候多，也就是说下跌的速度要比上涨的速度要快一些。

8561股票投资交易体系最后一个理念：8+5+6+1四个数字之和是20。当时在取这个交易法则名字的时候，也是出于这方面的考虑。利用这个方法选出的个股，中线目标位或预期收益理论上一般是20%起步，没有这个盈利空间，一般不考虑关注，到了目标位以后，坚决止盈减仓！

中线思路：我在选择个股的时候，首先要看中线有没有空间，有没有中线持有的价值，只有建立在此基础上选出的个股才会相对安全，即使短线做错也不怕！而纯短线交易风险太大，更容易出现亏损。8561股票投资交易体系追求的是冒着20%的风险去博取80%的收益，而不是冒着80%的风险去博取20%的收益，这就是8561的底层逻辑！

短线操作：在中线看多的基础上，选出个股后，先根据资金情况买一部分作为底仓，再根据技术分析来回做小波段短线，适当降低持仓成本，将合理仓位的底仓保持中线持有，博取最大收益。

在8561 A股特色股票投资交易体系当中，第一步是要重点观察个股所处位置，在讲课或者做电视节目的时候，只要投资者提问某只个股，我所考虑的第一个要素就是K线技术形态，即当前个股所处位置是高位，还是低位，抑或是中部位置？因为只有战略方向清晰，才能制定正确的交易策略。散户在选择个股参与的时候，首先要把某只个股的战略位置判断清楚，把战略看多还是战略看空弄清后再做投资决策！因为战略位置代表的就是安全性，尽量保证买完以后不会被深套。即使是低位的股票，只要没有退市的风险，技术层面的风险是很小的。

二、8561 A 股特色股票投资交易体系选股条件

8561 A 股特色股票投资交易体系里面有两种选股策略。

第一种是价值投资类的个股，如何选择价值投资类型的个股，在《8561 A 股特色股票投资交易体系》那本书里已经有过详细的分析，在这里就不再多作论述了。

第二种就是要找符合以下选股条件的个股，8561 炒股法则一共以下 8 个基础的选股条件：

第一，股价从历史高位跌幅 60% 以上；

第二，股价长期横盘至少 6 个月以上；

第三，K 线形态底部区域红肥绿瘦；

第四，底部筹码密集，最好选择上方筹码割肉、清洗充分的个股；

第五，股价处于半年线、年线之上；

第六，股价处于 500 日、600 日和 1000 日均线以下；

第七，底部横盘期间出现过两次以上涨停；

第八，简单的基本面分析：营业收入、净利润正增长，可以有业绩下滑，但不能大幅亏损。

我们来详细讲解每个选股条件是如何来判断的，以及背后的逻辑。

1. 股价从历史高位跌幅 60% 以上

选择跌幅大于 60% 的个股，首先就是为了找到底部区域。只有跌幅多了，才有可能是底部或者是被低估的，当然还是要看个股的基本面，基本面没有问题，跌多了就可以用超跌的态度来看待。

如图 1-19 所示，这是 002346 拓中股份的走势 K 线图，这只个股从上一轮牛市最高点 49.3 元跌到最低点 7.25 元后开始止跌横盘，最大跌幅超过 60%，已经达到 78% 的最大区间跌幅，所以是符合选股条件的。再看下面一个案例，如图 1-20 所示。

这是 002297 博云新材的历史 K 线走势图，这只股票从上一轮牛市最高点 29.18 元跌到最低点 4.83 元开始止跌横盘，区间最大跌幅达到 82%，已经超过 60% 跌幅，符合选股条件。

之所以要制定跌幅超过 60% 的选股条件，主要考虑一只股票从历史高位下跌超过 60% 以上，假如上市公司没有基本面问题的话，那就算是大级别的超跌了，跌到一个低位之后开始横盘，说明这个价位大概率就是一个相对低点区域了。

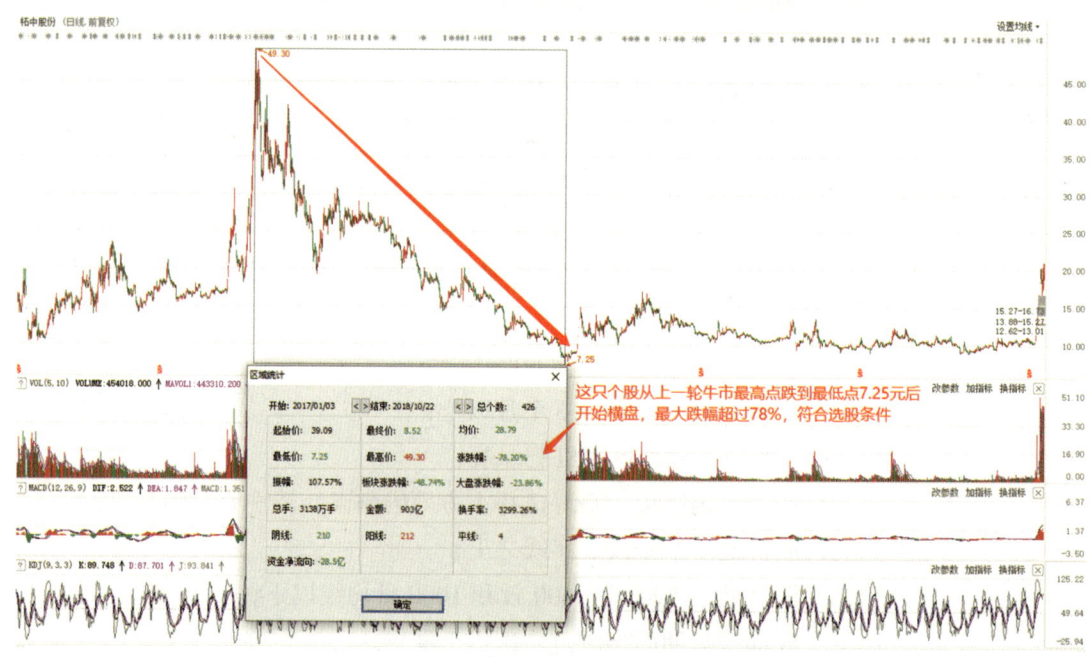

图 1-19 符合选股条件的跌幅横盘

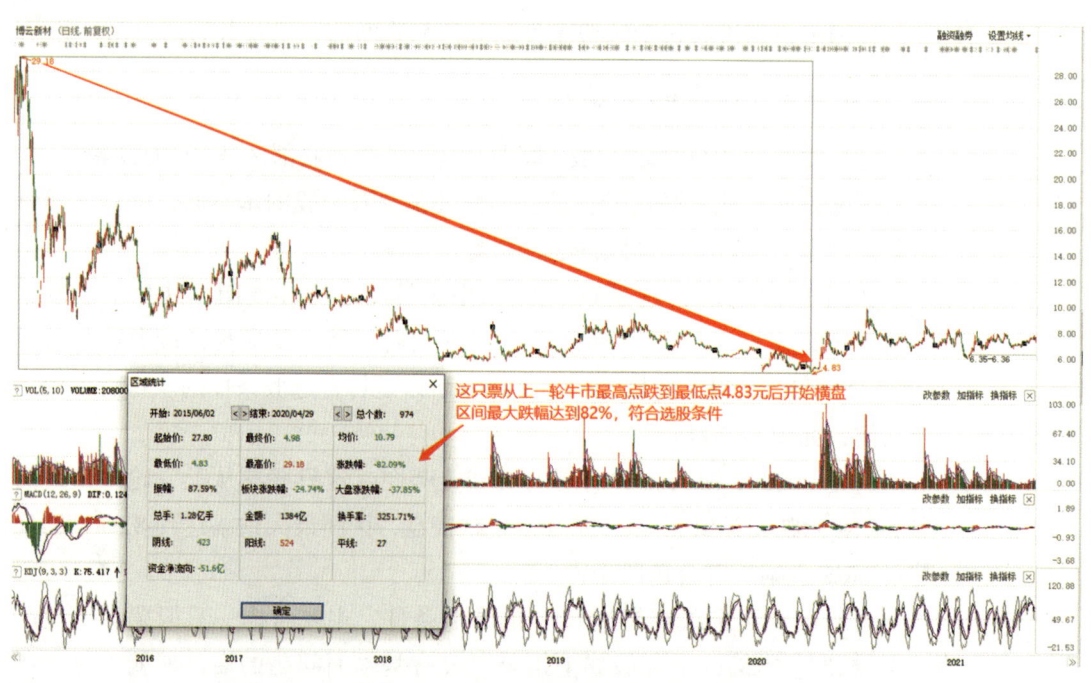

图 1-20 符合选股条件的跌幅横盘

2. 股价长期横盘至少 6 个月以上

股价经过大幅杀跌之后，不再创新低，开始横盘，同时底部开始逐步放量，至少说明有资金开始关注，空头也不再做空，横盘时间越长说明资金介入越明显，后期上涨概率就越大。

继续用案例讲解，如图 1-21 所示。

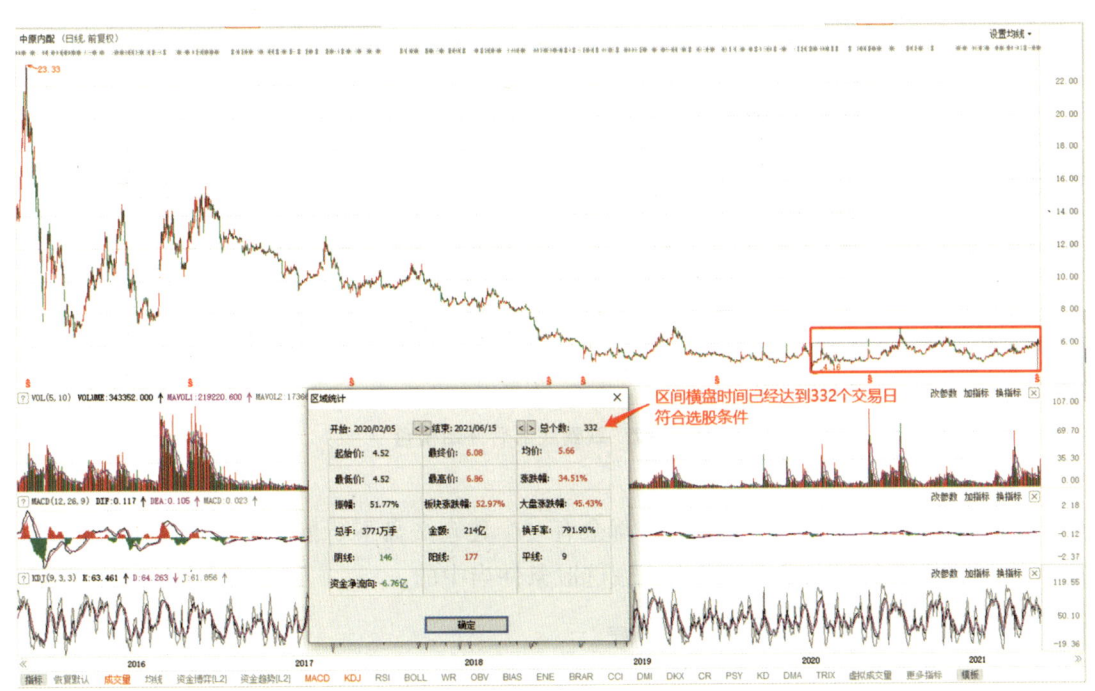

图 1-21　连续横盘时间越长涨率越大

这是 002448 中原内配的历史走势 K 线图，这只个股最低跌到 4.16 元后开始止跌横盘，连续横盘已经超过 6 个月，达到 332 个交易日。从横盘时间来看，就是符合选股条件的，可以加到自选股，再筛选其他条件进行分析即可。继续看下个案例，如图 1-22 所示。

这是 600184 光电股份的历史 K 线图，从上一轮牛市最高点，跌到底部区域后开始横盘，横盘时间超过 6 个月，达到 648 个交易日，符合选股条件，就可以加到自选股中，再用其他选股条件进行筛选即可。

之所以要设置横盘时间超过 6 个月这个条件，有两个逻辑：第一个逻辑是，能够在一个价位止跌开始横盘，说明已经有主力资金开始重新进场建仓，否则散户是兜不住股价下跌的；第二个逻辑是，主力想要发动大级别行情，

8561 单根K线战牛熊

图1-22 跌到底部后开始横盘

一般建仓时间不会太短,都会有一个建仓洗盘不断重复吸筹的过程。所以,横盘时间也是必须要考虑在选股条件当中的。

3. K线形态底部区域红肥绿瘦

底部成交量连续放量上涨、缩量回调,也是一个主力建仓的典型形态,K线方面也是红肥绿瘦,就是阳线多阴线少,波段性的放量上涨、缩量回调,这个节奏也说明资金买得多卖出得少,这也是主力建仓的一个重要信号。继续看案例,如图1-23所示。

图1-23是002103广博股份的K线走势,从历史高位跌到低位后开始横盘,横盘期间的成交量明显放大,其间多数波段走势都是上涨放量、回调缩量,代表主力是在吸筹洗盘的过程当中。再放大一下横盘阶段的K线图,如图1-24所示。

这是002103广博股份在底部横盘期间的状态,阳线多于阴线,成交量的状态是上涨的时候是放量的,下跌的时候是缩量的,代表主力是在吸筹洗盘反复循环的趋势当中。这符合选股条件,就可以加到自选股进行跟踪,再用其他选股条件进行筛选即可。这是2022年第八期小班课上作为案例进行教学的一只股票,当时有的学员买了以后做了几次差价,赶上一波小的波段,

· 24 ·

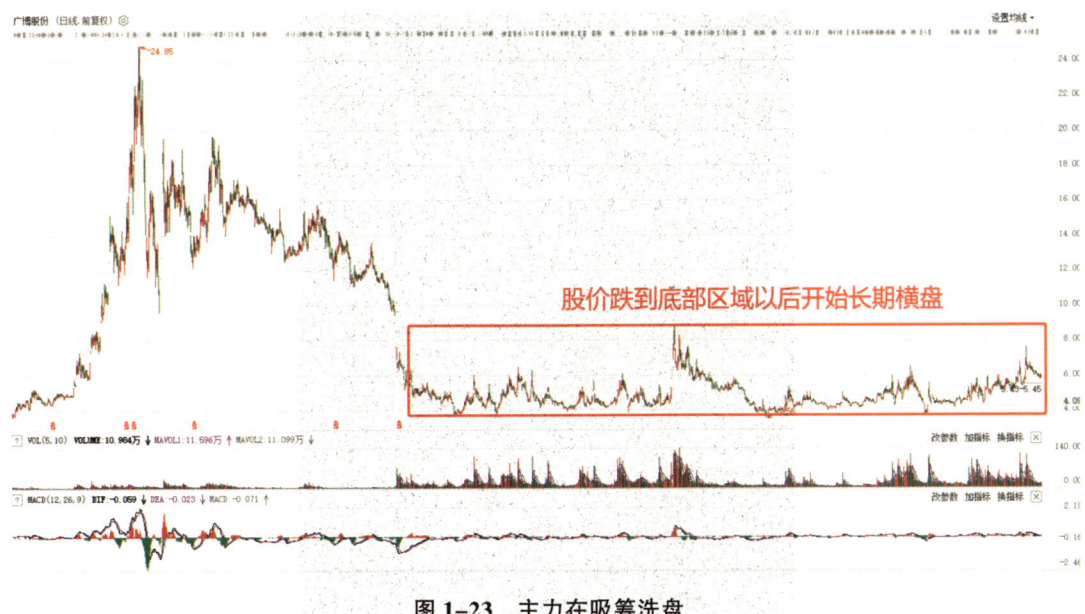

图 1-23 主力在吸筹洗盘

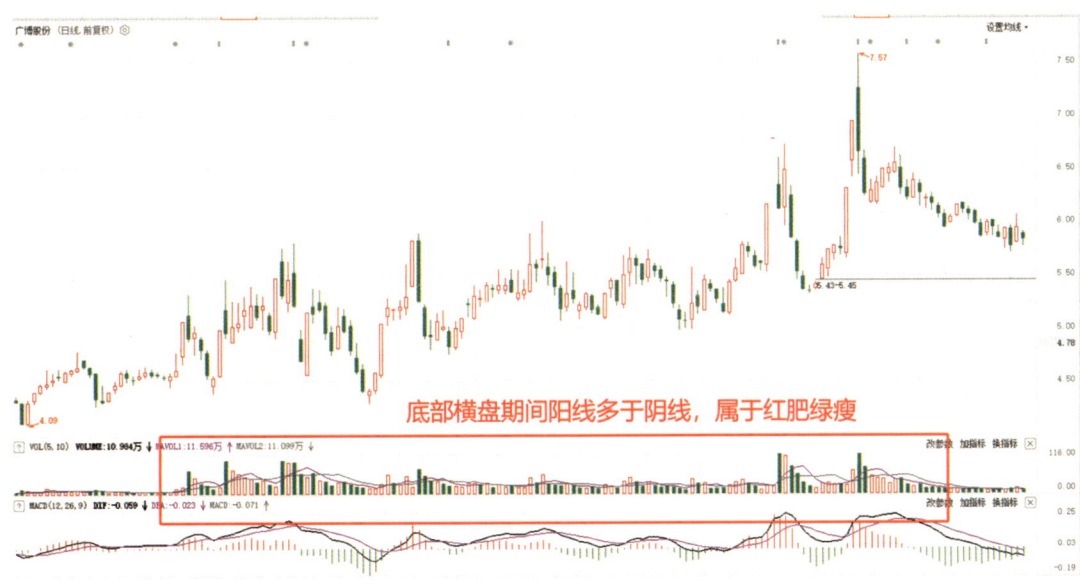

图 1-24 底部横盘期间的状态

获得不错的收益。

如图 1-25 所示,这是其中一位学员在 2023 年 1 月参与的广博股份,当时的盈利是 16.21%,最终是在 2023 年 2 月初获利超过 25% 卖出去的,像这种类型的股票持有的话,心里就会踏实很多。

· 25 ·

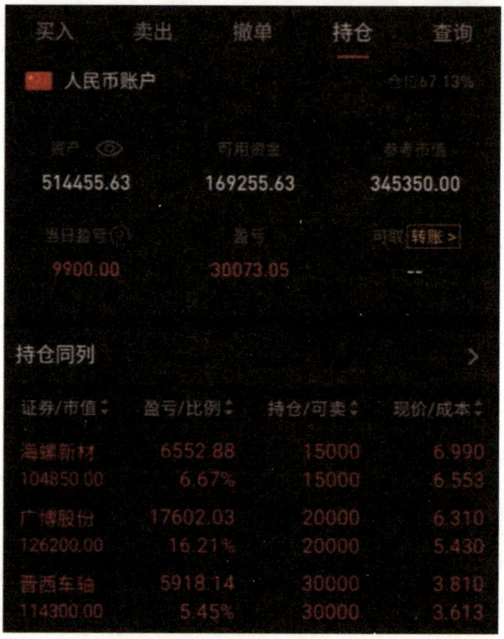

图 1-25 学员的账户收益

继续看下一个案例，如图 1-26 所示。

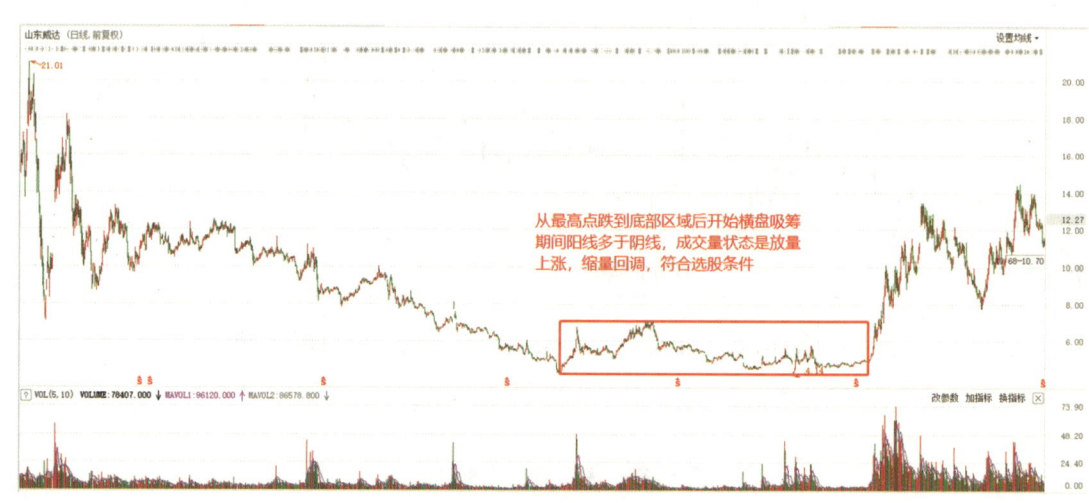

图 1-26 主力处于建仓期间时

这是 002026 山东威达的 K 线走势图，从图中可以看出底部横盘期间，也是阳线多于阴线，成交量状态也是放量上涨、缩量回调，代表主力处于建仓期间。这只股票是我在 2020 年 5 月做抖音直播的时候提到过的一只股，让粉丝们跟踪学习，最高涨幅也超过了3倍多。

4. 底部筹码密集，最好选择上方筹码割肉、清洗充分的个股

上方高位筹码一旦松动，说明开始有人割肉止损出局，筹码经过充分换手以后，会被主力在底部区域吃掉，再次拉升股价的时候相对压力就会减少，这样上涨的概率也会加大。如图1-27所示。

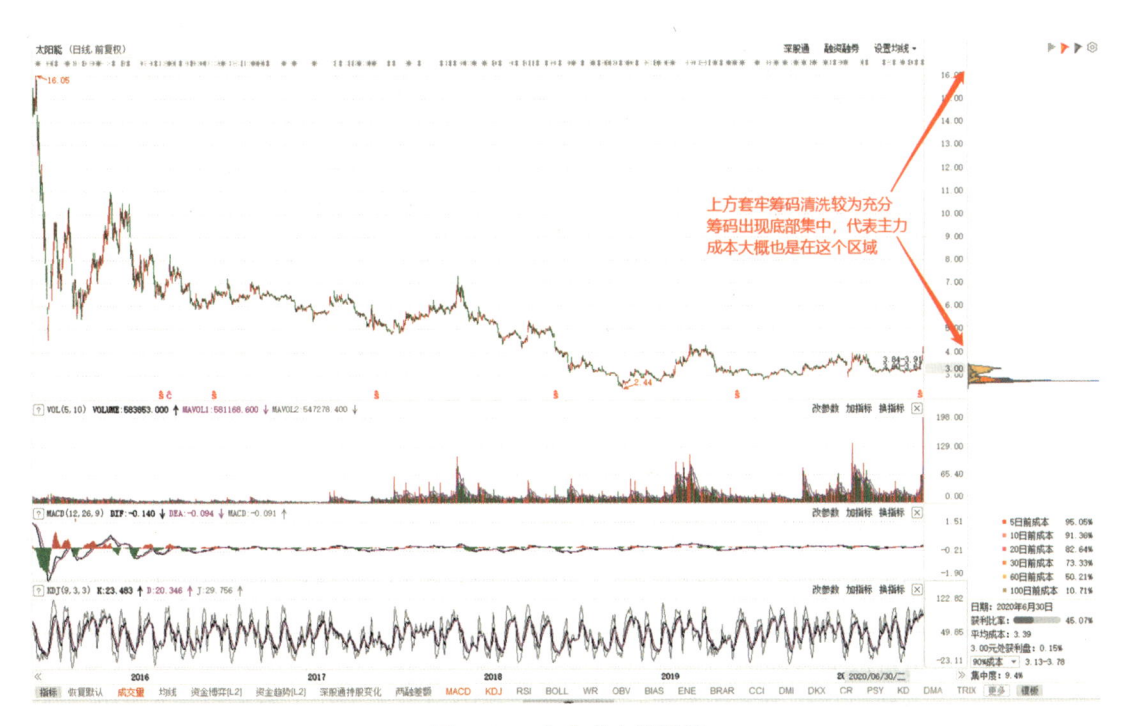

图1-27　主力成本的区间

这是000591太阳能的K线走势图，这只股票也是我在2020年5、6月在抖音直播间提到的案例个股，让粉丝们跟踪学习，后期最大涨幅也达到3倍。

从图1-27中可以看出，这只个股在经过连续下跌之后，跌到底部区域开始横盘，经过长时间横盘，筹码已经在底部集中，代表主力已经在底部吸筹，所以可以大概率判断，主力的成本也就在这个区间，知道了主力的成本，后边的事情就是跟着主力吃肉了。

继续看下一个案例，如图1-28所示。

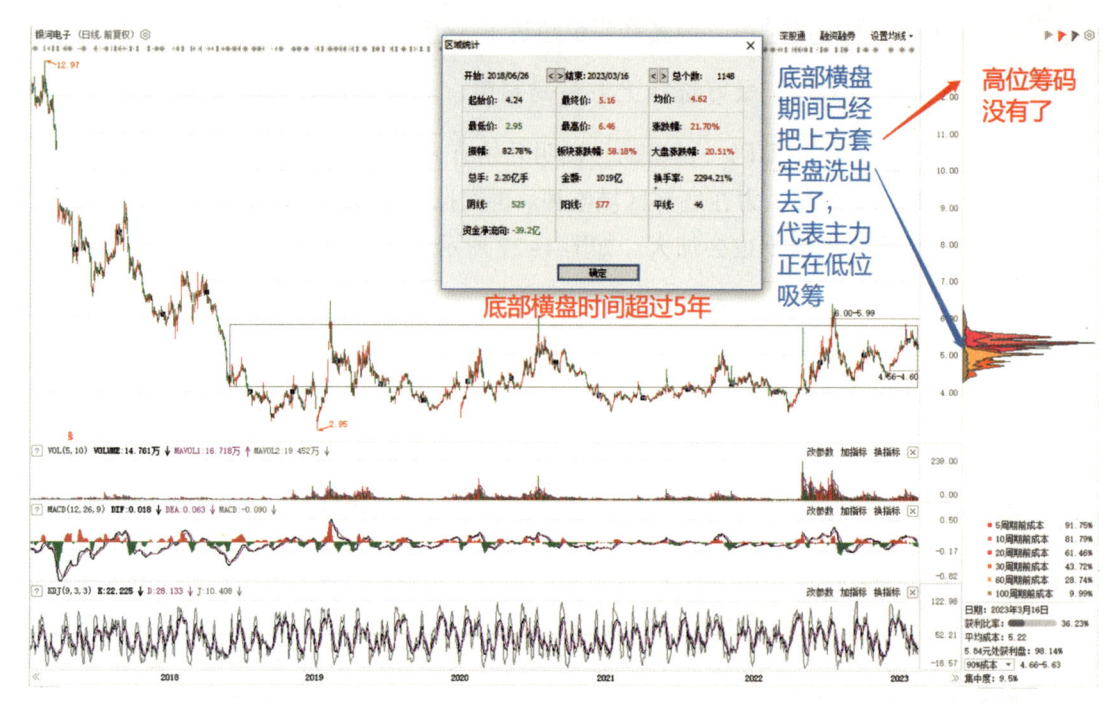

图 1-28 横盘处于底部震荡

这是 002519 银河电子截至 2023 年 3 月 16 日星期四收盘的 K 线走势图，这只个股横盘时间超过 5 年，一直处于底部震荡阶段，筹码状态也是处于底部密集，代表底部还是有资金在吸筹，后市没什么特大利空，理论上也是有行情可以期待的。

筹码的使用方法主要是判断顶部和底部，在高位出现筹码密集，代表主力有出货嫌疑，筹码在低位密集，代表主力吸筹的概率比较大，所以底部筹码密集作为一个选股条件相对是客观的。

5. 股价处于半年线、年线之上

股价突破半年线和年线，说明已经开始走出底部区域，有机会展开上行通道，在年线以上虽然不是底部，但是会节省底部盘整的时间，也就是会减少持股时间，年线以上或者年线以下各有利弊，取一个合理的位置介入即可，因为没有绝对的底部，只有底部区域的概念。继续用案例说话，如图 1-29 所示。

这是 600320 振华重工截至 2021 年 6 月 18 日周五的 K 线走势图，从图中可以看出，这只个股一直在围绕着年线和半年线进行震荡，后期只要不跌破年线和半年线时间太久，就有机会走一波强势主升浪。

图1-29 主升浪波动

> 说明：由于写书不是一天两天能完成的，书中使用的K线图有的会有时效性，所以大家客观看待即可，不必纠结于是否过时了，重要的是要学习想要表明的一些观点即可。我在写书的过程中，尽量都是用实时的K线，这样更能体现实战性。

请继续看下一个案例，如图1-30所示。

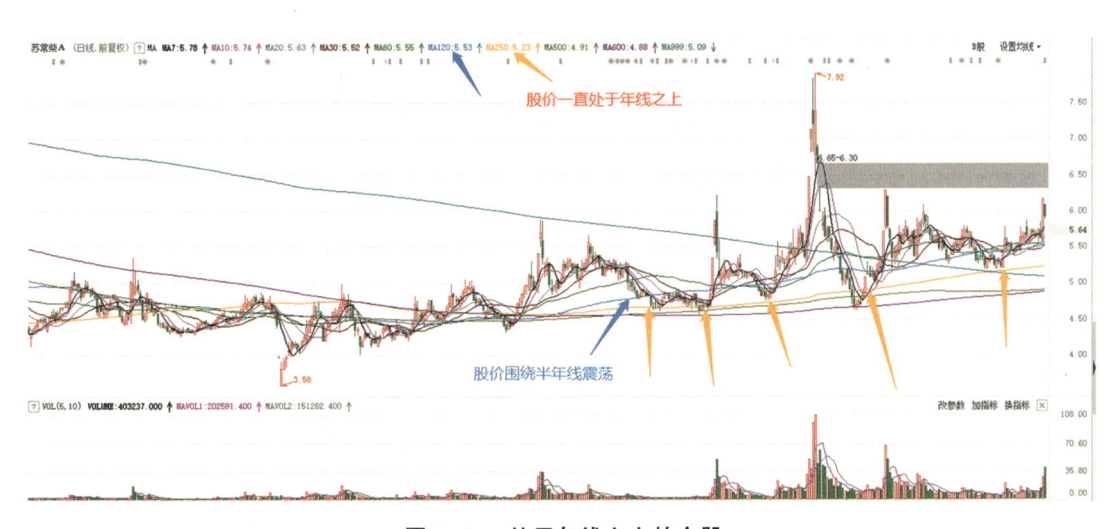

图1-30 处于年线之上的个股

8561 单根 K 线战牛熊

这是 000570 苏常柴 A 截至 2021 年 6 月 18 日的 K 线走势图，这只个股一直围绕半年线震荡，但一直处于年线之上，后面假如不跌破年线的时间超过一周，没有"黑天鹅事件"的话，理论上后期也大概率会上涨。

为什么会用股价超过年线这个条件呢？主要是考虑到一只股假如连年线都收不上去，代表趋势处于弱势当中。虽然在某种程度上，在年线以下的股价更便宜，但是启动的时间会加长，所以一旦过早买入，占用资金的时间会比较长，一般投资者很难忍受得住，一旦失去耐心，就会造成投资失败。

6. 股价处于 500 日、600 日和 1000 日均线以下

这个条件主要考虑到安全位置，很多个股在没有涨到这三条均线之前，大多数都会处于底部安全的区域，一旦超过最后一条均线（一般 1000 日均线是最后一条均线，长期走牛的个股除外），以后就会进入振幅较大的区域，风险也相应增加。

还有一个逻辑是：一般从年线到 1000 日均线或者从 500 日、600 日均线到 1000 日均线的空间，很多情况下是超过 20% 的，也是 8561 A 股特色股票投资交易体系最基本的盈利空间。

继续看图说话，如图 1-31 所示。

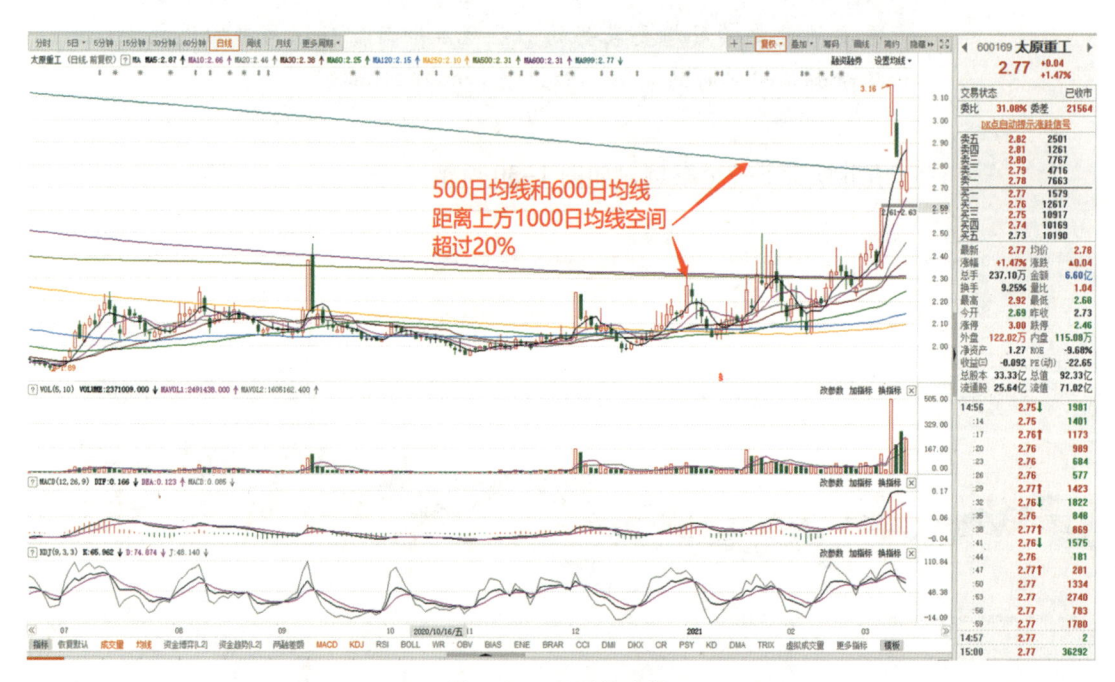

图 1-31 盈利的个股

这是 600169 太原重工的 K 线走势图，从图中可以看出，如果当时在 500 日均线或 600 日均线附近参与，当股价涨到 1000 日均线的位置时，收益应该是超过 20% 的，这也是 8561 A 股特色股票投资交易体系最基本的盈利空间。

继续看下一个案例，如图 1-32 所示。

图 1-32　实现收益的股票

603126 中材节能是当时我们参与实战的一个碳中和概念案例个股，当时这只个股获利超过 70% 出局，虽然后来其继续创出新高，但从收益比来看是相当满意了。从图中可以看出，从 500 日均线和 600 日均线的位置开始起涨，即使到了 1000 日均线位置卖出，收益也达到 30%，这个空间盈利的概率是相对大一些。

所以，从 500 日均线、600 日均线到 1000 日均线之间的盈利空间，是 8561 A 股特色股票投资交易体系的一个特点，在大家接触到的其他交易体系当中肯定是没有这个逻辑的，这也是 8561 A 股特色股票投资交易体系的优势所在，希望各位投资者能够认真对待这条选股要求。

7. 底部横盘期间出现过两次以上涨停

假如某只股票在底部筑底阶段出现过几次涨停，但股价没有走出主升浪，

8561 单根 K 线战牛熊

这至少说明以下几点：

第一，说明主力的实力和控盘能力较强，否则不会用涨停方式吸筹；

第二，说明后期拉升的时候也会出现涨停拉升；

第三，底部涨停而股价不大幅上涨，说明主力还没有完全准备好，这个时候介入就是和主力站在一条起跑线上。

如图 1-33 所示。

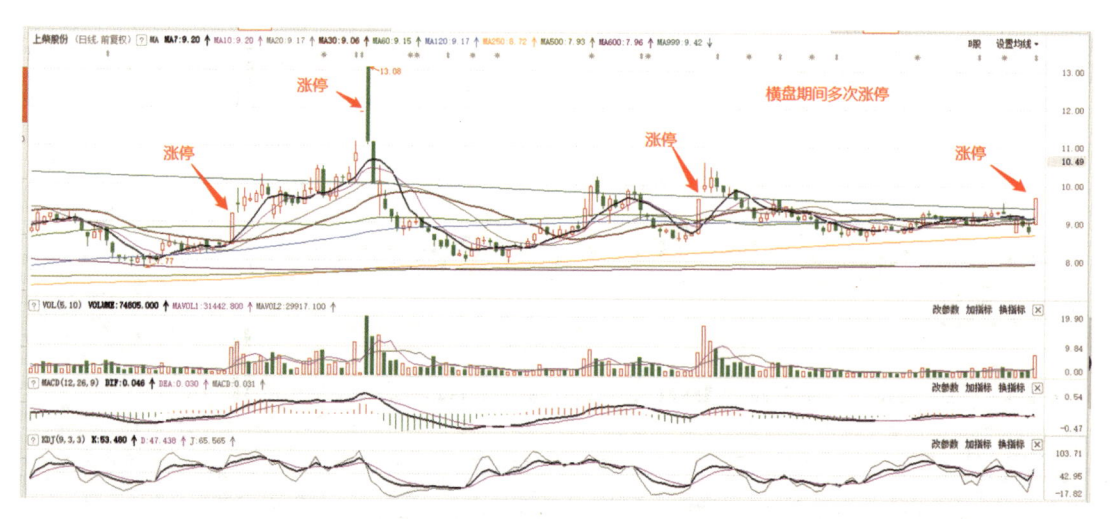

图 1-33 横盘期间出现的涨停

这是 600841 上柴股份截至 2021 年 6 月 18 日收盘的 K 线走势图，从图中可以看出，这只个股在横盘期间，出现过 4 次涨停，这些涨停代表主力依然还在影响着股价，说明主力还在场，后期大概率会有上涨行情。

一只个股在底部区域出现涨停，是未来成为牛股的一个重要因素，出现涨停次数越多，说明后期劲头会越足。还有一个原因，大家想一下，一只个股能够拉涨停，是散户所为吗？答案是否定的，拉涨停不是散户能做到的，所以那就是大资金主力在参与。有大资金参与的股票，后边上涨的概率也就大，我们只要能有这个逻辑作为支撑，就可以增强持股信心。

8. 简单的基本面分析：营业收入、净利润正增长，至少不能大幅亏损

由于我们坚持的策略是中线思路选股，所以有的股票持股时间会稍微长一些，从安全的角度来看，尽量选择业绩比较理想的个股进行参与，这样至少会多一个基本面，能增强长期持股的信心。如图 1-34 所示。

第一章 引论

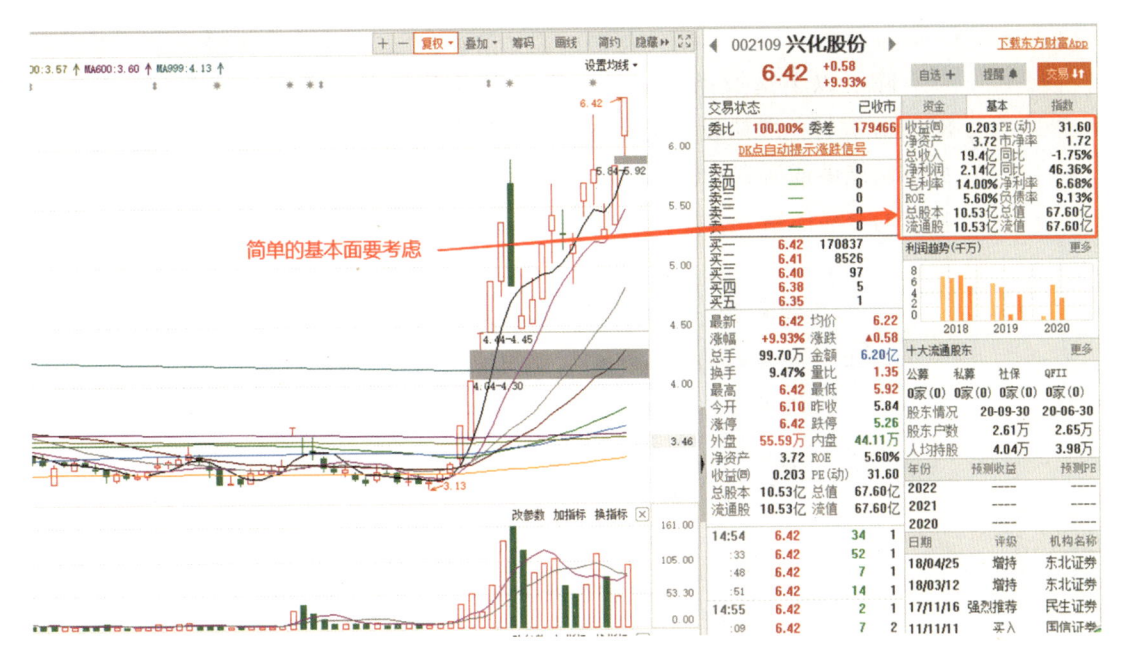

图1-34 选择业绩比较理想的个股

从图1-34中可以看出,这是002109兴化股份的基本面,总收入虽然有所下滑,但净利润是增长的,综合分析以后,这个条件就可以接受,至少利润是在增长的,所以在底部符合8561选股条件的时候就可以及时关注。一旦走过主升浪以后就不要再关注了!

在实际操作过程中又会遇到一些矛盾,业绩好的个股多数情况下不会太便宜,而便宜的个股、位置低的个股一般业绩又不太理想,遇到这种情况在仓位上做出相应决策即可。比如,一只个股业绩不理想,但也没有大幅亏损,那就可以用少量仓位参与,如果季报或者半年报公布以后,业绩转好,找合适位置再加仓;假如新出的业绩还是不理想,那就找机会先出来以观望为主。对于业绩好的,位置又是相对底部区域的,K线形态又漂亮的,参与的仓位就可以稍微大点,这样更安全一些。但是散户也要客观地认识到一点:十全十美的事情是很难遇到的。适当看清楚这个逻辑,也就好做取舍了。

> 说明:假如选出符合所有条件的个股,即使形态再好,一旦出现特大利空消息,也要以回避风险为主,不能抱有侥幸心理!比如之前的长生生物、乐视网、康美药业、康得新等,都是当时的大白马,一旦出现"黑天鹅事件",只有先想着回避风险,才有可能减少损失。

除了以上选股条件以外，还可以参考本书中关于如何跟庄的章节，8561 A 股特色股票投资交易体系一直在不断完善当中，因为没有任何一种交易方法能做通所有行情，穿越牛熊而不败的，只有根据行情的发展逐步完善自己的交易体系，才能长期立足于证券市场当中。

> 温馨提示：各位投资者也可以在以上选股条件的基础上，再加上一些自己的选股策略，这样也算是在构建自己的交易体系。关于短线操作的部分，投资者可以参考本书后面关于8561战法的章节。

8561 实战来，
A 股特色安全在，
技术派系较复杂，
战略位置底部佳。

第二章　K线基础知识详解

技术分析千万种，
K线知识必须懂，
图形犹如眼睛眨，
掌握自然利润抓。

第一节
什么是K线

一、K线基础知识点

K线是由某只股票一段时间内的开盘价、收盘价、最高价和最低价得来的，代表的是一段时间内股票价格的涨跌情况，K线有日K线、周K线、月K线等级别。如图2-1所示。

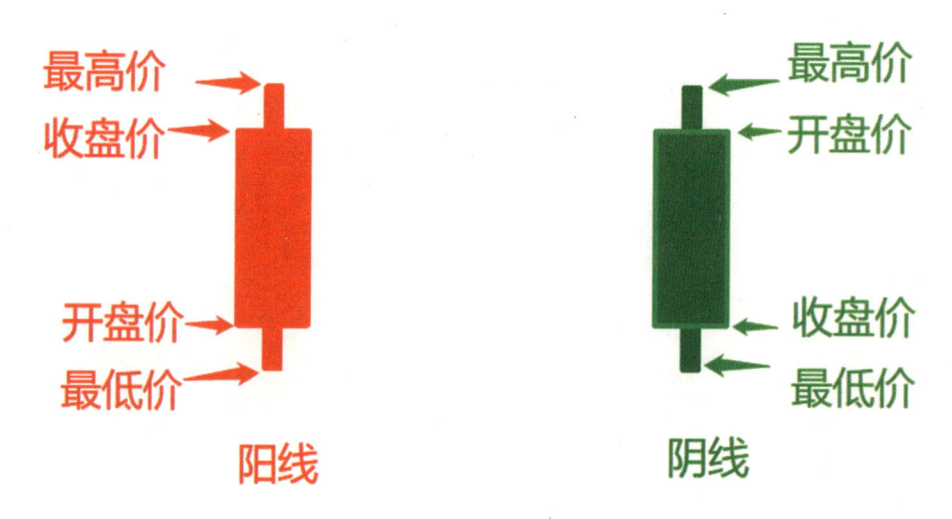

图2-1 常见的K线形态

在图2-1中，这是两根常见的K线形态，一根是阳线，一根是阴线，从图中可以简单清晰地看出某只股票今天是涨还是跌了，阳线表示当天股价是上涨的，阴线则表示当天股价是下跌的。

K线图是技术分析最基础的指标，新入市的股民朋友最先接触到的最直观的技术指标就是K线图。在我从业20多年的时间里，见到过太多的技术分析派高手，无论这些高手用的是什么选股策略，最终都离不开K线图。在公开课和做节目的时候，我也经常说简单就是美，因为往往看似简单的东西，才是最有用的。

第二章 K线基础知识详解

K线图直观、立体感强，且信息丰富，是股票趋势分析中最常用、最基础的工具。K线图可以直观地表示股价趋势的强弱、买卖双方力量平衡的变化。可以说，掌握好K线及其分析手法，投资就成功了一大半。

关于最基础的K线知识，在这里就不介绍了，咱们这里只介绍单根K线买卖点的技巧。

在没讲买卖点之前，先强调一个8561 A股特色股票投资交易体系中一个重要的使用技术分析的逻辑前提，大家务必先把这个逻辑作为一个重要的分析基础，即在判断单根K线买卖点的时候，先要考虑某根K线所处的位置，当前股价是处于相对低位还是高位，是短线高点还是短线低点，这个才是判断买卖点最重要的理论基础。因为很多股民朋友非常容易做出简单的判断，阴线一定就不好，阳线就一定会是好事。其实同样一根K线所处位置不同，其反应的市场信息也不同，简单地说，同样一根K线出现在高位就可以看空，出现在相对低位就可以看多。明白了这个分析逻辑，以后也就不会再犯一些不该犯的错误了。

接下来的买卖点技巧讲解，我会用对比的方式来进行，之所以把买卖点放到一起来讲解，是因为每根相同的K线出现在不同的位置，短线给出的信号也会相反。这样讲解更加直观，也好学习好记忆，让新股民学习起来更容易。这也是我在经过多期小班课程升级后的理论总结！

二、如何才能快速学习K线知识点

> 重要提示：学习K线知识点的时候，大家要记住一个学习窍门，这样就能达到事半功倍的学习效果，也能快速地完成学习，这就是"对立统一学习法"。这是我在内部学员课中强调的最核心的学习窍门，希望各位读者能认真对待。

什么是"对立统一学习法"？对立学习法是建立在矛盾对立统一的哲学原理基础之上。对立学习法能够让我们快速建立对某个领域的大体框架，提高学习效果。从一般意义上讲，如果两件事物中的一件存在时，另外一件事物一定不存在，那么这两件事物就有矛盾，矛盾是事物之间互相作用、互相影响的一种非常普遍的状态，它本质上是事物之间的属性关系，这种关系可以称之为"对立"。我们利用事物对立统一的性质，在认识世界过程中，可以通过对立统一学习法来提高学习效率，我们还可以通过不同流派的争论加深对对立统一学习法的理解和掌握。

学习K线的时候，我所指的对立统一学习法，即同样一根K线，出现在相对高位就是卖出看空的信号，出现在低位就是买入看多的信号，但是K线的形态是一样的。只是有时候K线的名字叫法不一样，比如锤子线出现在低位就叫锤子线，而出现在高位就叫上吊线，不管是阴线还是阳线，用法都一样。对立指的是位置的对立，不同的位置代表的买卖信号是对立的；统一指的是K线形态的统一。这就是对立统一学习法的核心思路，这样学习既好记又不容易搞混，所以大家一定要重点理解对立学习法的内容。

总之，各位读者要熟记一句话：既对立又统一。经过后面详细的讲解，慢慢就会理解了。

第二节
常见K线买卖点分析

很多投资者学习技术分析所追求的就是如何才能精准抄底和精准逃顶，其实经过多年的实战经验，包括我接触过的很多投资者，他们越是追求逃顶和抄底，越是适得其反，那么究竟怎样才能逃顶和抄底呢？

第一步，要先定位个股的战略位置，股价当前正处于高位、中位还是低位，这个位置一定指的是相对的低位或者相对的高位，绝对的高位和低位是不能去追求的，否则就会适得其反，反而会错过低点和高点；第二步，要密切关注K线发出的信号了，从单根K线到K线组合，只要是阶段性的大顶和大底，多数情况下都会有相应的顶部形态和底部形态出现，再结合成交量分析，基本就可以判断出顶部和底部。

> 再次强调一下：千万不要想着买在最低的那个价位，也不要想着卖在最高的那个价位，只要是大概的低点区域和高点区域就足够精确了。尤其是针对打底仓和清底仓的时候，更不要追求绝对的低点和绝对的高点，否则你将失去所谓的抄底和逃顶的多数机会。如果要是做差价的那部分仓位可以适当地追求相对短线高点和相对短线低点，这点是大概率能做到的。

下面我们开始学习 8561 A 股特色股票投资交易体系单根 K 线短线买卖点技巧一：锤子线和上吊线的应用，如图 2-2 所示。

锤子线和上吊线	技术含义
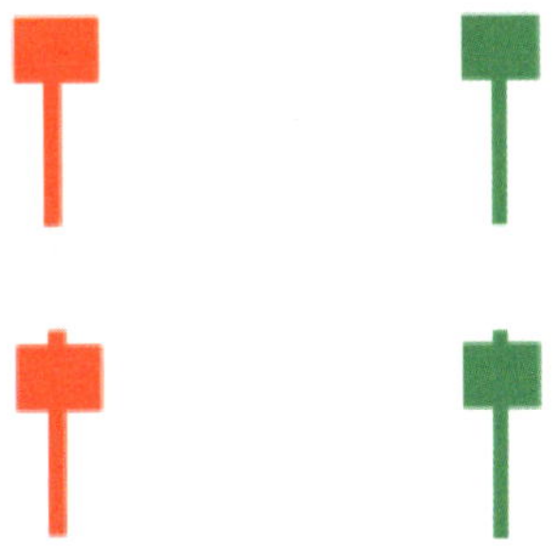	原有趋势即将改变，出现在相对高位叫上吊线，是看空信号；出现在相对低位叫锤子线，是看多信号。 下影线越长，代表多空分歧越大，转势的信号越强烈。 可以不分阴阳线，上部分为实体，有少量上影线，不影响参考。

图 2-2　锤子线和上吊线的 K 线

图 2-2 是锤子线和上吊线的 K 线，为什么有两个名称呢？假如这两种 K 线出现在短线高位就叫上吊线，此为滞涨信号，可以理解为卖点；出现在低位就叫锤子线，此为止跌信号，可以理解为买点。对于上吊线和锤子线，不管阴线还是阳线，只要符合这个形态，出现在低位或者高位，使用方法都是一样的（我们开始用对立统一学习法来学习，对立的是位置，统一的是 K 线形态）。但是假如在高位出现阴线上吊线要比阳线上吊线看跌概率更大；同理，假如出现在低位的锤子线，阳线锤子线要比阴线锤子线看涨概率更大。

锤子线短线买入技巧：锤子线 K 线形态是当天股价有新低走势，之后被多头拉回来，收出一根长下影线，下影线之上有一部分 K 线实体，但可以是阳线实体也可以是阴线实体，阴线实体的锤子线和阳线实体的锤子线在应用的时候没有区别。也就是说，不用区分阳线实体锤子线和阴线实体锤子线，只要是出现在短线低位就可以看作止跌信号，可以作为左侧交易的买点来看待。如果持有这只股票被套的话就不能再止损割肉了，而是可以择机加仓降低成本。如果之前没有买入这只股票，就可以适当开始买入做多。如图 2-3 所示。

8561 单根 K 线战牛熊

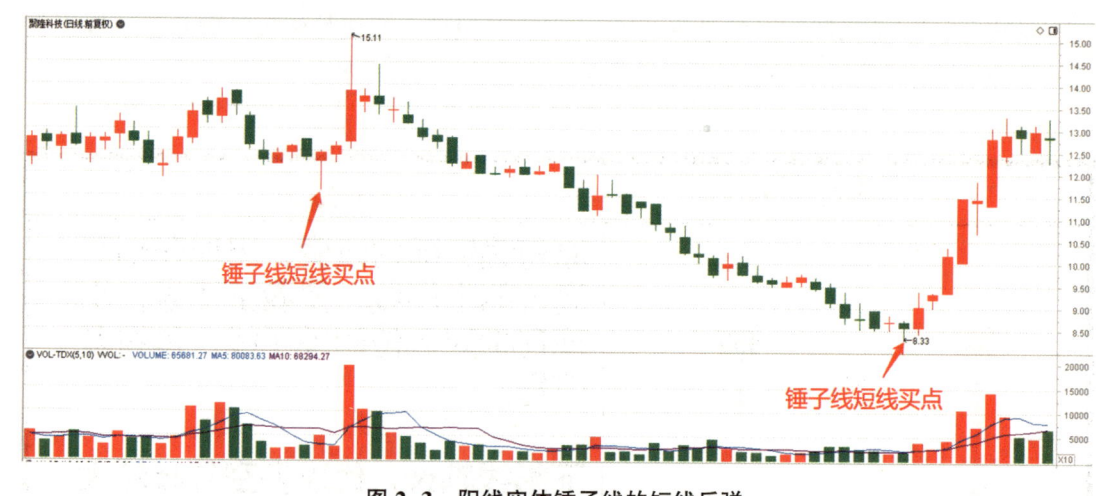

图 2-3 阳线实体锤子线的短线反弹

从图 2-3 中可以看出，这是 300475 聚隆科技在 2020 年 11 月 7 日第一根阳线实体锤子线出来以后走出一波短线反弹。经过一轮调整跌到 8.33 元以后，2021 年 1 月 13 日再次收出一根阴线实体锤子线，也就奠定了反弹的基础，之后走出一波上涨行情。但是一定要分清楚做短线还是做中长线的仓位，短线仓位买进就得及时止盈出局，否则就像上图 2-3 中，出了锤子线了，也短线上涨了，但是如果你没及时卖出，那后面就是再次被套的结果。

请继续看下一个锤子线买点案例，如图 2-4 所示。

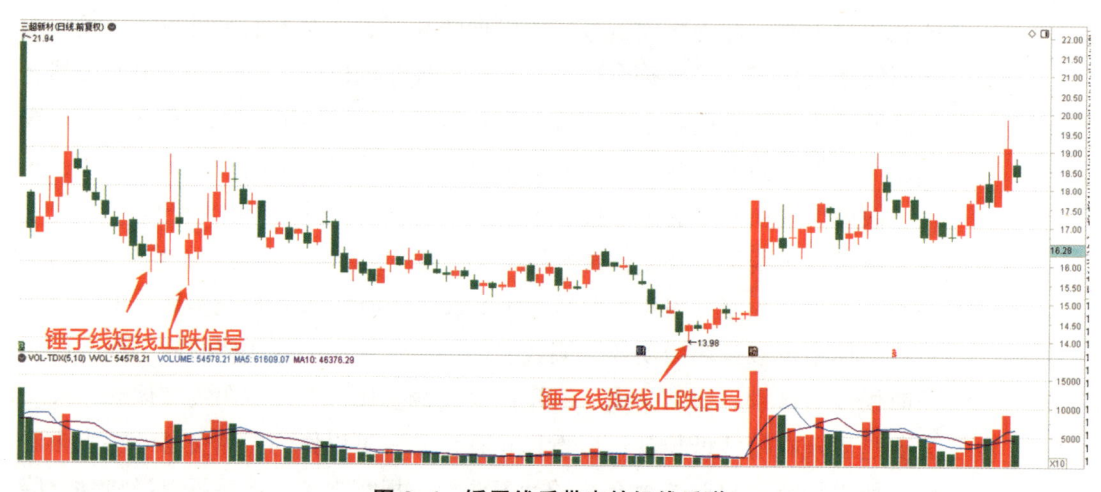

图 2-4 锤子线后带来的短线反弹

从图 2-4 可以看出，这是 300554 三超新材的 K 线图，2021 年 2 月 2 日、

2月8日和5月6日都是因为收出锤子线后带来一波短线反弹。锤子线之所以能够反弹，其内在本质是：由于股价调整一段时间之后，空头最后疯狂地把股价砸出新低，之后空头短线力竭，出现物极必反，多头开始反攻，直接把股价拉回来，才会收出一根锤子线，短线反弹也就大概率会出现了。如果持有这只股票被套的话就不能再止损割肉了，而是可以择机加仓降低成本。

止损设置：根据锤子线短线买入以后，要考虑止损问题。理论上来说，买入以后，假如股价跌破了锤子线最低点价格，就要先止损出局观望，防止后期继续下跌！

止盈设置：一旦买完以后股价开始上涨，要在短线上涨2～3个交易日后出现放量滞涨的时候或者出现其他卖点信号时，一定要舍得卖出，否则后续一旦调整创新低，短线利润也就没有了。

前边讲过，同样的K线出现在高位就要注意以看空为主，也就是要当作短线卖点来操作。那么锤子线出现在短线高位就要看作短线卖点，但不叫锤子线了，可以叫上吊线或者吊颈线。通过这个K线的叫法也可以看出，这根K线出现在高位就是不好的表现，理论上是可以"要命"的，所以叫上吊线。

继续通过案例来学习上吊线短线卖点的应用，如图2-5所示。

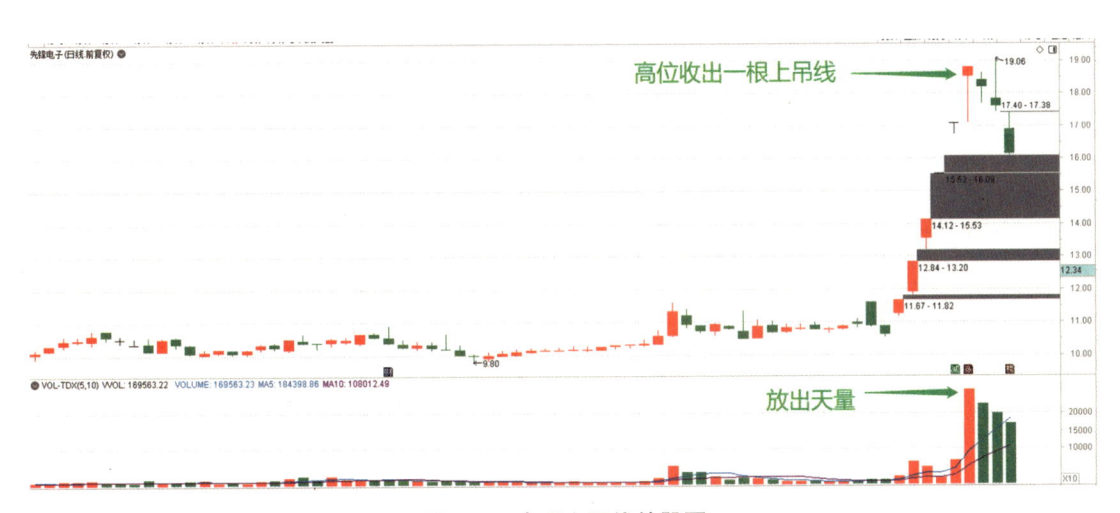

图2-5 出现上吊线的股票

从图2-5可以看出，这是002767先锋电子的K线走势，当时在2021年6月22日收出一根上吊线，并且底部出现天量交易，代表主力开始出货，之后股价便展开调整。所以，一旦收出上吊线，如果持有这只股票就要选择获利出局或者减仓降低仓位，而没有这只股票就暂时以观望为主，不能再买入了。

继续看下一个案例，如图2-6所示。

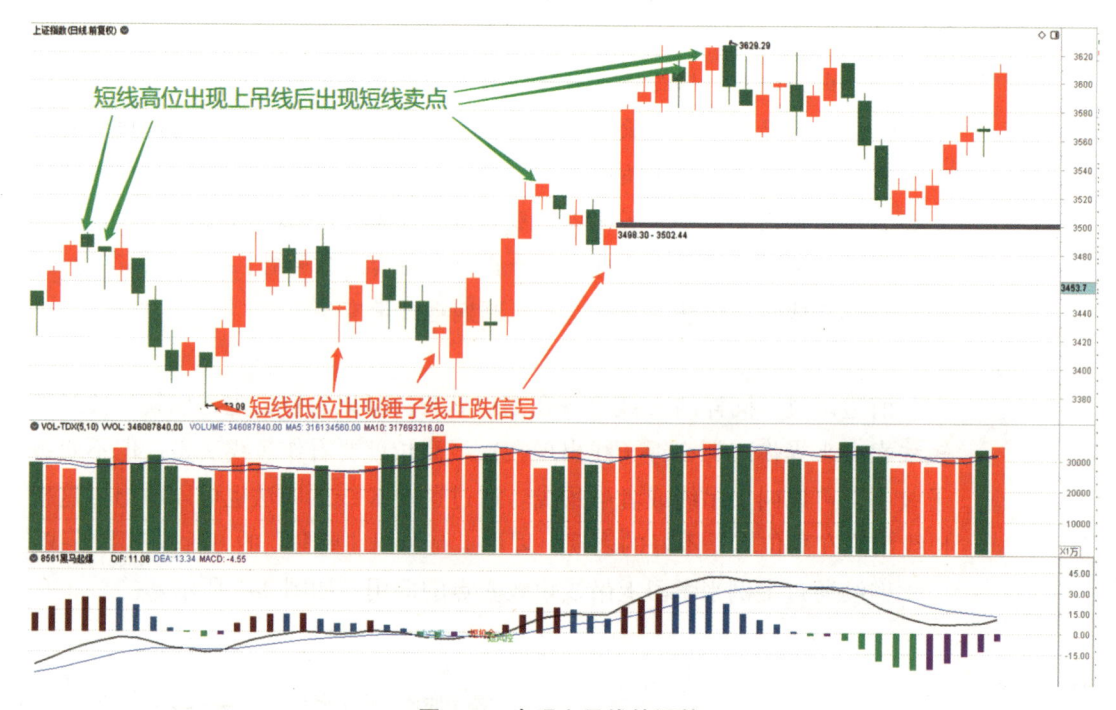

图2-6 出现上吊线的调整

从图2-6可以看出，这是上证指数截至2021年6月25日的K线图，图中在短线几次高位出现上吊线之后便开始调整，短线相对低位每次出现锤子线后，短线就止跌展开反弹，这张图中的短线买卖点还是比较清晰的。

> 说明：以上只是短线的买卖点，千万不要和长线买卖点搞混淆，做短线的必须按照短线原则交易，避免后期继续创出新低带来亏损。

连跌过后锤子出，
短线不再连叫苦。
连续上涨上吊来，
不能再去追涨嗨。

8561 A股特色股票投资交易体系单根K线短线买卖点技巧二；倒锤头、流星线买卖技巧的应用，如图2-7中所示。

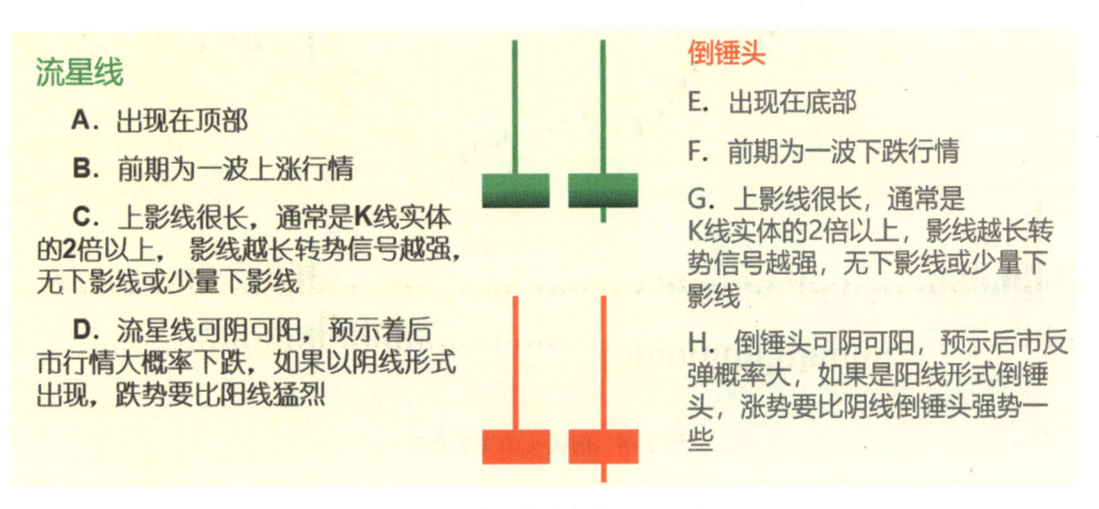

流星线
A. 出现在顶部
B. 前期为一波上涨行情
C. 上影线很长，通常是K线实体的2倍以上，影线越长转势信号越强，无下影线或少量下影线
D. 流星线可阴可阳，预示着后市行情大概率下跌，如果以阴线形式出现，跌势要比阳线猛烈

倒锤头
E. 出现在底部
F. 前期为一波下跌行情
G. 上影线很长，通常是K线实体的2倍以上，影线越长转势信号越强，无下影线或少量下影线
H. 倒锤头可阴可阳，预示后市反弹概率大，如果是阳线形式倒锤头，涨势要比阴线倒锤头强势一些

图 2-7　流星线和倒锤头的形态

从图2-7可以看出，这个K线形态其实就是把上吊线和锤子线倒过来的，所以叫倒锤头。倒锤头出现在调整一段时间之后，收出这个形态就叫倒锤头，是止跌的信号，也就是短线买入的信号；而出现在高位就叫流星线，是看空的信号，也就是短线卖出的信号（继续用对立统一学习法来学习，对立的是位置，统一的是K线形态）。

> 说明：倒锤头和流星线也不用区分阴线还是阳线，只要符合这个形态就可以，但是出现在高位的时候，假如是阴线流星线，下跌的概率要大一些，出现在底部的倒锤头是阳线时，上涨概率要更大一些。

下面来看倒锤头线短线买点的实际应用，如图2-8所示。

从图2-8可以看出，这是603958哈森股份在2021年2月5日收出一根倒锤头线，出现短线止跌信号，也就是出现买点，做左侧交易策略的投资者就可以进场参与了，之后便迎来一波反弹行情。如果持有这只股票被套的话就不能再止损割肉了，而是可以择机加仓降低成本；如果没有这只个股，就可以择机进场参与。

8561 单根 K 线战牛熊

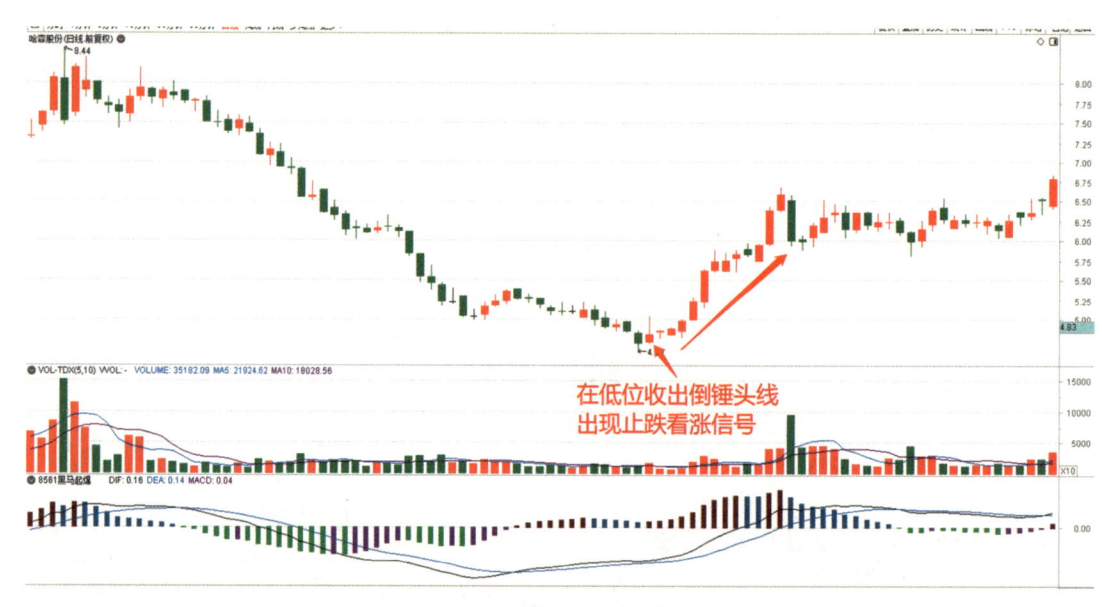

图 2-8 倒锤头的短线止跌

图 2-9 倒锤头的短线企稳

从图 2-9 可以看出，这是 002560 通达股份在 2021 年 6 月 7 日收出一根倒锤头线，之后短线企稳，展开一波反弹，虽有回调，但是回调的位置没有低于前期底部低点价格，再次展开一波上涨行情。如果持有这只股票被套的话就不能再止损割肉了，而是可以择机加仓降低成本；没有这只个股的，出

· 44 ·

现倒锤头也是可以参与的，至少短线有获利空间。

下面来看流星线短线卖点的实际应用，如图 2-10 所示。

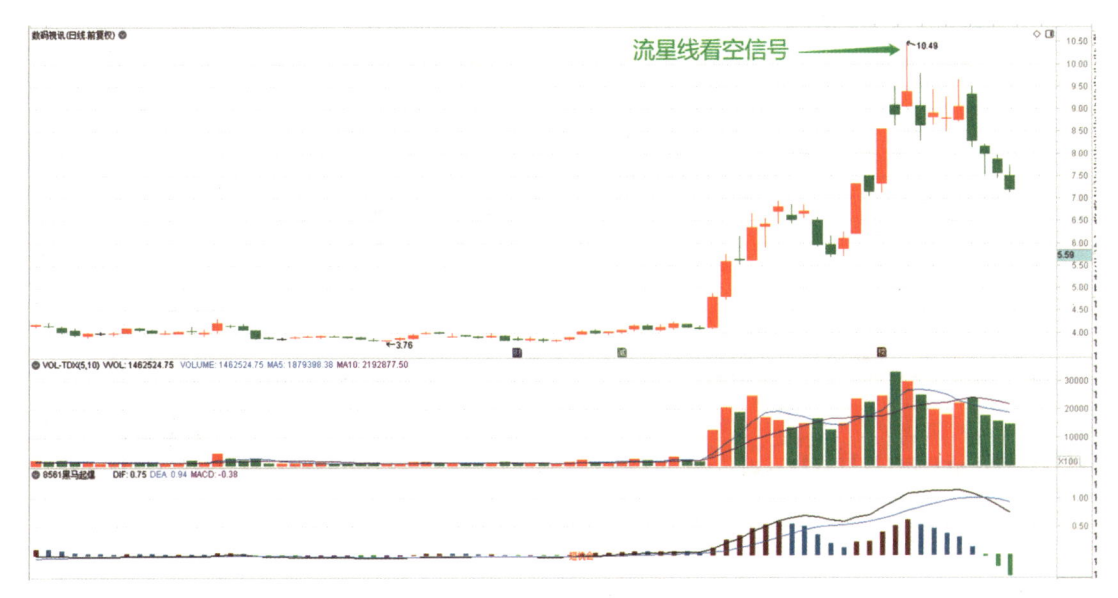

图 2-10　流星线短线的卖出信号

从图 2-10 可以看出，这是 300079 数码视讯的 K 线走势图，先是经过一波上涨以后，在 2021 年 6 月 15 日的高位收出一根流星线，出现短线卖出信号，之后便开始连续调整。所以，一旦收出流星线，如果持有这只股票就要选择获利出局或者减仓降低仓位；而没有这只股票就暂时观望为主，短线不能再随便买入了。

继续看下一个案例，如图 2-11 所示。

从图 2-11 可以看出，这是 300649 杭州园林的 K 线走势图，这只个股在 2021 年 3 月 24 日收出一根流星线，之后虽有新高，但没能延续，也就可以看作是诱多的信号，之后便开始一波调整。经过一波上涨行情之后在 2021 年 6 月 23 日高位再次收出一根流星线和左右侧的螺旋桨 K 线以及类似上吊线组合，三个滞涨信号凑齐了后，短线开始回调。

流星线之所以看空，是因为股价在经过一波上涨行情之后，多头在某一天继续往上拉升，但由于多头力竭，部分多头开始翻空，开始做空卖出股票，造成股价承压，收出一根带上影线的流星线，此时市场的合力就会转变为卖出股票，所以后市看空的概率就大了。一旦出现流星线

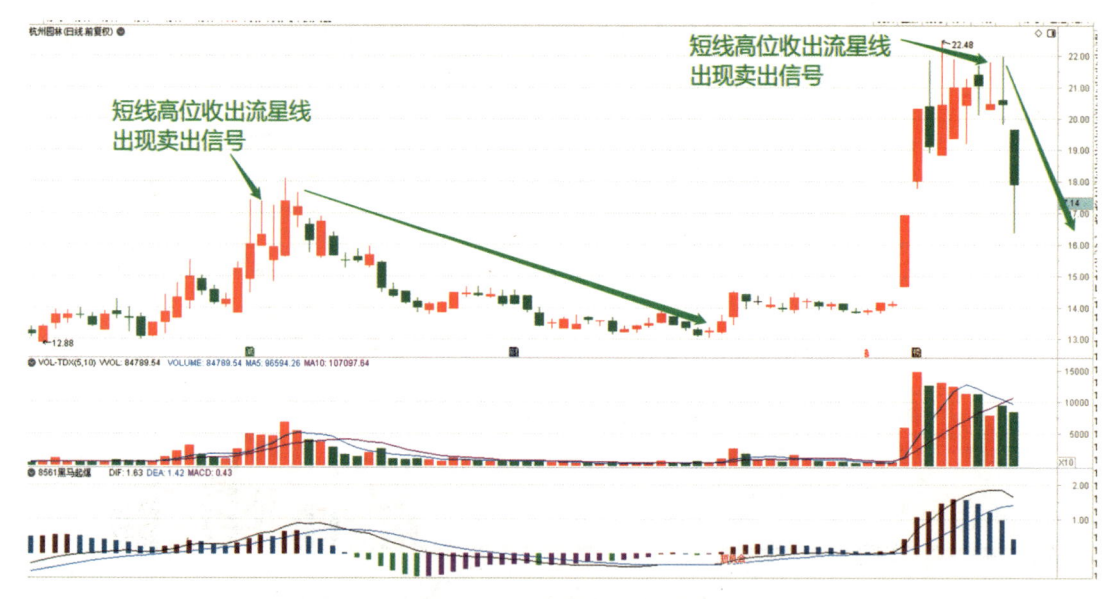

图 2-11 诱多信号的流星线

就不要再考虑买入了，持有这只股票的要以减仓防控风险为主。

冲高回落倒锤头，
收在底部加仓有。
高位收出流星线，
减仓至少要过半。

8561 A 股特色股票投资交易体系单根 K 线短线买卖点技巧三：螺旋桨 K 线判断买卖点。

如图 2-12 所示，螺旋桨 K 线就是因类似直升机的螺旋桨而得名，我在给小班学员讲课的时候，会给这个形态取个好记的名字，即"红中"或"绿中"。其技术含义就是，股价在经历一波大幅上涨行情之后，在高位出现螺旋桨 K 线，代表多空分歧加剧，上涨行情即将结束，或者多头开始休息，股价即将调整。但股价在经历一波深度下跌行情之后，在底部区域收出螺旋桨 K 线，代表多空分歧加剧，空头即将力竭，多头有反攻迹象，短线反弹概率加大（继续用对立统一学习法来学习，对立的是位置，统一的是 K 线形态）。

第二章 K线基础知识详解

螺旋桨K线	技术含义
	原有趋势即将改变，出现在相对高位是看空信号，出现在相对低位是看多信号。 上、下影线越长，代表多空分歧越大，转势的信号越强烈。 可以不分阴阳线，不影响参考！

图2-12　螺旋桨K线形态

在实际运用的过程中，假如股价从底部区域上涨幅度不大，出现螺旋桨K线，也可能是上涨中继的多头休息，横盘之后还会上涨；但假如股价上涨过大，刚开始下跌一小段，收出螺旋桨K线，也可以看作下跌中继。所以，螺旋桨K线的使用也必须要看股价所处的位置。

我们继续用案例来讲解螺旋桨K线卖点的实际应用，如图2-13所示。

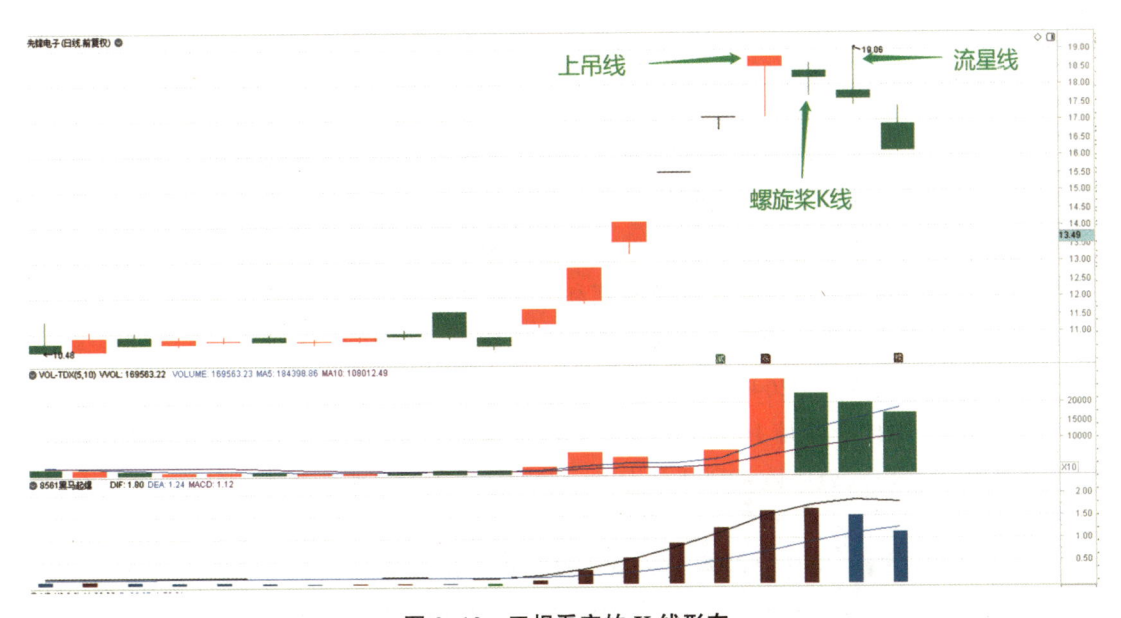

图2-13　三根看空的K线形态

· 47 ·

从图 2-13 可以看出，这只个股是 002767 先锋电子截至 2021 年 6 月 25 日的 K 线走势图，在股价经过一波上涨的主升浪之后，在 2021 年 6 月 22 日至 24 日到达高位，先是收出一根上吊线，再收出一根螺旋桨 K 线，然后又收出一根流星线，出现三根看空的 K 线形态，这就必须按照空头思维来对待了。持有这只个股的就先减仓为主，没有这只个股的就不能再追高买入了，后期大概率是看跌趋势。

继续看下一个螺旋桨 K 线短线卖点的案例，如图 2-14 所示。

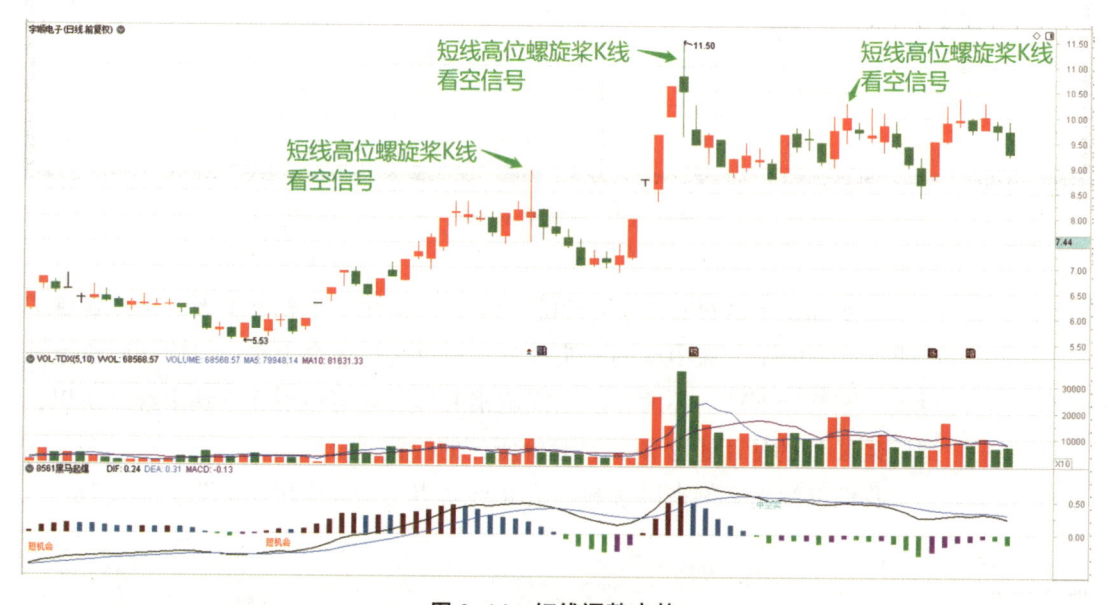

图 2-14 短线调整走势

这是 002289 宇顺电子的 K 线图，这只个股在 2021 年 4 月 28 日、5 月 19 日、6 月 7 日分别都收出螺旋桨 K 线形态，之后都出现短线调整走势。所以，从短线角度来看，一旦在短线高位收出螺旋桨 K 线形态，就暂时观望一下，不能再追高买入了；假如持有获利的，就可以考虑短线减仓。

再来看一个螺旋桨 K 线卖出信号案例，如图 2-15 所示。

这是 300264 佳创视讯的 K 线图，这只个股在经过一波大幅上涨之后，在 2021 年 6 月 16 日高位出现阴线的螺旋桨 K 线形态，短线出现卖出信号，这个时候就应该获利减仓为主，而不能再去追高买入了。

> 这里说一个重要的逻辑：学习技术分析一定不要猜明天会涨会跌，只要出现空头信号，站在短线的角度就要减仓，而出现短

第二章 K线基础知识详解

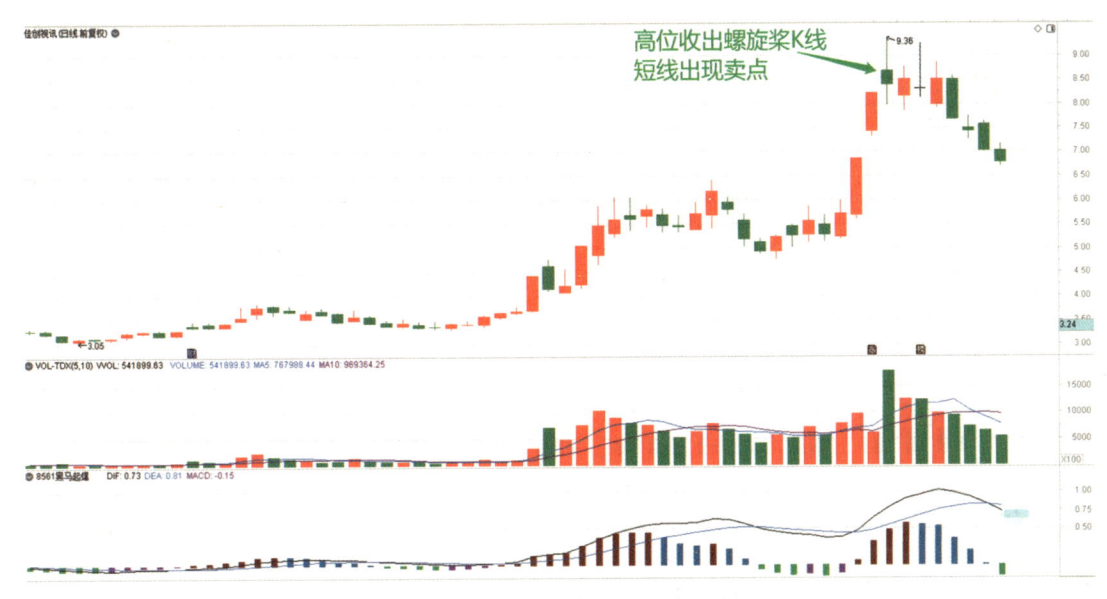

图 2-15 阴线的螺旋桨 K 线形态

> 线看多信号就可以加仓，执行力需要跟上才行。很多股民朋友之所以知道很多知识点，但一到实盘交易的时候就蒙圈了，就是因为盘中太着急交易，把一些熟悉的知识点都给忘记了。或者是抱有侥幸心理，明明出了短线卖出信号，还在那里患得患失；出了买入信号，心里还在恐慌。这种心态是做不好股票交易的！切记！

下面我们用案例分析来讲一下螺旋桨 K 线的买入信号，如图 2-16 所示。

这是 002610 爱康科技的 K 线图，这只个股在 2021 年 6 月 21 日和 6 月 22 日连续收出两根螺旋桨 K 线，出现止跌信号，之后就带来两天的短线反弹。没有这只个股的可以选择在螺旋桨 K 线收出来以后短线介入，持有这只个股被套的就不能再悲观地止损割肉了，而是可以择机加仓来降低成本。

请继续看下一个螺旋桨 K 线买点案例，如图 2-17 所示。

如图 2-17 所示，这是 603266 天龙股份的 K 线图，这只个股在 2021 年 2 月 8 日收出一根螺旋桨 K 线，出现止跌信号，之后便展开一波反弹，再也没有回到这个低点位置。遇到这种信号出现以后，就可以持股待涨不能再止损割肉，想参与的就可以择机参与了。

8561 单根K线战牛熊

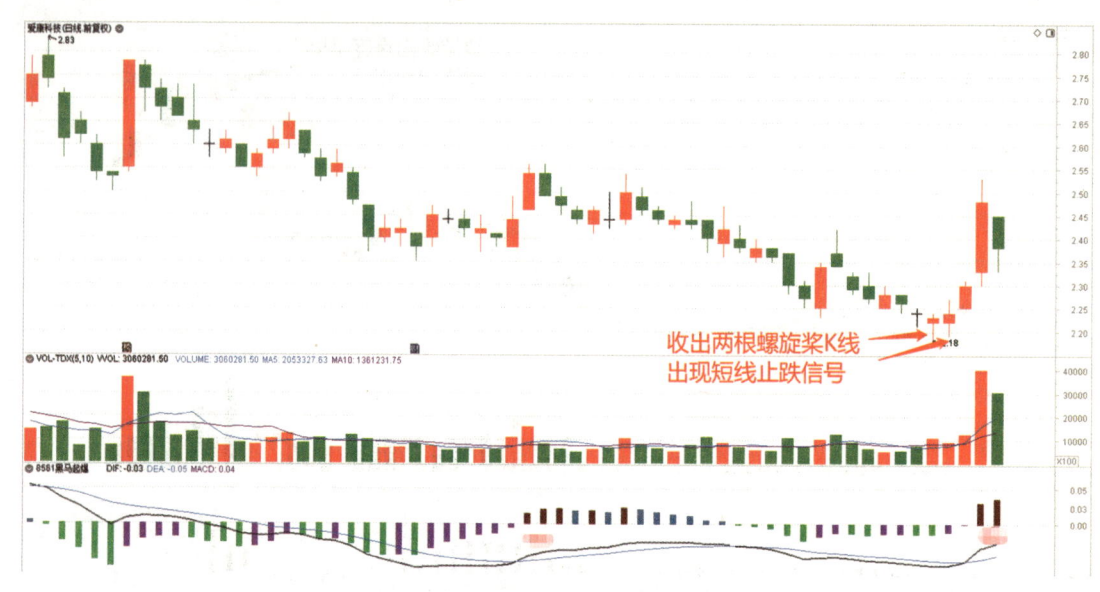

图 2-16 短线反弹的螺旋桨K线

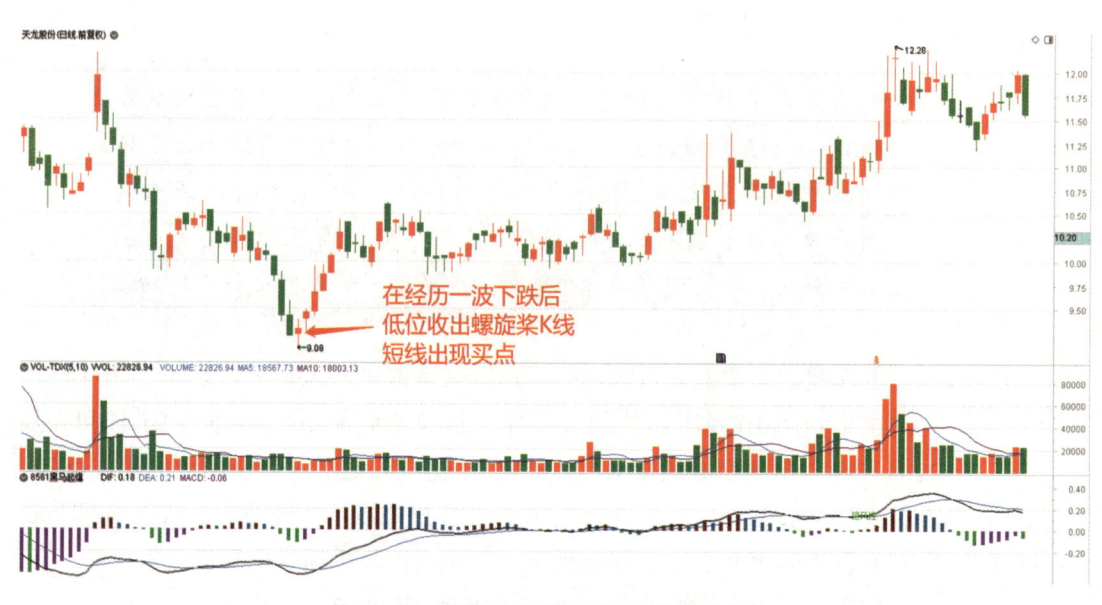

图 2-17 反弹后没有回到低点位置的个股

上下影线螺旋桨，
实体红绿都一样。
出在高位股价凉，
低位出现多头养。

第二章 K线基础知识详解

8561 A股特色股票投资交易体系单根K线短线买卖点技巧四：十字星K线的买卖点实战应用解析，如图2-18所示。

十字星K线	技术含义
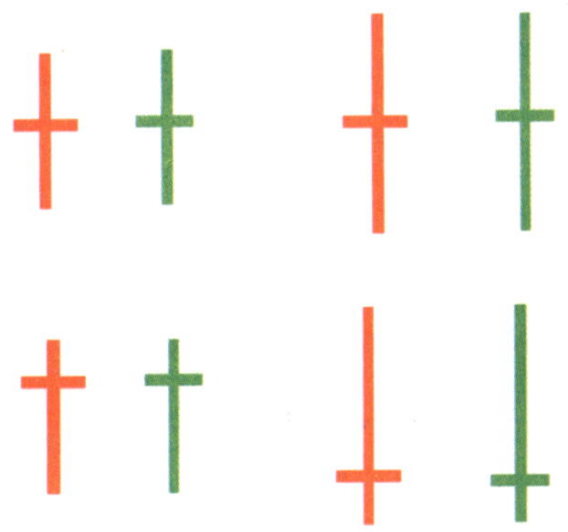	多空分歧加剧，出现在相对高位是看空信号，出现在相对低位是看多信号。 上、下影线越长，代表多空分歧越大，转势的信号越强烈。 十字星和螺旋桨K线的区别：螺旋桨K线实体部分稍微长一点，十字星K线的开盘价和收盘价几乎相同形成一条线，一般没有实体，或者实体较小。

图2-18 十字星K线

十字星是指收盘价和开盘价在同一价位或者相近，没有实体或实体极其微小的特殊的K线形式，其虽有阴阳之分，但实战的含义差别不太大，远不如十字星本身所处的位置更为重要。比如出现在持续下跌末期的低价区，称为"希望之星"，这是见底回升的信号；出现在持续上涨之后的高价区，称为"黄昏之星"，这是见顶转势的信号（继续用对立统一学习法来学习，对立的是位置，统一的是K线形态）。

> 十字星K线往往预示着市场到了一个转折点，投资者需密切关注，及时调整操盘的策略，做好应变的准备。根据实战经验可以将十字星分为小十字星、大十字星、长下影十字星、长上影十字星等。

小十字星是指十字星的线体振幅极其短小的十字星，这种十字星常常出现在盘整行情中，表示盘整格局依旧；出现在上涨或下跌的初期，表示暂时的休整，原有的升跌趋势未改；出现在大幅持续上升或下跌之末，往往意味着趋势的逆转。

先给大家讲一下小十字星买点实战案例，如图2-19所示。

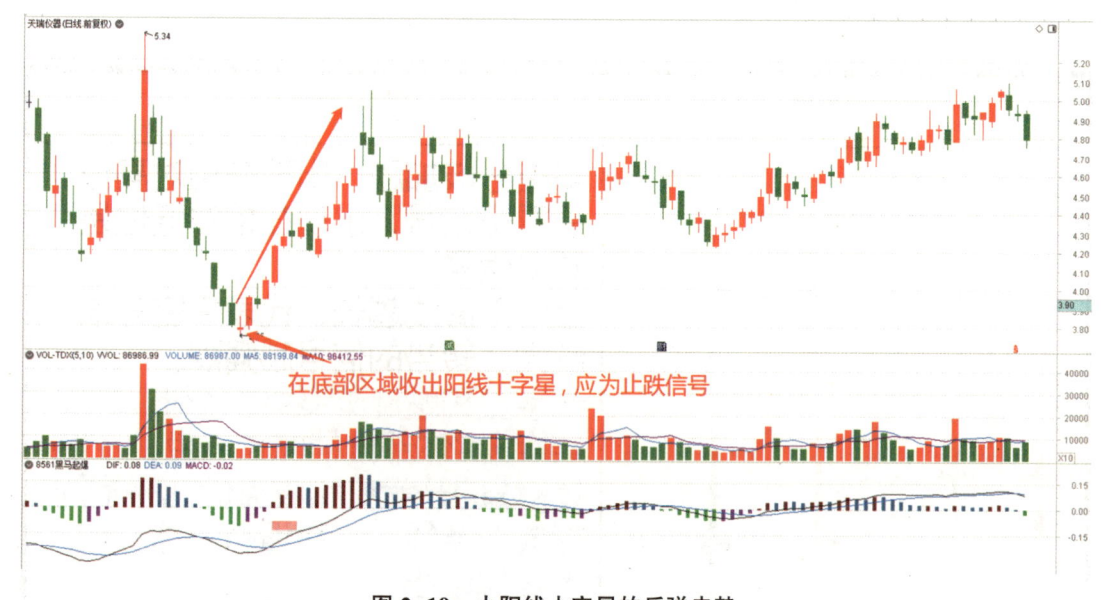

图2-19 小阳线十字星的反弹走势

这是300165天瑞仪器的K线图，在2021年2月8日经过一波调整之后，收出一根小阳线十字星，成交量出现地量，之后便展开一波反弹走势。如果持有这只个股被套的话就不能再止损割肉了，而是可以找机会加仓做差价；想参与的就可以择机买入了。

> 再提示一个止损的问题：由于单根K线买点判断选择的是左侧交易策略，所以在根据单根K线买入以后，股价没有如期上涨，反而下跌了，止损位一定要设在买点信号的那根K线的最低点位置，一旦破掉止跌信号的那根K线，就要以先止损后观望为主！

下面看一个小十字星的卖点案例，如图2-20所示。

从图2-20可以看出，这是000030富奥股份的K线走势图，在2021年4月7日收出一根阳线十字星，之后便开始一轮明显的调整行情。如果持有这只个股出现十字星卖出信号就应该减仓为主，而不能再去追高买入了。

第二章　K 线基础知识详解

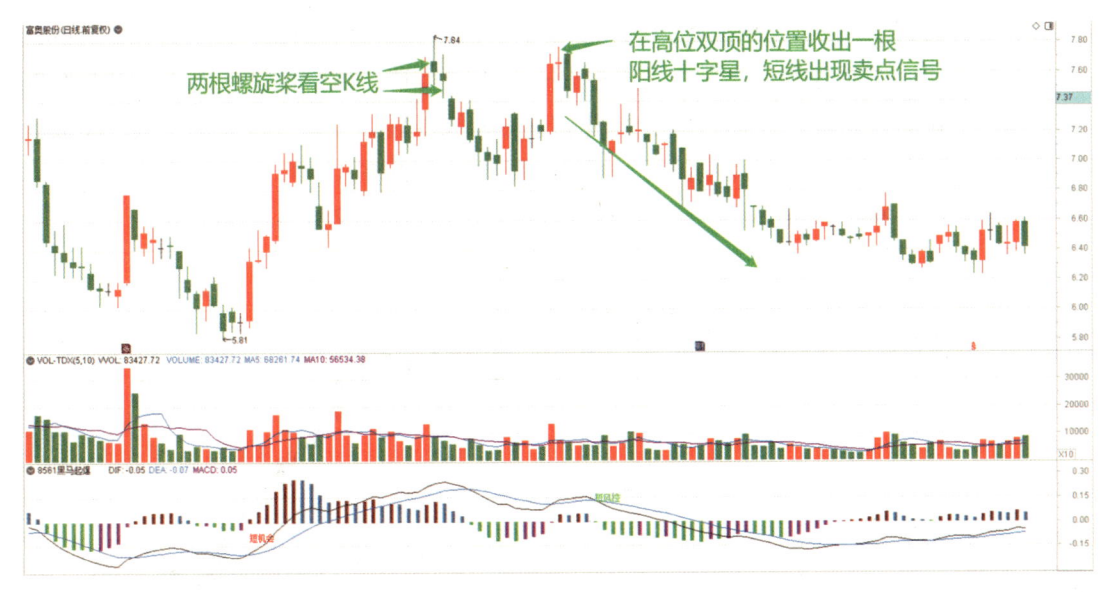

图 2-20　阳线十字星的走势图

大十字星出现在大幅持续上升或下跌之末的概率较大，盘整区间出现的机率不多见，往往意味着行情的转势。先给大家讲一个大十字星的买点案例，如图 2-21 中所示。

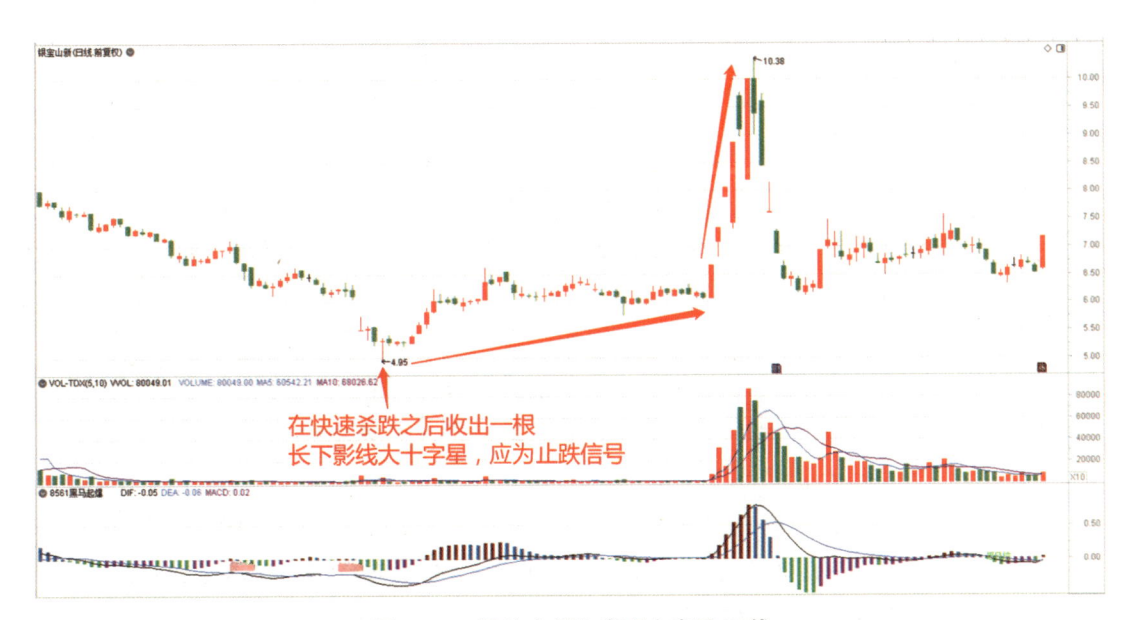

图 2-21　股价在低位出现十字星 K 线

这是 002786 银宝山新的 K 线走势图，这只个股在经过一波加速赶底之

· 53 ·

后，连续收出止跌信号，在2021年2月4日收出一根阳线十字星，下影线较长，代表多头开始反攻，之后便展开一轮上涨行情，股价也没有再回到这个低位位置。所以，股价在低位出现十字星K线以后，短线可以择机介入，而被套的就不能随便割肉止损了，而是要择机加仓做差价以降低成本。

接下来给大家讲解一下大十字星卖出信号实战案例，如图2-22所示。

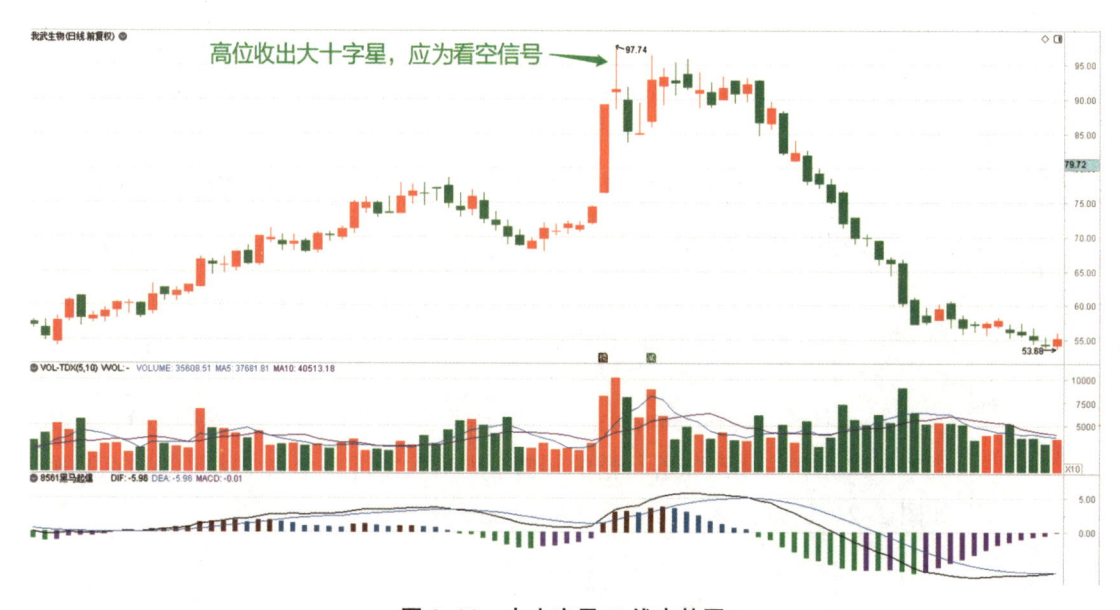

图2-22 大十字星K线走势图

这是300357我武生物的K线走势图，这只个股经历一波上涨之后，在2021年1月26日高位收出一根大十字星，长上影线较长，代表多头已经力竭，空头开始卖出股票，带来短线压力，之后就没有再创出新高，而是开始一轮下跌行情。

> 重要知识点：长下影十字星如果出现在上升趋势中途，一般均表示暂时休整，多头开始撤退，空头开始增加，股价回调的概率增大，此为看空信号！
>
> 如果是出现在持续下跌之后的低价区，则暗示卖盘减弱买盘增强，股价转向上升的可能性在增大，但次日再次下探不能创新低，否则后市还将有较大的跌幅。

最后再给大家讲一个8561 A股特色股票投资交易体系中对于十字星的

实战应用小技巧：在上涨图中收出阳线十字星，看跌概率大，出现阴线十字星，是上涨中继概率大；在下跌途中收出阳线十字星，止跌概率大，收出阴线十字星，下跌中继概率大。

阴线阳线十字星，
选择方向在其中。
波段高点注意躲，
收在低点可看多。

以上给大家介绍了几种比较常用的单根K线找买卖点技巧，还有很多其他单根K线买卖点判断方法，在这里就不一一介绍了。

> 需要重点提示的是：单根K线判断买卖点技巧都属于左侧交易，一般只有激进的投资者才可以选择左侧交易策略，保守投资者不要随便使用左侧交易策略，尤其是左侧交易的买点，保守投资者不要随便使用。用单根K线判断交易卖点对于保守投资者来说倒是可以参考，因为左侧卖点卖早了也就是少赚点，但是左侧交易买点买错了，就会造成较大的损失。关于左侧交易和右侧交易的知识点，本书后面还有详细讲解。

本书关于单根K线判断买卖点的内容，就先讲这些，更多的单根K线战牛熊的内容，以后有机会在课程中再做更详细的讲解。愿有缘者得之！

第三节
K线组合找买卖点

上一节讲的是单根K线买卖方法，本节讲一下K线组合买卖点判断方法。单根K线买卖点判断属于左侧交易，而K线组合属于右侧交易策略，因为不管是卖点还是买点，都要等一个比较确定的信号出来才能动手参与，所以是偏右侧交易的策略。左侧交易和右侧交易也是分级别的，这里讲的不管是单根K线的左侧交易还是K线组合的右侧交易，都是短线的小级别策略，不能和大级别的左侧和右侧相混淆。本书后面章节要讲左侧和右侧交易策略的知识点，先把 K 线组合的买卖方法给大家讲清楚。

8561 A 股特色股票投资交易体系 K 线组合短线买卖点技巧一：阳包阴（看涨吞没）、阴包阳（看跌吞没）K 线组合判断买卖点。

阳包阴要开心，阴包阳防遭殃！大家先把这两句顺口溜记住，也就是假如 K 线走势收出阳包阴的 K 线组合，短线看多的概率大；假如收出阴包阳的 K 线组合，短线看空的概率大。但是在低位的和上升趋势中的阳包阴更可靠一点，高位出现的阳包阴就要谨慎对待了；同样地，在高位的阴包阳和下跌趋势中的阴包阳可信度更高一点，低位的阴包阳就可以看淡一点（继续用对立统一学习法来学习，对立的是位置，统一的是 K 线形态）。

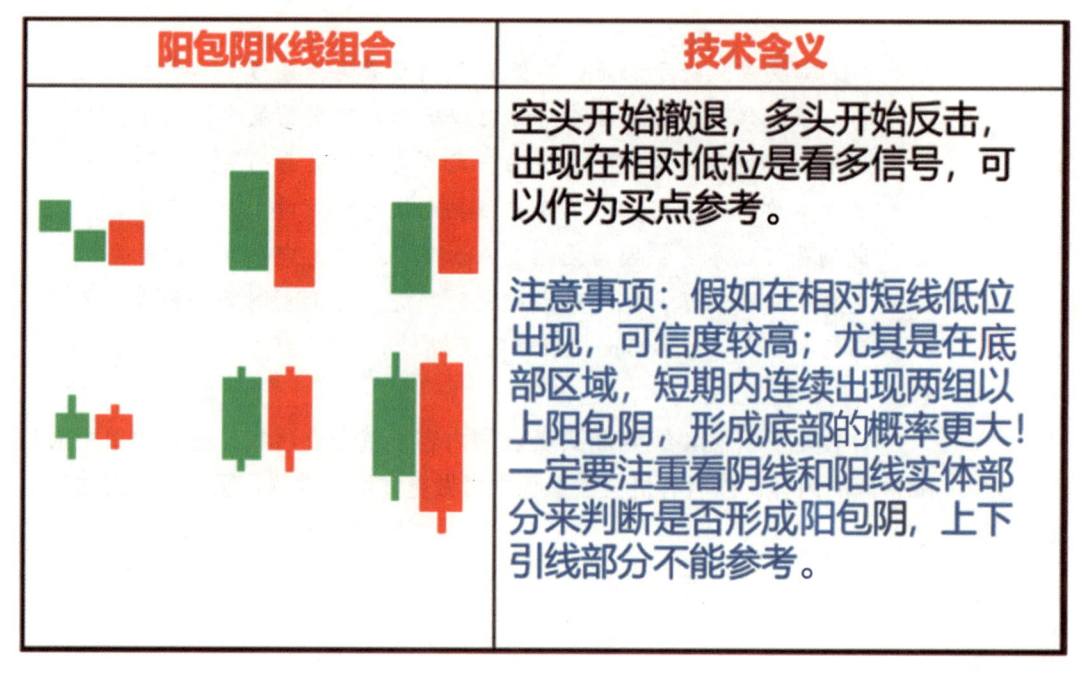

阳包阴K线组合	技术含义
	空头开始撤退，多头开始反击，出现在相对低位是看多信号，可以作为买点参考。 注意事项：假如在相对短线低位出现，可信度较高；尤其是在底部区域，短期内连续出现两组以上阳包阴，形成底部的概率更大！一定要注重看阴线和阳线实体部分来判断是否形成阳包阴，上下引线部分不能参考。

图 2-23　阳包阴

从图 2-23 中可以看出，阳包阴是指股价下跌一段时间后，突然出现一根中阳线或大阳线将前日的阴线全部吞没的 K 线组合。这说明多头发力，一举打垮了空头，走势形成反转。投资者通常把这个组合看作股价上涨的信号。其变化形态是前面的阴线不一定只是一根，也可以是几根，只要后面的阳线把它们都吞没就行。阳包阴作为买入信号还需要结合其出现位置、成交量等来综合研判。

> 注意事项：股价前期大幅下跌或者回调到位，股价下跌空间有限；阳包阴如果有量能的放大配合，则多头强势更为明显；如果股价后市继续上涨，则反转走势确认。我们依然要记住，注意区分股价所处位置！这是非常重要的，也是学习所有技术分析和K线买卖点的时候需要注意的必要条件！

下面我们用案例来讲解用阳包阴来判断买点的方法，如图2-24所示。

图2-24 小幅调整过后的阳包阴

图2-24是300631久吾高科的K线走势图，这是截至2021年7月2日的K线图。从之前的走势可以看出，在每一轮小幅调整过后，其中几次都出现过阳包阴的组合，之后都带来一波短线反弹。

阳包阴之所以能够在多数情况下止跌，是因为其背后的本质是：阴线代表空头，阳线代表多头，一根空头阴线之后，收出一根阳线，代表多头战胜了空头，所以短线看涨概率大。注意这里说的是短线小级别的，但也有可能从小级别的短线阳包阴转成大级别的反转走势，这个时候就要考虑用仓位来应对大级别和小级别了。

我们继续看下一个阳包阴组合买点案例分析，如图2-25所示。

8561 单根 K 线战牛熊

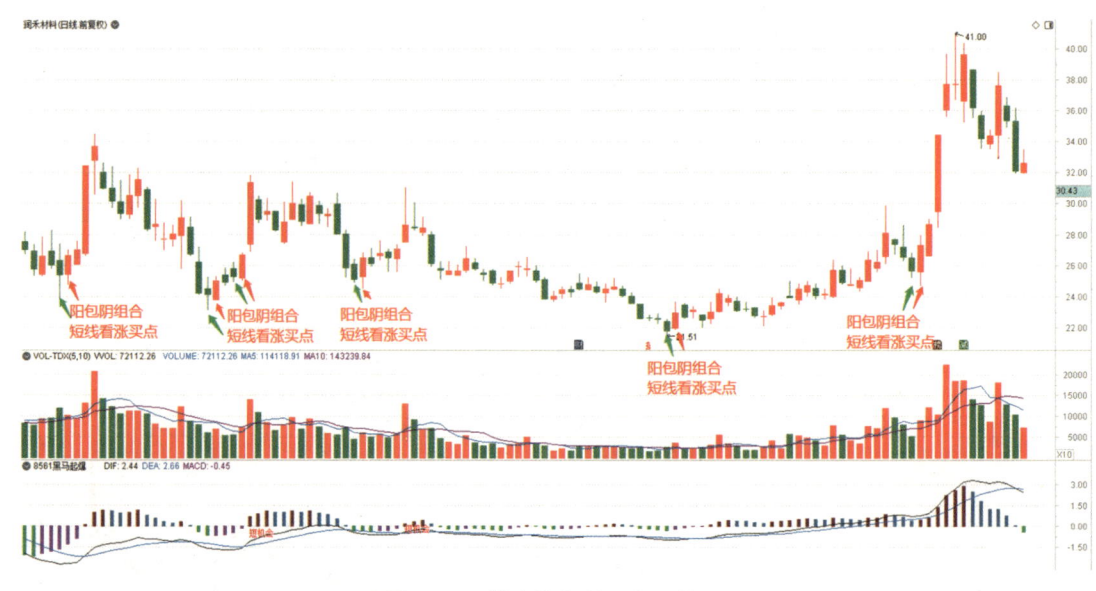

图 2-25 横盘期间的阳包阴股票

图 2-25 是 300727 润和材料的 K 线走势图，这是截至 2021 年 7 月 2 日收盘的 K 线图。这只股票在横盘期间，有过几次短线调整后的底部区域收出阳包阴的 K 线组合，之后大概率都出现了一波短线反弹走势。

> 注意：如果 K 线是有上下影线的 K 线，不管是阴线还是阳线，一定要以 K 线实体为准来判断是阳包阴还是阴包阳，因为实体部分才是可以参考的重要依据。上下影线部分有的时候会有诱空和诱多的成分。

阳包阴组合买入以后，止损位的设置：在买入以后，假如股价没有上涨，转为下跌了，那就在破掉阳线最低点的时候进行止损。

讲完了阳包阴的买点技巧，继续讲阴包阳的卖点技巧（继续用对立统一学习法来学习，对立的是位置，统一的是 K 线形态）。

阴包阳的技术形态，如图 2-26 所示。

· 58 ·

第二章　K线基础知识详解

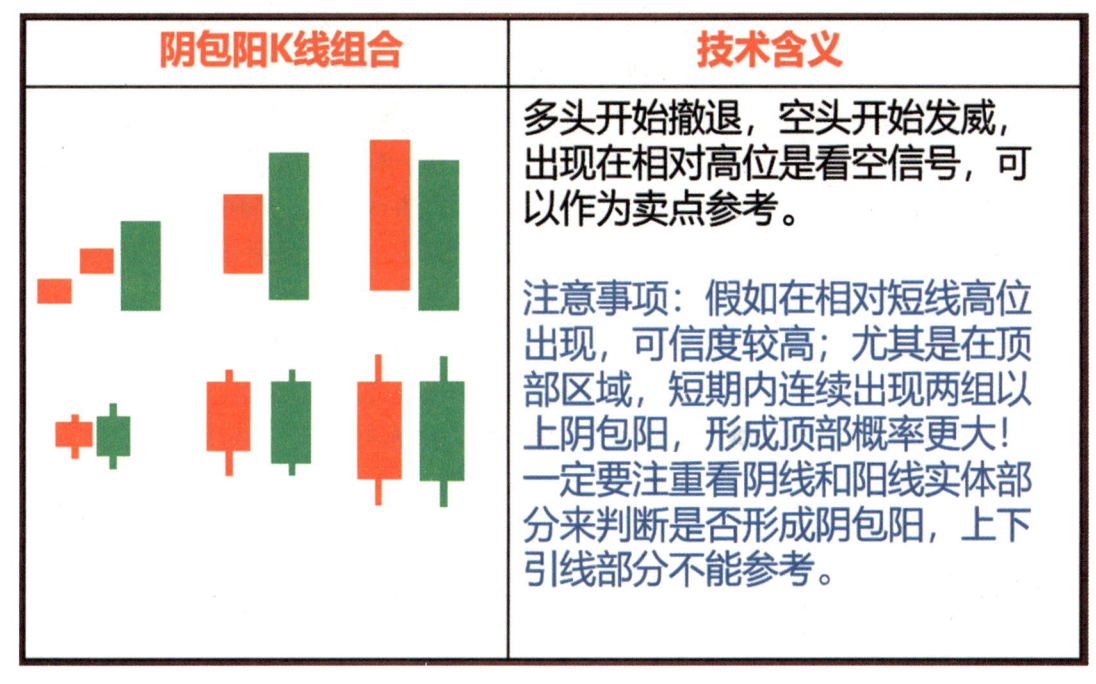

阴包阳K线组合	技术含义
	多头开始撤退，空头开始发威，出现在相对高位是看空信号，可以作为卖点参考。 注意事项：假如在相对短线高位出现，可信度较高；尤其是在顶部区域，短期内连续出现两组以上阴包阳，形成顶部概率更大！一定要注重看阴线和阳线实体部分来判断是否形成阴包阳，上下引线部分不能参考。

图 2-26　阴包阳的技术形态

下面开始学习阴包阳组合卖点相关案例，如图 2-27 所示。

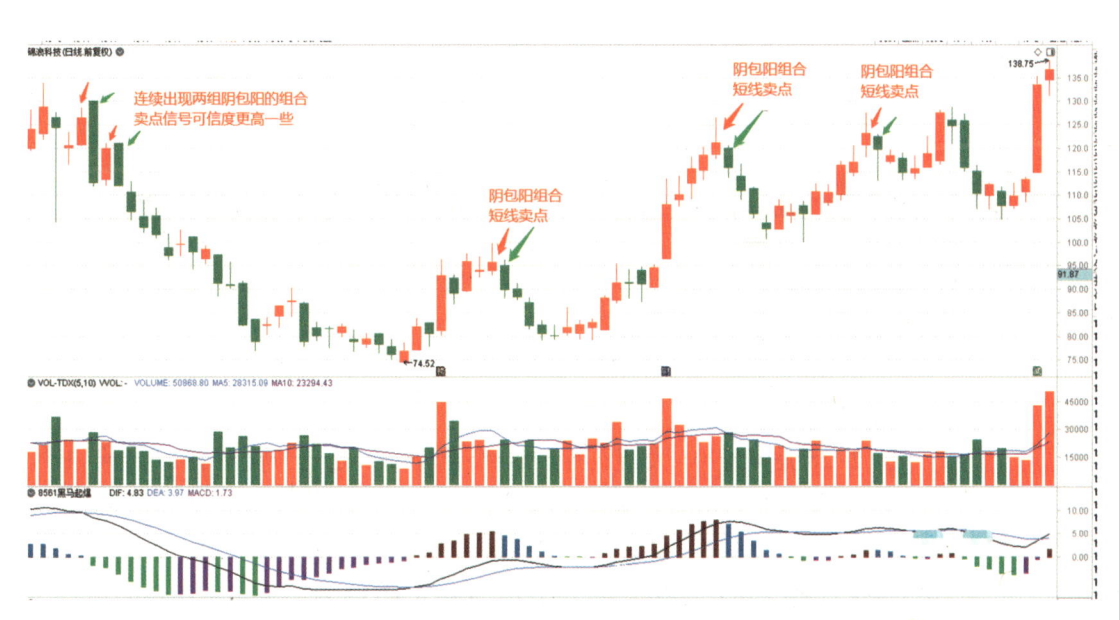

图 2-27　阴包阳组合

· 59 ·

图 2-27 是 300763 锦浪科技的 K 线走势图,这是从 2021 年 2 月 5 日至 2021 年 6 月 10 日区间的那一段走势。这只股票在 2021 年 2 月 10 日收出一根阳线,第二个交易日收出一根大阴线,直接把 2 月 10 日的阳线吃掉,收出一个阴包阳组合;随后 2 月 19 日又收出一根小阳线,在下个交易日又收出一根阴线,直接把 2 月 19 日阳线吃掉,再次收出一各阴包阳组合,之后便展开一波幅度较大的调整。在股价调整一段时间止跌后展开一轮反弹,但在每个波段高点位置也收出过几次阴包阳组合,之后都有短线调整出现。

阴包阳之所以以看空为主,主要是因为阳线是多头阵营,阴线代表空头,在收出阳线的时候可以看多,一旦出现一根阴线把阳线吃掉,代表空头发威开始反击,这个时候要以谨慎观望为主,出现阴包阳不一定就会下跌,但要引起重视。

继续看下一个阴包阳卖点的案例,如图 2-28 所示。

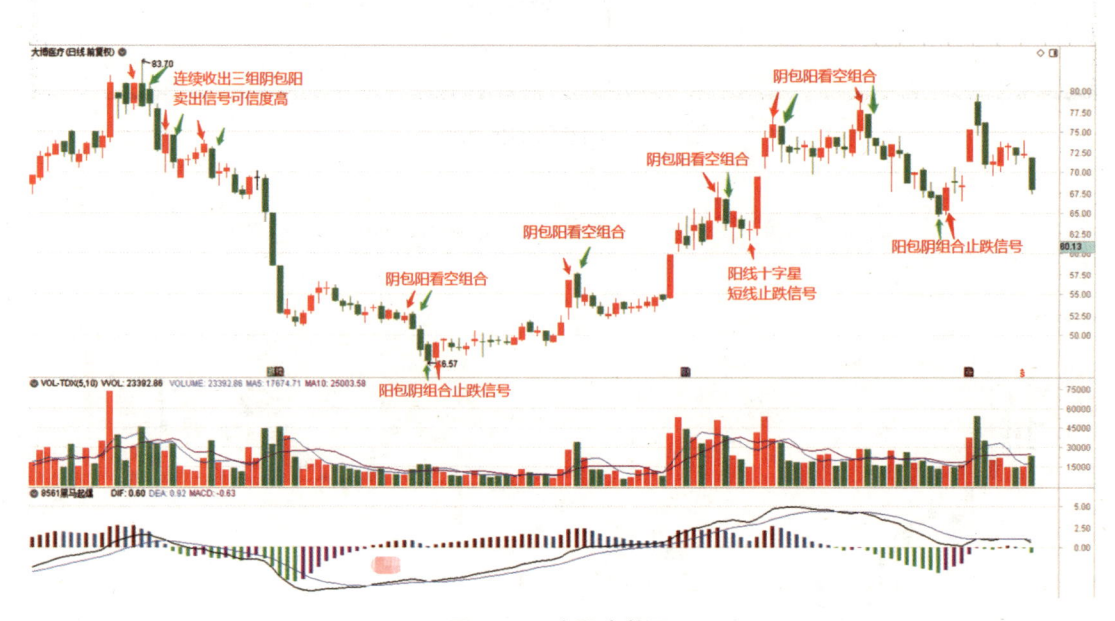

图 2-28　个股走势图

图 2-28 是 002901 大博医疗的 K 线走势图,是这只个股在 2021 年 1 月 7 日至 2021 年 7 月 2 日区间的走势图。在 2021 年 1 月 7 日至 1 月 25 日这段时间,也是连续收出三组阴包阳的 K 线组合,看空概率大增,之后便开始一轮深度调整。在止跌的时候 3 月 10 日和 3 月 11 日收出一个阳包阴组合,之后便展开一轮上涨行情。之后的每次短线高位出现阴包阳组合,都会出现一波调整。5 月 12 日收出一根缩量阳线十字星,短线止跌开始反弹,到了 5

月 18 日又收出一根阴线，走出阴包阳的组合。

> 大家学习的目的就是要提高投资成功的概率，所以一定要多学习，综合判断，利用不同的买卖点技巧相互结合使用，这样才能尽量判断出相对准确的买卖点。不是所有的短线买卖点都是一样的，不可能每只股票每次的买卖点都是十字星或者阳包阴、阴包阳的，同样一只股票会在不同的时期，出现不同的买卖点信号。但也有例外，有的主力相对钟爱一种买卖点，这个知识点在后面章节再去介绍。

K 线组合阳包阴，
出在低位多头临。
阴包阳线空头来，
出在高位减仓甩。

8561 A 股特色股票投资交易体系 K 线组合短线买卖点技巧二：底分型、顶分型 K 线组合判断买卖点，顶底分型理论是缠论中的一个知识点，具体 K 线组合如图 2-29 所示。

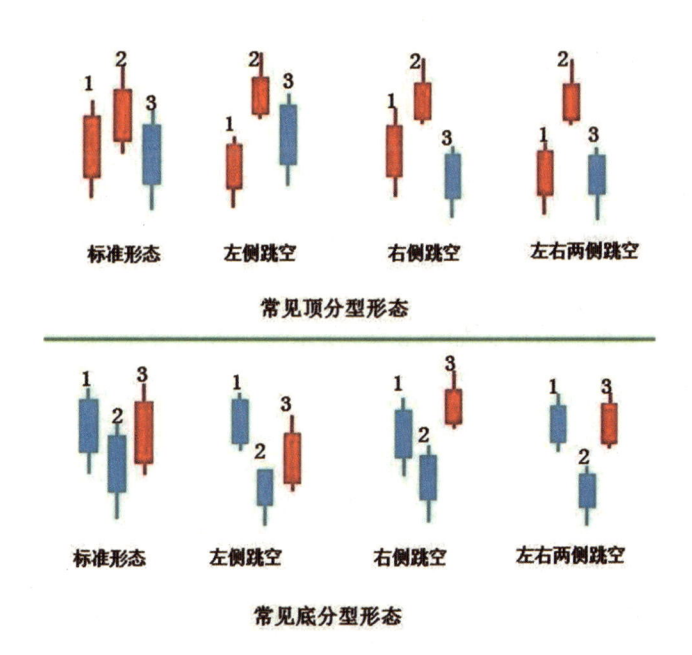

图 2-29 常见的分型形态

顶分型和底分型在股市实战投资交易操作中的作用很大，但分型在不同级别价格走势中的趋势差异较大，大级别分型确定性较强，越小级别的分型在股市实战交易操作中的噪音杂波越多，分型技术应该是股市技术分析中的精髓之一。

分型主要分为顶分型和底分型两种形态，其中最有杀伤力的是顶分型。如图 2-30 所示。

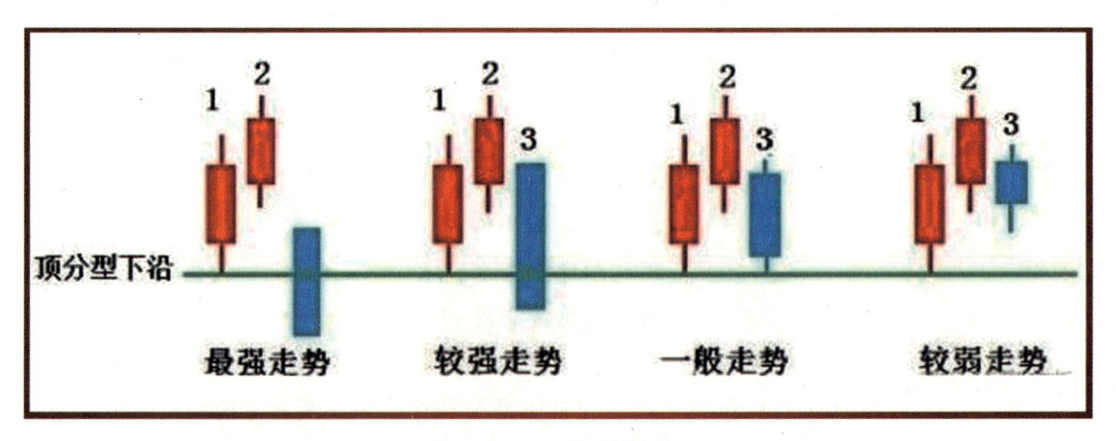

图 2-30　顶分型的力度

顶分型相临三根 K 线中，中间一根 K 线的高点，是三根 K 线中高点中最高的，其低点也是三根 K 线中低点中最高的，这三根 K 线的组合，就是顶分型。

强势顶分型的特征：主力毫不犹豫，在 K 线形态上三根 K 线见分晓，无须合并多余的 K 线；第三根 K 线跌破第一 K 线底部，跳空跌破更惨；顶分型是上涨过程中即将出现转折的信号，一只上升趋势的股票，如果顶分没有出现，不要急于卖出。

顶分型的力度，如图 2-30 所示，先说顶分型的下沿，是指形成顶分型的第一根 K 线的最低点。顶分型的下沿是判断顶分型强弱的关键位置，以顶分型的下沿是否被形成顶分型的第三根 K 线有效击破来判断，可分为最强走势、较强走势、一般走势和较弱走势四种。

最强走势：第三根 K 线为跳空低开并低走的大阴线，强力击穿顶分型下沿。收盘时阴线的跌幅越大，力度越强。

较强走势：第三根 K 线的开盘价从第二根 K 线的中下部开盘，且收盘以中大阴线击穿顶分型下沿。

一般走势：第三根 K 线最低点在顶分型下沿附近。

较弱走势：第三根 K 线最低点在顶分型的下沿之上。离下沿越远，力度越弱。

顶分型在上涨过程中第一次出现时，如果形态不是十分强烈，那么一般情况下可能是中继顶分型，不会立即导致行情向下转折。但是如果出现了两三次顶分型，就必须特别小心，这个时候顶分型转折向下的概率非常大。

下面继续讲解底分型 K 线组合，如图 2-31 所示。

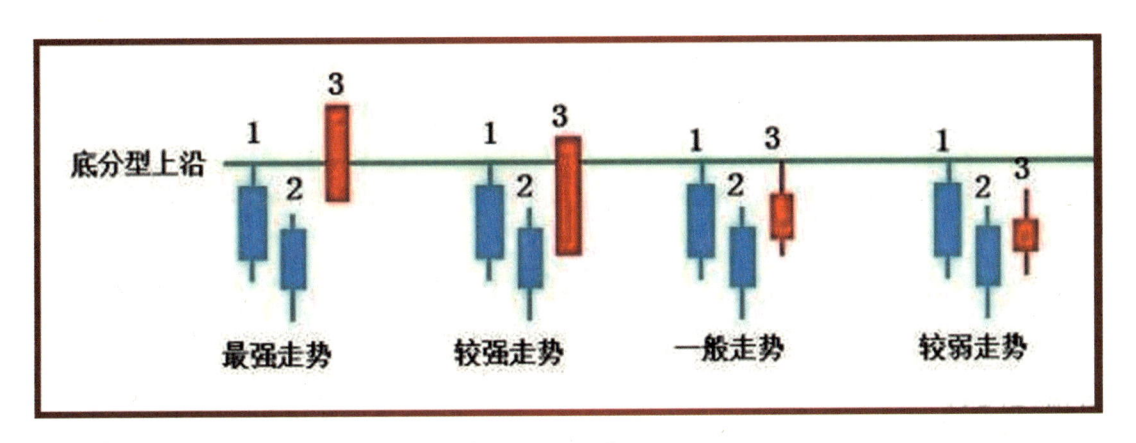

图 2-31 底分型的力度

底分型第二根 K 线的高点是三根 K 线中高点的最低点，同时第二根 K 线的低点也是三根 K 线中低点的最低点。本质是下降后转折成上升。强烈底分型的特征：主力毫不犹豫，在 K 线形态上三线见分晓，无须合并多余的 K 线；第三根 K 线覆盖第一根 K 线，跳空覆盖更好；底分型是下跌过程即将出现转折的信号，一只下跌中的股票，如果连底分型都没有出现，就不要急于买入。

如图 2-31 所示，底分型的力度，是以底分型的上沿是否被形成底分型的第三根 K 线有效击穿来判断，也分为最强、较强、一般和较弱四种。

最强走势：第三根 K 线为跳空高开高走的大阳线，并强势击穿底分型上沿。收盘时阳线涨幅越大，力度越强。

较强走势：第三根 K 线从第二根 K 线的中上部开盘，并以中大阳线收盘，且击穿底分型上沿。

一般走势：第三根 K 线收在底分型的上沿附近。

较弱走势：第三根 K 线收在底分型的上沿之下。离上沿越远，力度越弱。

第一次底分型有可能是中继底分型，连续两三次底分型，那么转折向上的概率就非常大了。

下面讲几个案例，先来讲一下顶分型卖点的案例，如图 2-32 所示。

图 2-32

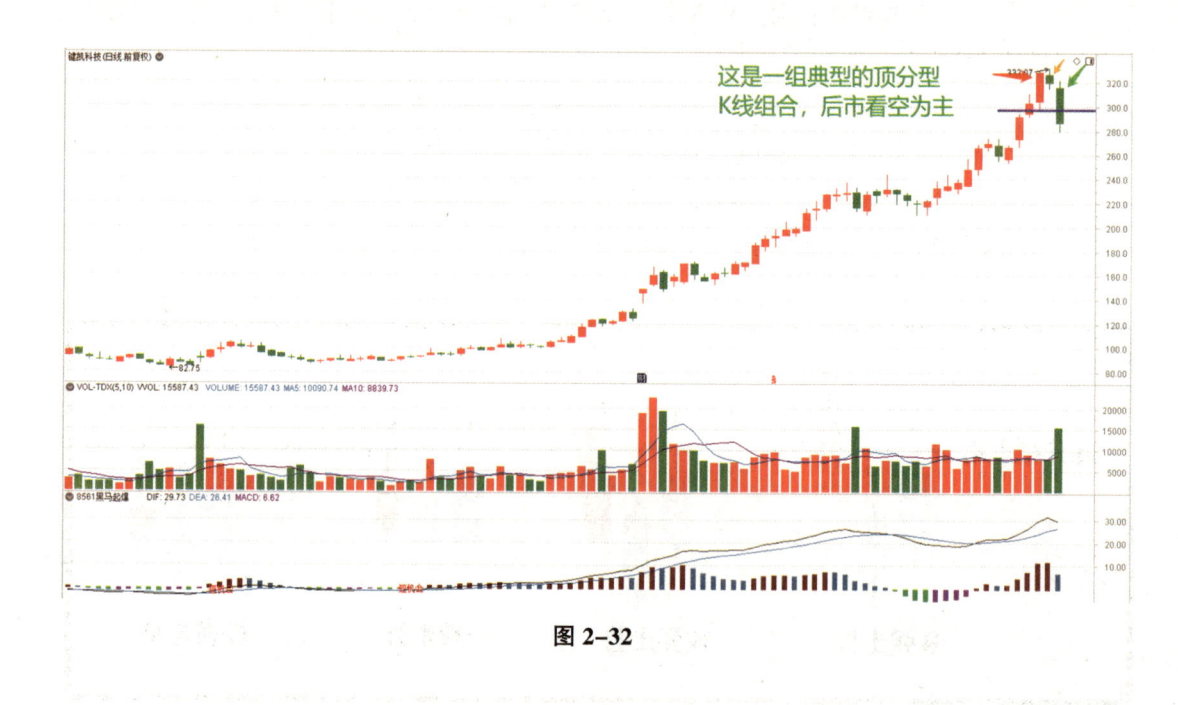

图 2-32 是 688356 键凯科技截至 2021 年 7 月 2 日收盘的 K 线走势图。这只个股在 6 月 30 日收出一根缩量阳线，7 月 1 日收出一根创新高的小阴线，7 月 2 日收出一根大阴线，直接把 6 月 30 日那根 K 线最低点跌破，至此在三个交易日内，收出一组典型的顶分型 K 线组合。后市就要以看空为主，如果没有这只股票，暂时就不能参与了；要是持有这只股票，要考虑获利了结，否则后市中期的调整最少也得 50% 起步。

继续看下一个顶分型案例，如图 2-33 所示。

图 2-33 是 600963 岳阳林纸截至 2021 年 7 月 2 日收盘的走势图。在 6 月 25 日收出一根中阳线上涨，6 月 28 日又收出一根小阳线，6 月 29 日收出一根中阴线，至此连续三根 K 线收出一个顶分型组合。接下来要以看空为主了，没有这只个股的就不要随便参与了，持有盈利的要考虑获利降低仓位，追高进去的就要考虑如何止损控制风险了。

讲完了顶分型的卖点技巧，下面我们来讲底分型的买点技巧，如图 2-34 所示。

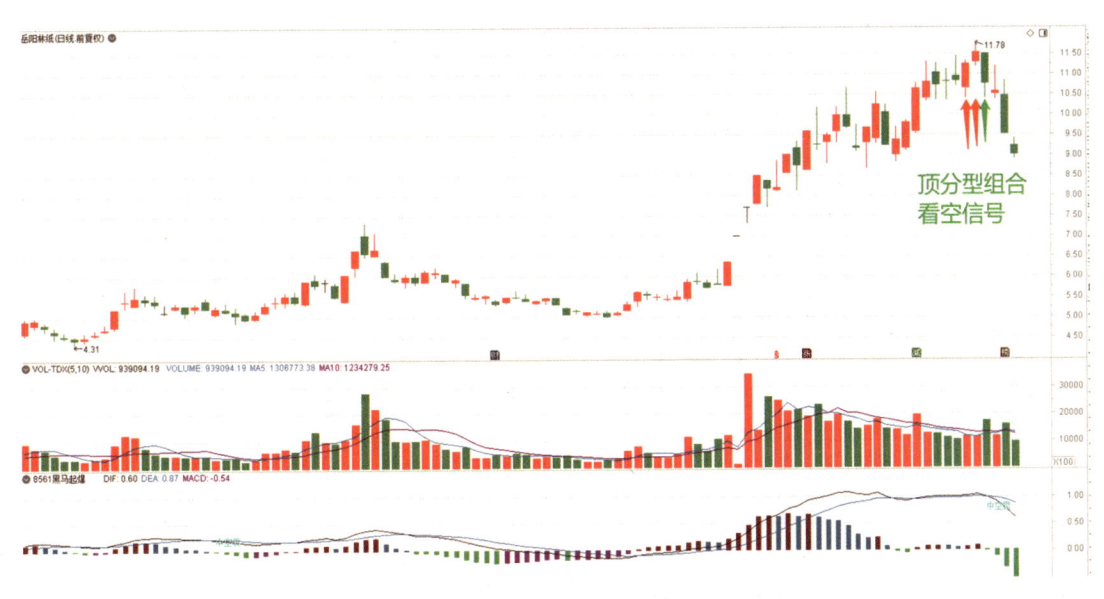

图 2-33 连续三根 K 线的走势

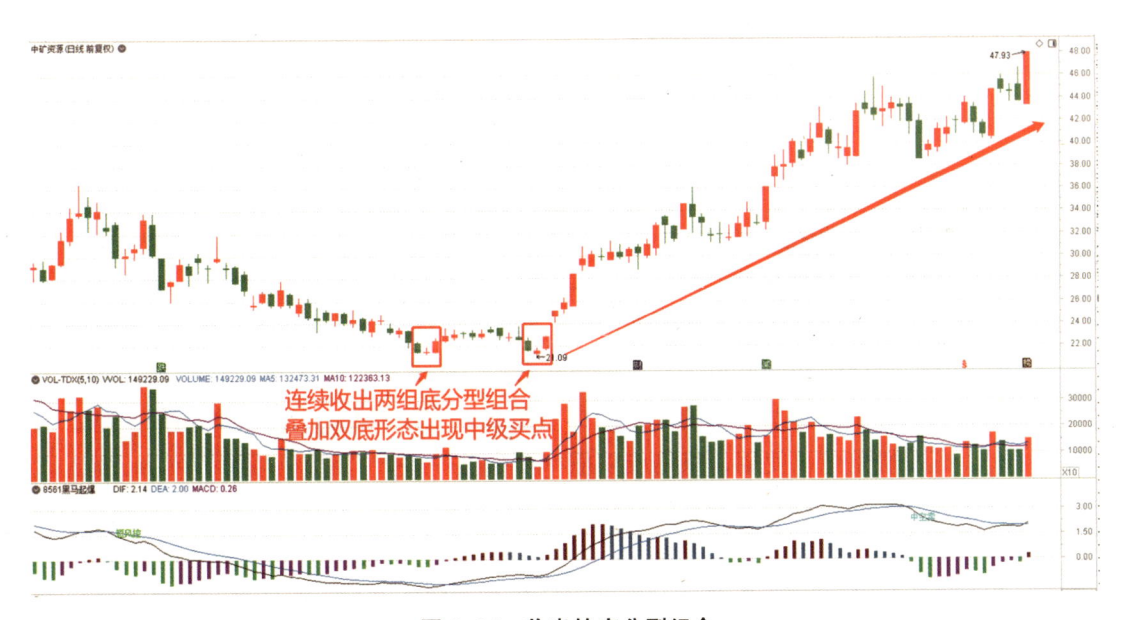

图 2-34 收出的底分型组合

  图 2-34 是 002738 中矿资源截至 2021 年 7 月 2 日的走势图。这只个股在 2021 年 3 月 24 日、25 日、26 日三个交易日中，收出一个底分型组合，之后开始筑底，在 2021 年 4 月 12 日、13 日、14 日连续三个交易日，再次收出一个底分型组合。本次的底分型和上次 3 月的底分型，形成一个双底形

态，出现中线级别的买点，之后便展开一波翻倍的上涨行情。

我们继续看下一个底分型买点的案例，如图2-35所示。

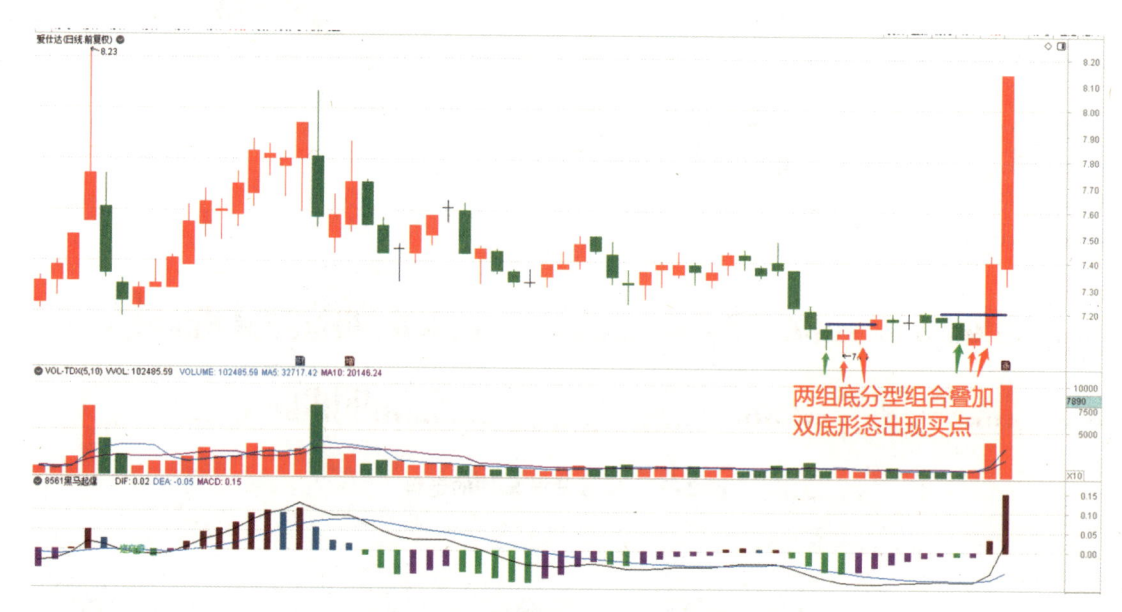

图2-35 反弹后开始回调的底分型

图2-35是002403爱仕达截至2021年7月2日收盘的K线走势图。这只个股在2021年6月17日、18日和21日三个交易日收出一个底分型组合，这个底分型相对弱一点，之后走了一小波反弹，然后开始回调。在回调到6月18日低点附近得到支撑，到了6月29日、30日、7月1日三个交易日再次收出一个底分型组合，之后再次开始反弹走势。

对于底分型技巧的使用，尽量结合双底来判断，这样更加可靠一些，没有双底也可以使用，只是成功概率要稍低一些。

底分型买入以后，止损位设置：由于底分型买点属于右侧交易策略，在买入以后没有如期上涨，那就要严格设置止损位，可以把止损位设置在底分型组合的最低点位置。只要不破底分型组合的最低点，就可以持股，一旦收盘价破掉底分型的最低点收不上去，就要先止损，防止股价继续走下降通道。

底分形态可看多，
三根K线成组合。

顶分出现要看空，

不能逆势多头硬。

8561 A 股特色股票投资交易体系 K 线组合短线买卖点技巧三：刺透形态、乌云盖顶形态 K 线组合判断买卖点。先来看一下刺透形态的 K 线组合，如图 2-36 所示。

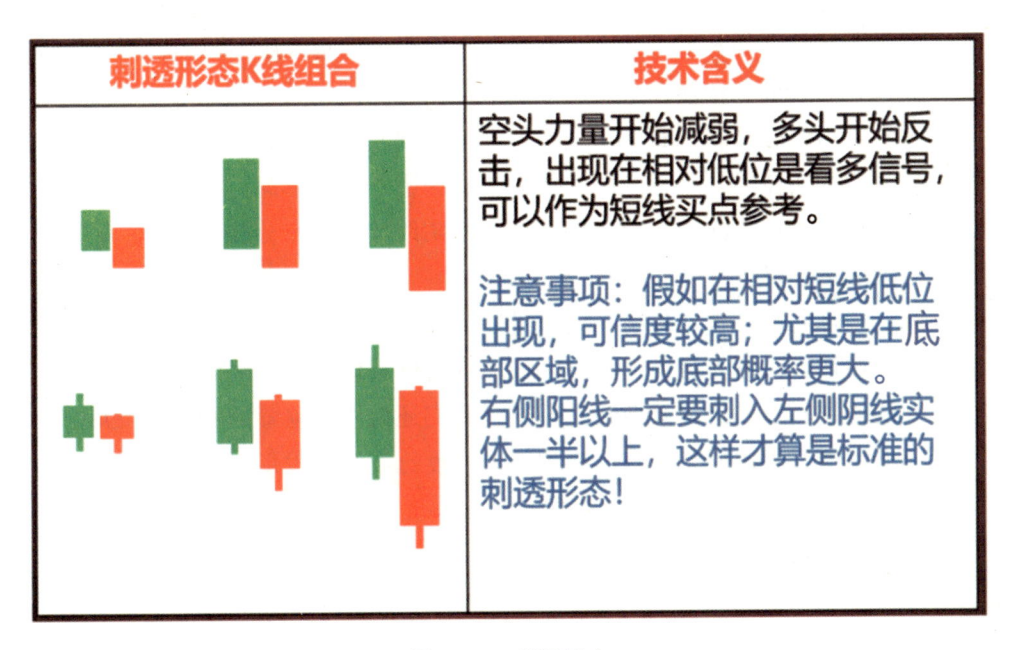

刺透形态K线组合	技术含义
	空头力量开始减弱，多头开始反击，出现在相对低位是看多信号，可以作为短线买点参考。 注意事项：假如在相对短线低位出现，可信度较高；尤其是在底部区域，形成底部概率更大。右侧阳线一定要刺入左侧阴线实体一半以上，这样才算是标准的刺透形态！

图 2-36　刺透形态

从图 2-36 中可以看出，刺透形态组合其实是介于阳包阴组合之间的一种 K 线组合，因为如果右侧阳线全部反包了左侧阴线的话，那就是属于阳包阴组合了。

刺透形态由于其 K 线的表现不同，并且其所表达的看涨反转的程度不同，所以我们将其分开来讲。

看涨吞没形态是后面一根阳线将前面的阴线完全吞没掉，即后面一根阳线的开盘价低于前面阴线的收盘价，而收盘价则高于前面阴线的开盘价，其看涨意味更加浓厚。如果将红色的阳线看成多头力量，绿色当作空方的力量，看涨吞没形态的多方力量的增长要快，而且更强大。

刺透形态是由两根 K 线组成的，第一天是一根阴线，第二天是一根阳线，第二天的实体会穿过第一天的实体。识别方法：市场处于下降趋势，第一天是一根大阴线；第二天是一根大阳线，它的开盘价低于第一天的最低价；第二天的收盘价应该高于第一天大阴线实体的50%。市场原本在已经确定的下降趋势中运行，当日大阴线的出现使得市场处于强烈的卖盘中，第二天市场向下跳空开盘更证明了卖方的决心，但在整个交易日内，市场做多人气开始得到聚集，最后以阳线收盘。

刺透形态是一种判断市场是否已经形成底部的重要标志，通常出现在下降趋势中，建议对该形态进行确认：第二天阳线的实体收盘价应该达到前一天阴线长度的一半。如果达不到，则说明市场趋势还不明朗，要继续等待。

刺透形态在形态上是和顶部形态研究中的乌云盖顶相对应的底部形态。从刺透形态来看，右面阳线实体深深侵入左面的阴线实体，如果阳线实体侵入阴线实体不到二分之一，往往会成为下跌中继形态，因此对刺透形态我们严格规定：右面的阳线实体必须侵入阴线实体的二分之一以上，否则不能称为刺透形态。

从此形态含义分析，大家可以类比于看涨吞没形态，在长期下跌之后出现此形态，首先必引起前日阴线出局者的恐慌，短时间内多空达成看涨做多的一致，于是走势被逆转。但这里我们还是要和前篇的看涨吞没形态对比一下，由于刺透形态侵入阳线实体的力度比看涨吞没形态力度较弱，所以在底部反转力度上也不如看涨吞没形态强。

下面我们用实战案例来讲解刺透形态的买点技巧，如图2-37所示。

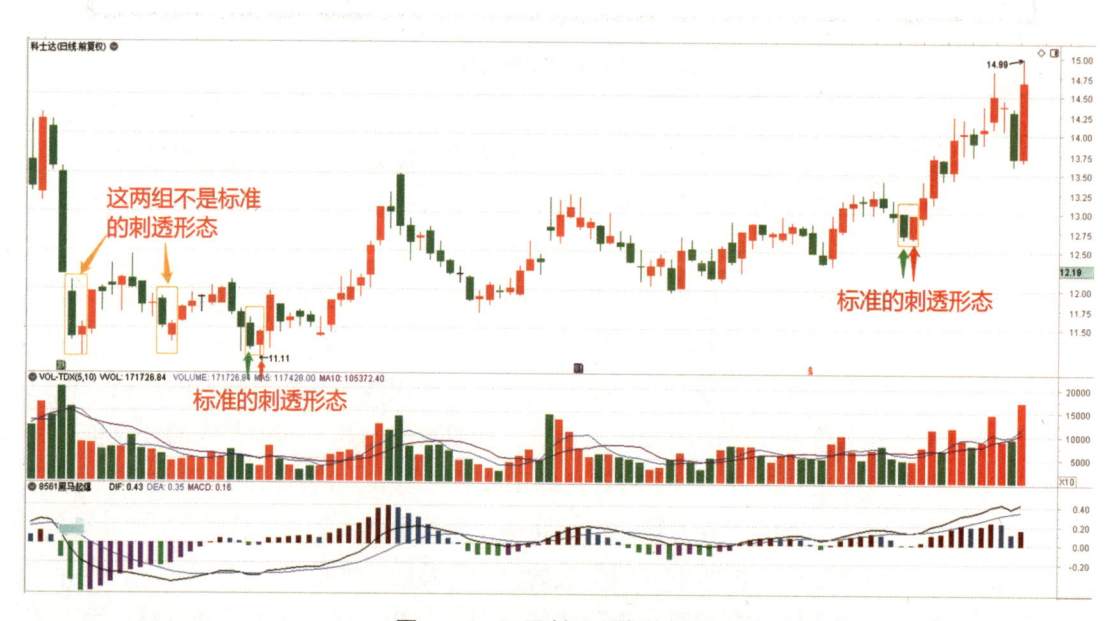

图2-37　不同刺透形态的对比

图 2-37 是 002518 科士达截至 2021 年 7 月 2 日的 K 线走势图。这只个股在 2021 年 2 月 5 日和 2 月 8 日两个交易日也收出过类似刺透形态组合的 K 线组合，但是由于 2 月 8 日的阳线没能穿透 2 月 5 日阴线的一半以上，所以这是一个不标准的刺透形态；在 2 月 25 日和 2 月 26 日两个交易日又收出一个类似刺透形态的组合，但也是不标准的。之后在 3 月 10 日和 3 月 11 日两个交易日收出的这组刺透形态组合就是标准的了，之后才来一波像样的反弹走势。在上涨趋势当中，6 月 16 日和 6 月 17 日的时候，再次收出一组刺透形态，之后也继续上涨行情。

继续看下一个刺透形态的实战案例分析，如图 2-38 所示。

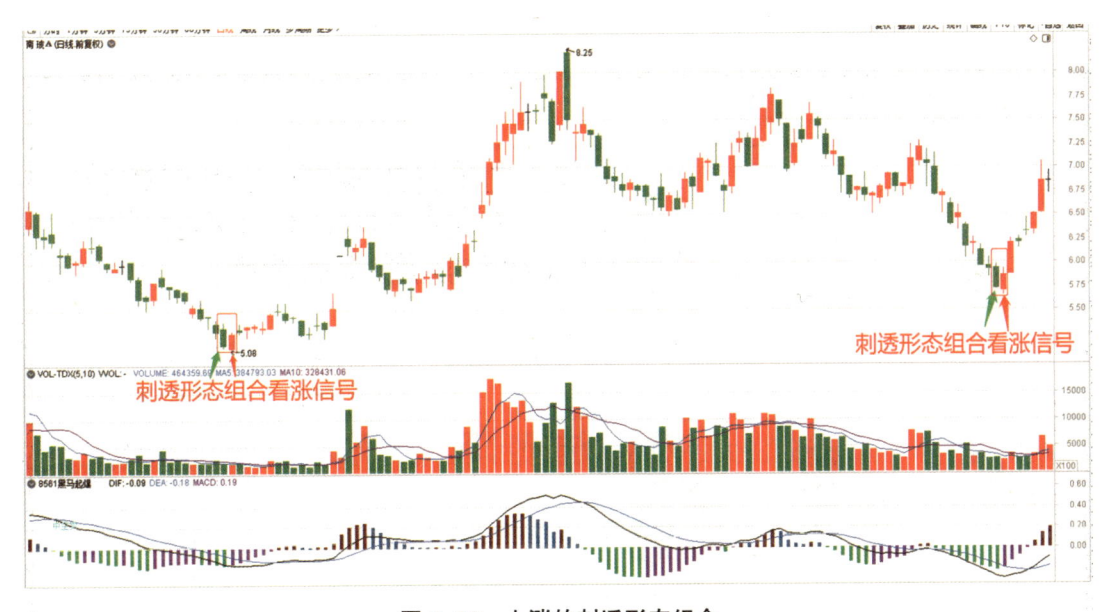

图 2-38 上涨的刺透形态组合

图 2-38 是 000012 南玻 A 的 K 线走势图，这是从 2020 年 8 月 16 日至 2021 年 2 月 23 日的 K 线走势图。这只个股在 2020 年 9 月 10 日和 9 月 11 日两个交易日收出一个刺透形态 K 线组合，出现了一波上涨；之后在 2021 年 2 月 5 日至 2 月 8 日又出现一个刺透形态组合，也同样开启了一波上涨行情。

在实战当中，刺透形态虽然不像其他 K 线组合那样常见，但一旦出现，理论上看涨的概率还是挺大的。应用时再配合成交量使用会提高成功概率，一般情况下，刺透形态的右侧那根阳线，同时出现一段时间的地量，这种看涨的概率更大一些。

刺透形态止损条件：根据刺透形态买入以后，要把刺透形态最右侧的K线最低点设置为止损线，一旦收盘价跌破这个最低价，就要先止损出局再保持观望。

> 刺透形态多头强，
> 出在底部空头凉。
> 加仓做多差价养，
> 守住底部不发慌。

接下来开始讲解乌云盖顶K线形态组合卖出应用技巧，如图2-39所示。

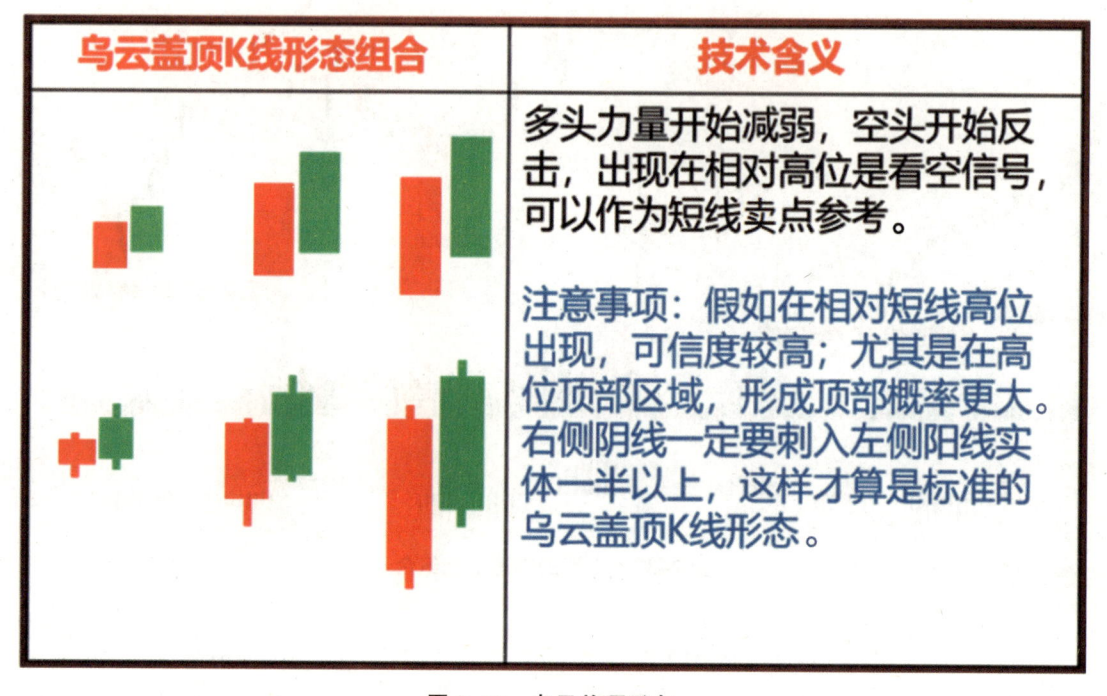

乌云盖顶K线形态组合	技术含义
	多头力量开始减弱，空头开始反击，出现在相对高位是看空信号，可以作为短线卖点参考。 注意事项：假如在相对短线高位出现，可信度较高；尤其是在高位顶部区域，形成顶部概率更大。右侧阴线一定要刺入左侧阳线实体一半以上，这样才算是标准的乌云盖顶K线形态。

图2-39 乌云盖顶形态

从图2-39中可以看出，其实乌云盖顶形态就是刺透形态反过来看，和刺透形态是相对应的卖点。

该形态一般出现在上升趋势之后，在某些情况下也可能出现在横向盘整区间的顶部。在这一形态中，第一个交易日是一根红色的K线实体，第二个交易日的开盘价超过了第一个交易日的最高价（也就是超过了第一个交易日的上影线顶端），但是收盘价却接近当日的最低价水平，并且收盘价明显向下插入第一个交易日的 K 线实体内部。如果第二个交易日的绿色 K 线实体向下插入第一个交易日的 K 线实体的程度越深,那么该形态构成顶部反转的可能性就越大。

按照实战经验来看,第二个交易日的 K 线实体收盘价必须向下插入第一个交易日 K 线实体的 50%。如果第二个交易日的 K 线实体收盘价没有向下穿过第一个交易日 K 线实体的中点,那么当这类乌云盖顶形态发生后,最好的办法就是等一等,看看是否还有进一步的看跌验证信号出现。

在乌云盖顶形态中,第二个交易日绿色 K 线实体的收盘价向下插入第一个红色 K 线实体的程度越深,则该形态构成股价运动顶部的机会越大。如果绿色 K 线实体覆盖了第一个交易日的整个红色 K 线实体,那就形成了看跌吞没形态。在乌云盖顶形态中,绿色实体仅仅向下覆盖了红色实体的一部分,这就好比月亮只遮住了太阳的一部分形成了日偏食,而看跌吞没形态好比月亮遮住了太阳的全部就成了日全食。从这一点来说,作为顶部反转信号的看跌吞没形态比乌云盖顶形态更具技术意义。当然,如果在第三个交易日出现了一根长长的红色实体,并且其收盘价超过了前两个交易日的最高价,那么就可能预示着新一轮上攻行情的到来。

如果乌云盖顶形态发生在一个超长期的上升趋势中,并且它的第一个交易日是一根光头光脚的红色 K 线实体(其开盘价是最低价且收盘价是最高价),而它的第二个交易日是一根光头光脚的绿色 K 线实体(其开盘价是最高价且收盘价是最低价)。

在乌云盖顶形态中,如果第二个交易日绿色 K 线实体的开盘价高于某个重要的阻力位,但是最终又未能成功突破该阻力位,那么就有可能是多头乏力,无力控制局面。

如果在第二个交易日开盘的时候交易量非常大,那么就可能形成"爆量"现象。具体来讲,当开盘价创出了新高的同时出现大量的成交,那么就可能意味着很多新的买家终于下定决心进场了,随后的局面便是空头的抛售接踵而至。于是过不了多久,这群为数众多的新多头(还有那些早已在上升趋势中坐上了轿子的老多头)就会意识到原来这是一个陷阱,股价随后也就会经历一波漫长的下跌之路!

我们继续学习乌云盖顶 K 线组合的卖点实战案例分析,如图 2-40 所示。

图 2-40 是 600222 太龙药业的 K 线走势图,这是截至 2021 年 7 月 2 日收盘时候的 K 线图,这只股票在 6 月 3 日和 6 月 4 日收出一组乌云盖顶 K 线组合,之后便开始一波像样的调整走势。

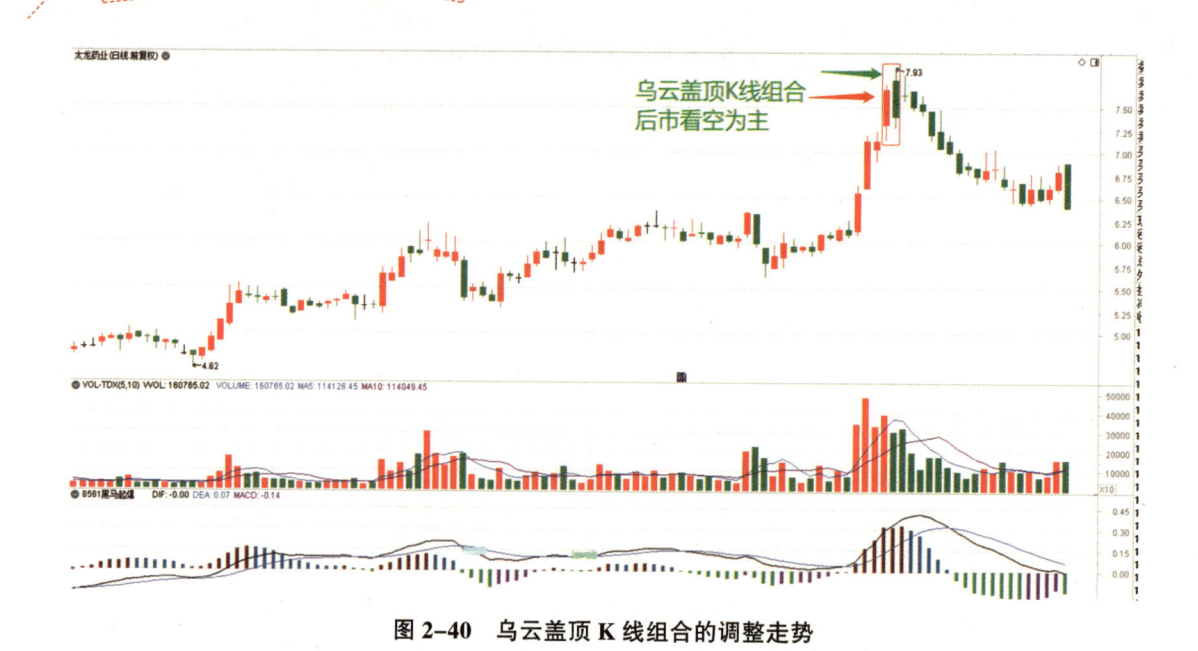

8561 单根 K 线战牛熊

图 2-40 乌云盖顶 K 线组合的调整走势

继续看下一个乌云盖顶 K 线组合的卖点实战案例，如图 2-41 所示。

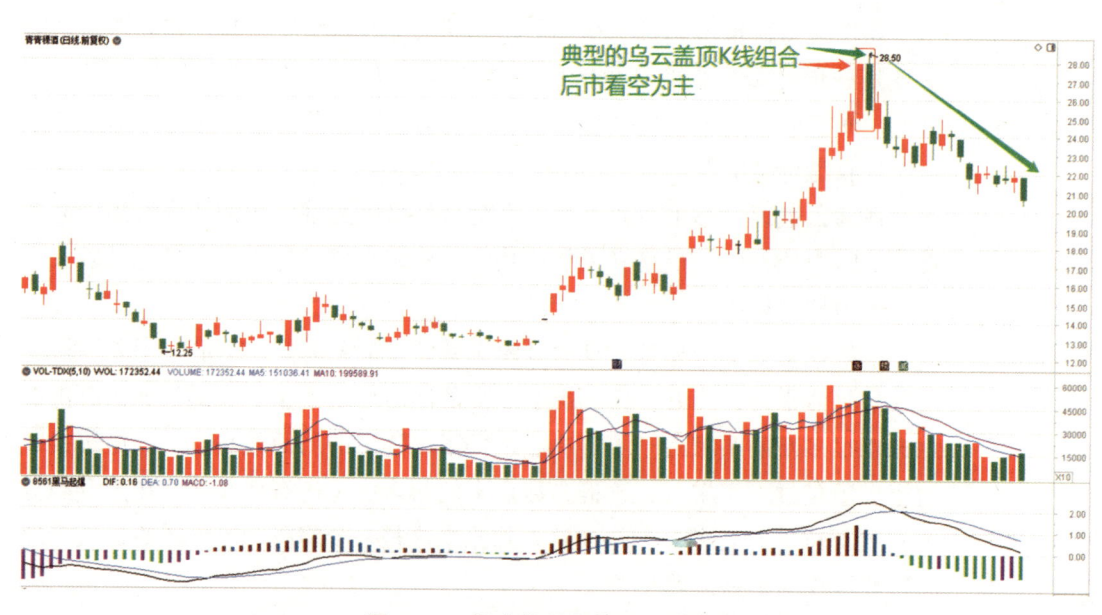

图 2-41 标准的乌云盖顶 K 线组合

从图 2-41 可以看出，这是一组典型的乌云盖顶 K 线组合，这只股票是 002646 青青稞酒的 K 线走势图，是截至 2021 年 7 月 2 日的走势。从图中可以看出这只个股在 2021 年 6 月 7 日收出一根大阳线，在 6 月 8 日直接收出一根大阴线，把6月7日那根阳线吃掉了一半以上，形成一组标准的乌云盖顶K线组合，后市展开一波下跌行情。

乌云盖顶易见顶，
收在高位要看清。
一旦成型要减仓，
不要多有何幻想。

8561 A股特色股票投资交易体系K线组合短线买卖点技巧四：孕线K线组合判断买卖点。

孕线也是由两条K线组合成的图形。组合形态与抱线相反，第一条K线是长阳线或长阴线K线，第二条K线为短K线，第二条K线的最高价和最低价均不能超过前一K线的最高价和最低价。孕线又叫母子线。这种前长后短的组合形态，形似怀有身孕的妇女，所以称为孕线。孕线孕育着希望，趋势随时都可能会反转。

孕线一般分为三种形态：一是前一条K线是一条长大的阳线，第二条K线是一条短小的阴线，称为阳孕阴线，简称阴孕线；二是前一条K线是一条长大的阴线，第二条K线是一条短小的阳线，称为阴孕阳线，简称阳孕线；三是前一条K线是一条长大的阳线（或阴线），第二条K线是一条十字星线，为十字星孕线，简称星孕线。

处在双底走势的右底低点处的孕线是强烈的买入信号，短中线投资者均可在此建仓做多。如果高位出现孕线则是明显的见顶信号（继续用对立统一学习法来学习，对立的是位置，统一的是K线形态）。

有一类特别的孕线形态，称为十字孕线形态，也就是其第二天的小实体为一根十字线。一般的孕线，不属于主要反转形态，但十字孕线形态的反转意义更为强烈。

形态特征：

第一，秉承前期走势，第一根K线为一个长长的实体，它将第二天的小实体及其上下影线完全包容起来。

第二，在孕线形态中，两根K线的实体颜色应该互不相同，但这一点不是一项必要条件。其中，第二根K线实体的颜色并不重要。

第三，孕线形态中，两个实体的相对大小是至关重要的，上下影线的大小无关紧要。

第四，孕线形态中，第二天的K线实体越小，整个形态的反转力量就越大，对短期股价产生较大影响。

第五，十字孕线，即第二天的 K 线为十字线，这类形态出现在市场顶部或底部时，反转意愿更为强烈。

下面请看常见孕线组合形态，如图 2-42 所示。

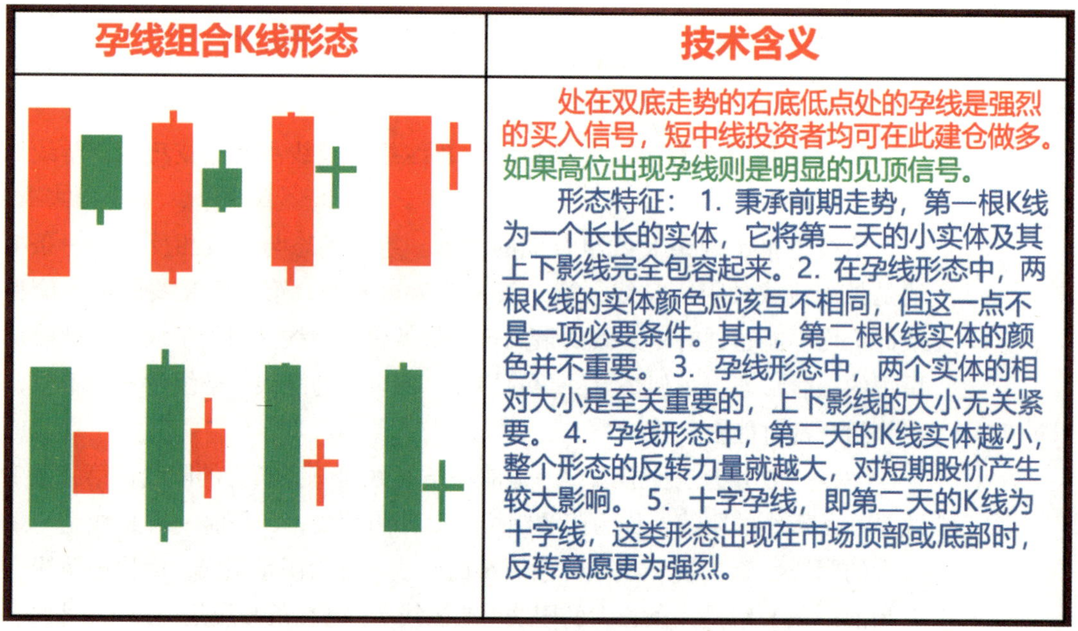

孕线组合K线形态	技术含义
	处在双底走势的右底低点处的孕线是强烈的买入信号，短中线投资者均可在此建仓做多。如果高位出现孕线则是明显的见顶信号。 形态特征：1. 秉承前期走势，第一根K线为一个长长的实体，它将第二天的小实体及其上下影线完全包容起来。2. 在孕线形态中，两根K线的实体颜色应该互不相同，但这一点不是一项必要条件。其中，第二根K线实体的颜色并不重要。3. 孕线形态中，两个实体的相对大小是至关重要的，上下影线的大小无关紧要。4. 孕线形态中，第二天的K线实体越小，整个形态的反转力量就越大，对短期股价产生较大影响。5. 十字孕线，即第二天的K线为十字线，这类形态出现在市场顶部或底部时，反转意愿更为强烈。

图 2-42　常见孕线组合形态

孕线是 K 线形态中转折组合的一种，类似字面可以理解为一根长 K 线把另一根短 K 线包含住了。在多空变化上，以第一个交易日出现单边下跌或上涨，为多头或空头的单边市场，第二个交易日突然在第一个交易日的波动范围内开盘，收盘的上升或下跌幅度也比第一个交易日要小，此为多头或空头市场由趋势明确的单边市变得犹豫不决，在寻找新方向的态势。抓住这个本质就能让你更好地理解孕线的真正含义！

在实际运用孕线的过程中，一定要注意以下几点。

第一，左边的 K 线可以是阳线也可以是阴线，可以带有上下影线，但如果是光头光脚的中阳线或大阳线并伴随着成交量放出，可信度会比较高。

第二，右边的 K 线实体必须与左侧 K 线实体颜色相反，但是绝对不可以超过左边阴阳线的 K 线实体。右边的 K 线也可以带有上下影线，但是影线越短越可信。

第三，高位中的阳孕阴线，多为见顶信号，该孕线出现后，股价至少要出现一波中级以上的下跌行情，投资者要注意及时卖出。

第四，低位出现的阴孕阳线，多为大底信号，孕线过后会出现一波中级以上的上涨行情，投资者应多关注此处的孕线形态，一旦确认就果断进场，以免错失进货良机。

下面看一个孕线组合K线形态的买入案例，如图2-43所示。

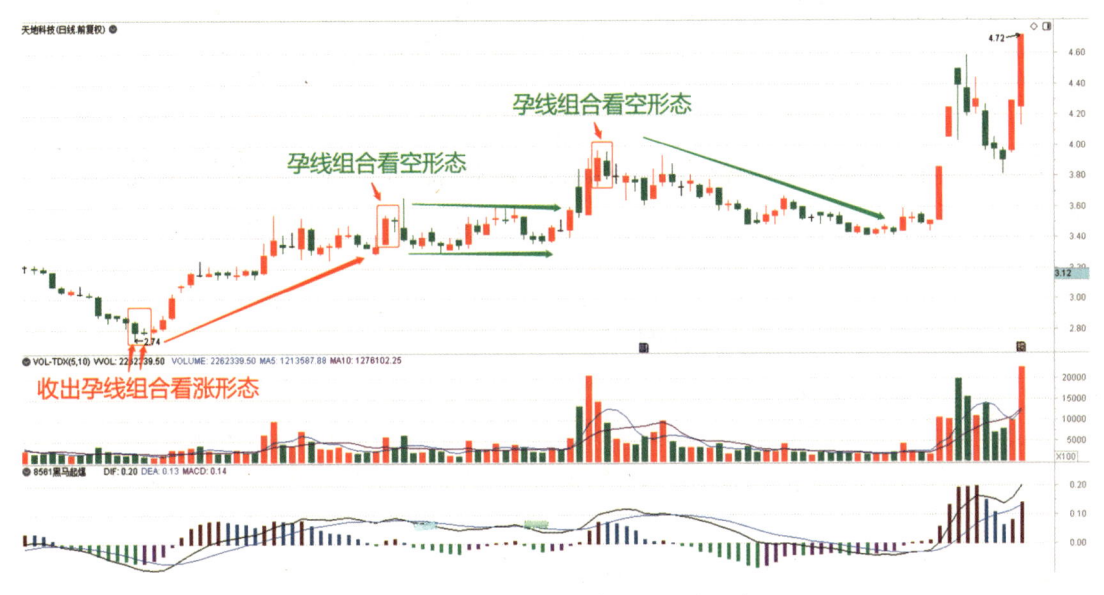

图2-43 两根K线形成一组孕线组合

图2-43是600582天地科技的K线走势图，这是截至2021年7月2日收盘时候的K线走势。这只股票在2021年2月4日收出一根阴线，2月5日收出一根阴线十字星，收盘价没有超过2月4日实体部分，两根K线形成一组孕线组合，之后止跌企稳展开一波上涨行情。到了3月22日收出一根中阳线后，3月23日收出一根阴线十字星，之后虽然没有大跌，但是横盘调整了20个交易日后才开始继续上涨。到了4月23日又收出一根阳线，在下个交易日的4月26日收出一根小阴线，两根K线形成一组孕线组合，之后股价便展开一轮调整洗盘的走势。

继续学习孕线组合K线形态的买入案例，如图2-44所示。

图2-44是688258卓易信息的K线走势图，这是截至2021年7月2日收盘的走势图。这只票在2021年3月15日和3月16日两个交易日中收出一组孕线组合，之后开始筑底阶段；在4月30日和下个交易日5月6日又收出一组孕线组合，这时已经和3月15日那个低点形成一个双底形态。综

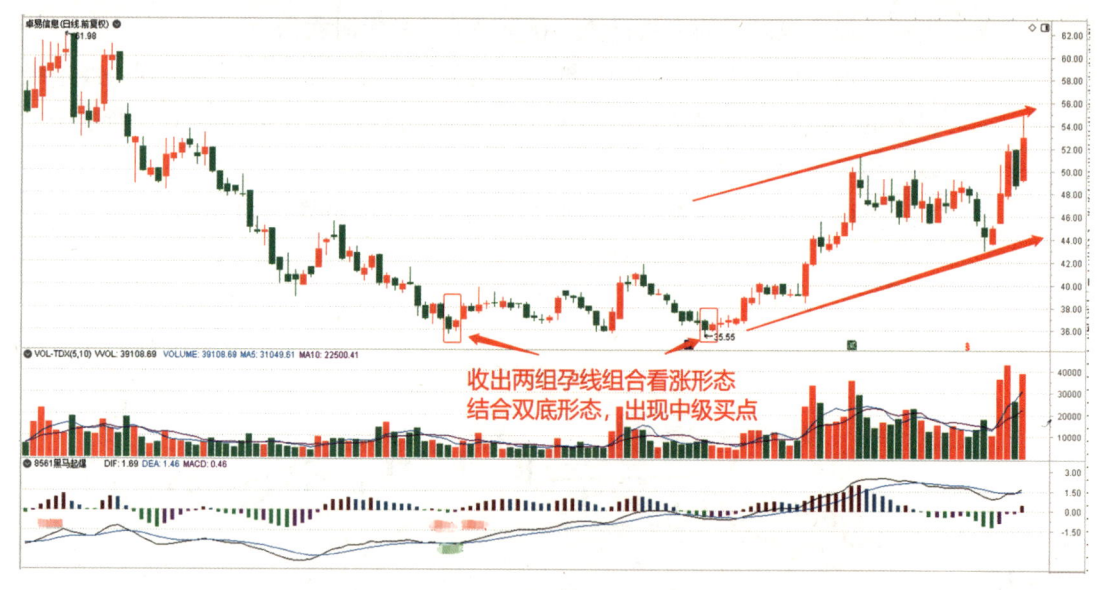

图 2-44　双底形态的孕线组合

合这两个因素分析，迎来一个中期的底部买点，之后股价便开始一轮上涨行情，截至 2021 年 7 月 2 日还是继续处于上行通道当中，只要趋势不破坏上升通道，后期还会一路上涨。

下面开始学习孕线组合的卖点实战案例，如图 2-45 所示。

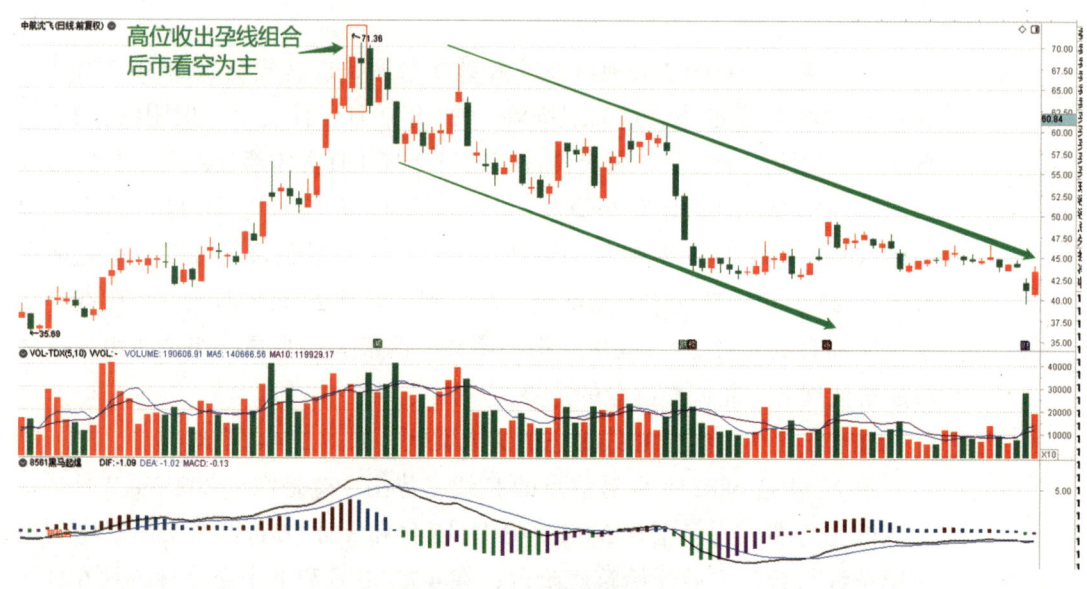

图 2-45　大涨后的孕线组合

图 2-45 是 600760 中航沈飞的 K 线走势图。这只个股在经过几轮大涨后，在 2021 年 1 月 7 日和 1 月 8 日两个交易日相对高位收出一组孕线组合，后市便展开一轮深幅调整。

继续看下一个孕线组合卖点案例，如图 2-46 所示。

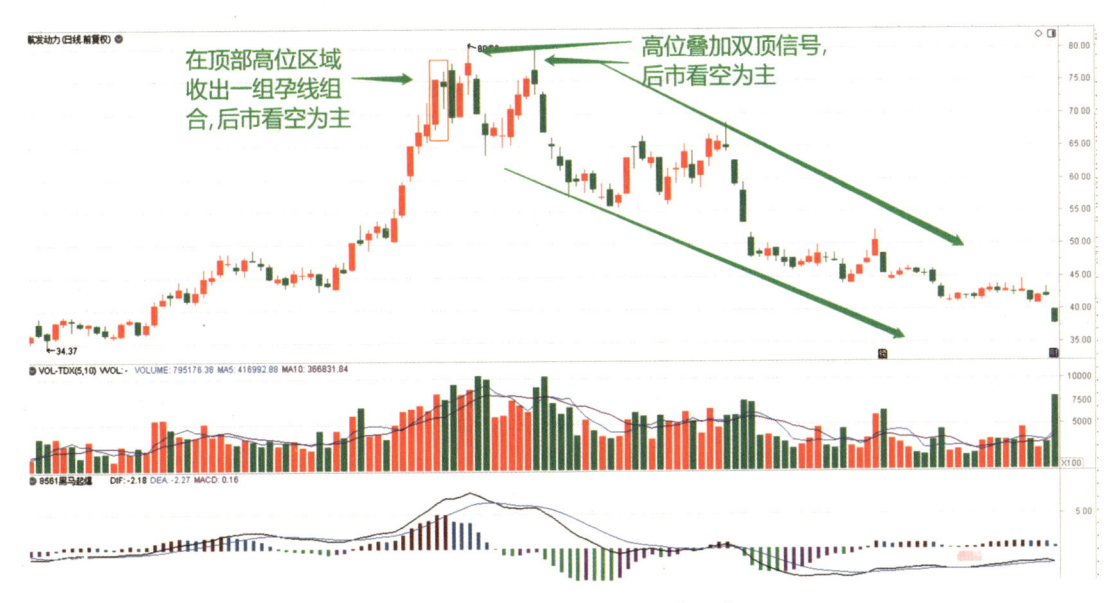

图 2-46　大涨之后进入下跌通道

图 2-46 是 600893 航发动力的 K 线走势图，这只股票在经历过大涨之后，2021 年 1 月 7 日和 1 月 8 日两个交易日收出一组孕线组合形态，之后调整一下，再次反弹，但没有创出新高，和本轮高点形成一个双顶形态，之后就是下跌通道了。

其实这次航发动力的大顶和上一个案例中航沈飞是同时见顶，是当时航天军工概念板块的中期顶部，也体现出一定的板块效应。有时候某个热点或者概念，大概率会在同一个时期见顶或者见底。

孕线组合好分辨，
大阴大阳右怀线。
波段高位仓位减，
波段低位仓位建。

各位股民朋友一定要明白一个道理，所有的技术分析和交易策略都不是百分之百准确的，没有一种买卖交易策略可以实现买完必涨、卖完必跌，大家一定要懂得这个道理，这样在实际应用过程中就不会太过自信，以致造成大的亏损。所有的交易策略或者买卖方法都是有概率的，我们追求的就是较高的成功率，而不是100%的准确率。

学习技术分析的时候，会有两种情况让很多投资者怀疑自己的选择。第一种就是在正确的时间用错误的方法赚到钱，这点是很可怕的，因为行情好的时候个股普涨，你去追涨可能会成功，但是行情不好的时候你再去追涨，大概率就会被深套，一旦被深套或者造成实质性亏损，你就会怀疑自己的选择了。第二种是在错误的时间用正确的方法亏了钱，也会让你怀疑股市，因为假如某天出现市场集体性大跌或者系统性风险，大多数个股都会下跌，被错杀的股票也有很多。这个时候如果你使用正确的方法但亏钱了，你就会怀疑技术的有效性了，从而会不断更换技术指标或者选股思路，久而久之就会前功尽弃。对以上两种情况，投资者一定要仔细阅读理解，会让你少走很多弯路。

第四节
借助物理学惯性原理判断K线短线节奏

惯性原理可以表述为：一个不受任何外力（或者合外力为0）的物体将保持静止或匀速直线运动。根据亚里士多德的理论，保持物体以匀速运动的是力的持久作用。但是伽利略的实验结果证明物体在引力的持久影响下并不以匀速运动。相反地，每经过一定时间之后，在速度上就有所增加，物体在任何一点上都继续保有其速度并且被引力加速。如果引力能够截断，物体将以它在那一点上所获得的速度继续运动下去。伽利略在金属球斜面滚动实验中观察到，金属球以匀速继续滚过一片光滑的桌面。从以上这些观察结果就得到了惯性原理。这个原理阐明，物体只要不受到外力的作用，就会保持其原来的静止状态或匀速运动状态不变。

如果以上内容您觉得比较抽象的话，那我们可以用简单的刹车原理来解释和判断K线的短线趋势是否会发生改变，即是否有结束原有短线趋势的可能性。假如我们开车在行驶当中，时速达到100公里的时候，踩一脚刹车是不能立即刹住的，必须连续点刹，踩几下刹车，汽车才会慢慢停下来，这就是惯性原理。同理，在股票 K 线技术分析上面，也能用这个原理来解释涨跌和实战应用。

在 2020 年 7 月 6 日沪指那根大阳线出来以后，当时我在讲公开课和做电视节目的时候就提示：请注意第一脚刹车出现以后的见顶调整信号，一旦出现刹车滞涨信号，就要注意降低仓位，如图 2-47 所示。

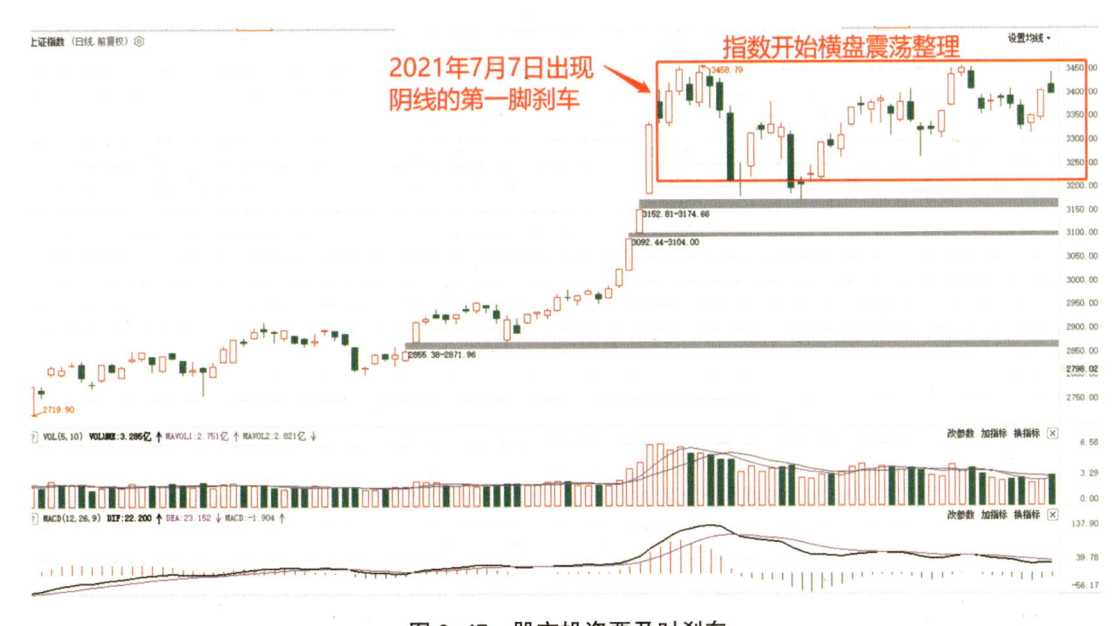

图 2-47 股市投资要及时刹车

从图 2-47 中可以看出，上证指数当时在 7 月 6 日一根大阳线收出来以后，盘感直觉告诉我，接下来可能要刹车了，果然 7 月 7 日也就是第二个交易日指数就收出阴线，这就是第一脚刹车，但是接下来两个交易日小阳线继续上涨，之后就开始横盘震荡整理，这就是典型的惯性之后收出的两根小阳线。这时候就不能再去追高增加仓位了，而是要考虑减仓降低仓位。

上涨的时候有惯性上涨，下跌的时候也会有刹车的惯性下跌，我们看一个案例。

如图 2-48 所示，这是上证指数 2022 年 9 月 13 日开始的那段下跌，下跌两根大阴线以后，指数多头连续反抗了三四个交易日，踩了好几脚刹车，但是惯性太大，指数又继续下跌了 4 根阴线。之后在 10 月 11 日开始用力踩了几脚刹车，指数反弹了 5 个交易日，又接着下跌，最终在 2022 年 10 月 31 日那天 2885 点继续使劲踩刹车，才把指数下跌给刹住，指数开始止跌反

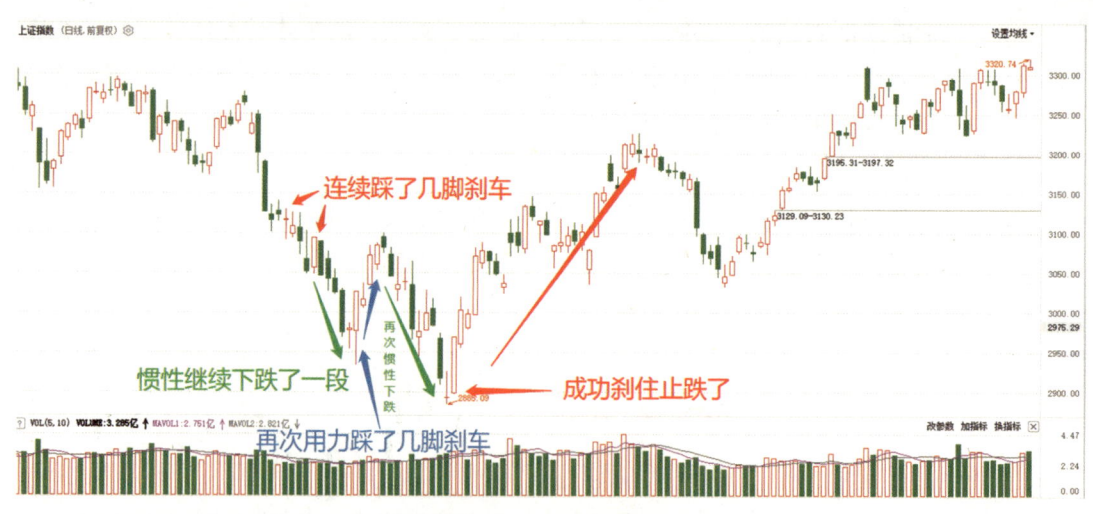

图 2-48　股市惯性原理

弹了一段。这段行情可以用典型的惯性原理来进行判断。

如果在个股操作当中，判断短线节奏也可以使用这个方法，比如一只个股开始上涨收阳线，连续阳线不断创新高可以持股，一旦出现刹车滞涨的小阳线或者其他滞涨信号，就要考虑降低仓位，而不能再买入了。同理，假如一只个股一直阴线，不断往下跌，哪天出现小阴线或者小阳线以及止跌的信号，就可以考虑准备做多了，而不能再止损卖出股票。

惯性原理要厘清，
使用得当思路静。
上涨下跌刹车现，
仓位反向应对先。

第五节
波段转折 K 线的重要性

转折 K 线的概念是每个波段最高点的那根 K 线，以及每个波段低点的那根 K 线。为什么要关注转折点的 K 线呢？背后的逻辑就是，假如一只个股上涨途中遇到阻力了，收出滞涨信号了，开始走波段下跌，那么这个波段高点的那根 K 线，未来在股价上涨的时候就会成为阻力位，而一旦以后突破这根转折点的 K 线以后，再回调到这个位置的时候就是支撑位；同理，假如一只个股下跌一个波段后，遇到支撑位开始出现止跌信号，然后往上反弹，后期再跌回来的时候，这个波段转折点的 K 线就会成为支撑位，而一旦再次跌破这根转折的 K 线以后，再有反弹到这根转折点 K 线的时候又变成阻力位了。如图 2-49 所示。

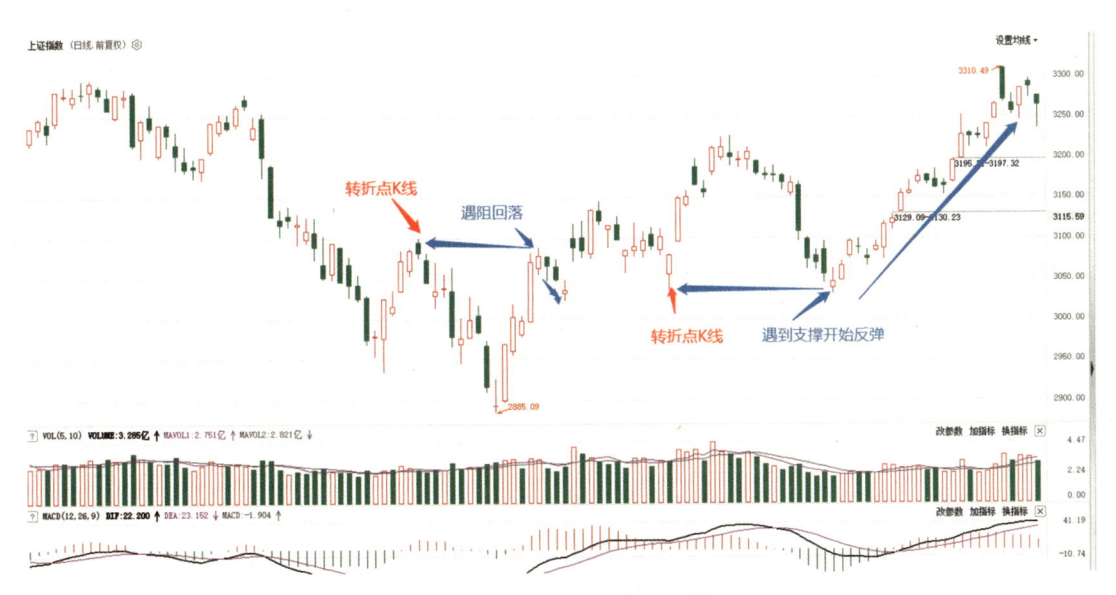

图 2-49　转折 K 线遇阻回落

从图 2-49 中可以看出，这是上证指数的 K 线走势图，指数在 2022 年 10 月 18 日收出一根小阴线的 K 线，从波段高点开始下跌，之后在 2885 点止跌反弹，当指数上涨到 10 月 18 日那根 K 线的位置时候遇到阻力，指数又开始短线回调了 4 个交易日，这就是因为 10 月 18 日那根转折点 K 线带来的阻力位，造成的遇阻回落。

上证指数在 2022 年 11 月 28 日收出一根类似锤子线止跌信号之后，开始反弹，那么 11 月 28 日这根 K 线就是一个波段转折点的 K 线，指数反弹一段时间后开始遇阻回落，直到指数调整到 12 月 23 日的时候，又遇到 11 月 28 日这根转折点的 K 线才开始止跌企稳，之后指数开始重新回到上涨趋势当中。

从以上案例当中可以看出，每个波段的高点和低点的转折点 K 线是非常重要的支撑位或阻力位，各位投资者一定要重视这个细节，一定要多找类似案例研究，来强化这个知识点。

> 转折 K 线很重要，
> 支撑阻力判大小。
> 转折方向要开始，
> 加减仓位要及时。

第六节
学习 K 线知识的注意事项

第一，先要确定股价当前所处短中线位置（个股目前所处的战略位置是对立统一学习法的核心，因为对立的是位置，统一的是 K 线形态，站在不同位置的角度再来定位操作策略才是相对客观的。分不清楚个股所处位置，学习再多的知识点，都是徒劳的）；

第二，要重点关注转折 K 线；

第三，是买点就不会是卖点，是卖点就不要理解为是买点；

第四，基于 K 线的分析判断不会有百分之百的准确率；

第五，要分辨清楚左侧和右侧的原理（这个知识点后面章节会详细讲解）。

第三章　8561三段式K线学习法的实战应用

> 过去趋势价值深，
> 主力痕迹表真心，
> 马后炮式必有用，
> 把握节奏能看清。

股价走势包含一切信息；股价沿趋势运动；历史会重演，但不会简单重演。这三句话可以完美解释关于K线技术分析的一切内容！想要学习K线知识点并应用到实战当中，一定先把以上三句话真正理解了，并且牢记在心里。这三句话也是每一期的内部学员培训课的时候，我让学员必背的三句话和必讲的知识点。

股价走势包含一切信息：一个物品的价格是由物品的价值决定的，这是经济学的一条基本原理，但是现代社会更多的人认为，价格是通过供求关系展现出来的，买的人多了，物品价格自然就会上涨。相反，卖的人多了，物品价格就会下跌。在股票市场当中也是这样的，当一只股票多头买得多了，股价就会上涨；卖得多了，股价就会下跌。但是我们做技术分析的时候，可不单单是看这些，我们要反复推理，当一只股票价格上涨了，说明买的人多了，下跌了说明卖的人多了，这就是股价走势包含一切信息的意思。股价直接反映了价格波动的原因，并且能够预知事情的好坏，即使你不知道为什么股价会下跌，但是只要K线图形走出来，就能反映出来造成股价下跌的原因，因为K线里面藏着很多信息。

在K线图里的一根带上引线的K线，那么这个上引线部分所包含的信息就是多头曾经向上攻击，而被空头打回来，也就是上方压力太大，造成股价冲高回落后形成的一根带上引线的K线。由此可以理解为股价的走势包含着一切的信息。

能影响股价的因素还有很多，后面再做详细讲解。

股价沿趋势运动：这指的是物理的惯性原理，在K线图上一旦某个向上或者向下的趋势形成以后，股价就会沿着那个趋势不断演绎，直到新的扭转方向的趋势形成以后，就会朝着相反的方向继续演绎运动。

历史会重演，但不会简单重演：这是说明股价的变动，在一定程度上会有相似之处，比如阻力位、支撑位、单根K线形态、K线组合形态、K线波段趋势，等等，都会重复之前我们所见过的形式，从而不断反复演绎。这也是学习K线知识的投资者必须理解透彻的一个知识点，否则所有的技术分析理论，您就没办法学习了。

很多不懂的人到处怨别人马后炮，事情发生以后才说，其实想要学习技术分析的投资者，必须承认所有技术分析的基础，都是马后炮的理论推演出来的。否则，没有马后炮的技术形态依据，你拿什么来分析？价值投资分析使用的也是现有的一些基本面的信息，或者一个上市公司现在的数据，来分

第三章
8561三段式K线学习法的实战应用

析推论未来几年的发展趋势,那这个基本面的一些数据,就不是马后炮了吗?如果连这些已经发生过的马后炮的走势图,你都搞不清楚,更别说预判未来的股价走势了。所以,我们一定要客观看待每个存在的事物,这样才能使自己成长。永远记住一句话:存在即合理,不要随便否定和肯定自己不懂的人或事情。

以上就是股票技术分析中所谓的三大假设,我们仅仅依靠三大假设来判断股市行情还远远不够,在实战当中也不能完全地依赖技术分析手段,要将技术分析、基本面分析、政策面等各种信息结合起来,才能够实现更准确的判断。

根据以上技术分析的三大假设和多年的实战经验,我研究了8561三段式学习K线的方法,这样能更直观地体现出如何应用三大假设来指导学习K线知识点。

一、什么是8561三段式

8561三段式按照难易程度可以分为以下三段:

第一段,过去式,难度系数三颗星,即已经走过的K线图。

第二段,未来式,难度系数四颗星,还没走出来的K线图(未来中长线的思路)。

第三段,现在式,难度系数五颗星,正在形成的K线图(偏短线的思路)。

下面用一张图来讲解8561三段式,这样会更清楚一些。如图3-1所示。

图3-1 8561三段式

如图3-1所示，红色框里是已经走完的K线图，就是过去式；蓝色箭头那根K线就是现在发生的K线图，称为现在式；蓝色框里是即将发生的K线走势图，称为未来式。

8561三段式是根据技术分析的三大假设研究而来的。

1. 市场行为涵盖一切（过去式）

"过去式"构成了技术分析的基础，股价已经走完以前所有趋势的过去式包含的信息：影响股票价格波动的各种因素（上市公司的业绩增减，主力的行为及意图，如吸筹、洗盘、拉升、出货等）、投资者的狂热或恐慌的情绪、消息面或题材面对投资者产生的影响、重大的经济事件或政治事件、金融政策的变化等都会被市场行为本身充分表现出来，它也解释了为什么技术分析者不用过度关注基本面分析。

基于这个假设，过去式股票价格的变化应该是技术分析者关注的主要对象。实际上，技术分析师只不过是通过研究价格图表及大量的辅助技术指标，让市场自己揭示它最可能的走势。

过去式，就是所谓的马后炮式学习分析逻辑。在最初级的阶段，必须要把过去式的股价走势图搞懂了，再进行马后炮分析，才能进阶下一个层级。价值投资也是利用马后炮数据进行分析判断，并叠加对企业未来的预期综合分析。假如你连已经发生的事情都不能正确掌握和分析透彻，何谈未来？这跟做生意是一样的道理，你考察某个项目想要投资，是不是也要用已经存在的已知条件进行分析。

2. 价格依据趋势运动（现在式，当下正在发生着什么、当下该如何决策、当下该如何交易等）

现在式是技术分析领域中最为重要的概念之一。它指出：市场的运动方向绝不是随机的，也不是杂乱无章，是有整体性方向可言的。在技术分析领域中，趋势被认为是客观存在的，并且可以分为三种，即上升趋势、盘整趋势、下跌趋势。而一旦某一个趋势形成，就意味着市场总体买卖盘力量已发生了根本性转变，这种总体性的力量对比情况不可能在短时间内发生改变，即价格将会沿着这一方向持续运动下去，直到趋势的持续时间过久、力度过大，从而导致买卖力量的对比情况逐步发生转变，才会发生改变。

研究现在式价格正处于哪个趋势里的意义，就是要在一个趋势发生发展的早期及时准确地把它揭示出来，从而达到顺着趋势交易的目的。事实上，技术分析在本质上就是顺应趋势，即以判定和追随既有趋势为目的。

现在个股技术面处于哪个趋势中，当前是应该持有、应该买入，还是应该卖出，这体现的就是现在式的内容。

3. 历史往往会重演（未来式）

未来式的技术分析理论与人类心理学有着较为密切的联系，市场行为本身也确实验证了这一点。人们在研究中发现：相似的价格形态、相似的交易数据往往都能演变出相同的后期走势，这些价格形态、交易数据正好反映了投资者看多或看空的心态，从而使得这些相同的价格形态演变出了相同的后期走势。

"未来式"这一说法想表达的意思是，打开未来之门的钥匙就隐藏在历史里，或者说未来式会成为过去式的翻版。通过研究这些历史交易过程中产生的图表，我们就可以预判股价未来的走势。

以上 8561 三段式的正确性就如同几何学中的公理一样，是显而易见的，在三大假设的指导下，技术分析有了自己的理论基础。

至于如何判断过去式、现在式和未来式，本书的所有内容都是围绕这个核心来写的，各位投资者只要认真研读本书所有内容就一定会找到答案。

二、8561 三段式学习的重点

第一，不要盲目预测，涨势中不要随便猜顶，跌势中不要随便猜底。

第二，现在出现什么信号了，应该按信号操作。

第三，不要以为会如何如何，执行力必须要跟上。

第四，更不要时刻活在幻想当中。

第五，学习 8561 三段式最重要的目的就是两个字——应对，意思是我们掌握了一种技术操作方法以后，就要学会如何应对现在的行情，而不是为了猜测或预测接下来的走势。

> 温馨提示：做交易决策一定记住不要有幻想，不要想当然，既然选择了学习技术分析，那就完全按照技术分析的信号去做交易，而不是出了信号还不相信，还在犹豫不决，这样就没有继续学习的意义了。因为所有的技术指标都是有概率的，所有的技术分析指标不可能是唯一的，比如出个阳包阴组合，明天一定会涨吗？这种 100% 的准确性是不存在的。所有技术指标都没有 100% 的准确性，我们只能推理出大概率的情况，也就是说今天出现哪

个信号，大概明天是涨还是跌；最近一段时间走出了什么K线形态，接下来大概是涨还是跌。站在这个角度来看，必须要严格按照技术信号来执行操作，这样才能做到大概率的正确。而有选择性地使用和总抱有幻想地不去执行，最终会让你怀疑自己。你学习的知识点再多，不去执行也是白白浪费时间，还不如早点结束学习。记住，疑则不用，用则不疑！

横盘上涨和下跌，
三种趋势相互切。
过去K线藏真情，
仔细研究去执行。

第四章　左侧交易和右侧交易的实战应用

> 左侧右侧无对错，
> 能够盈利是真活，
> 追涨杀跌损失多，
> 追跌杀涨做左侧。

研究左侧交易和右侧交易是属于8561三段式之现在式的主要内容，这是非常关键知识点，请各位读者认真研读。

左侧交易和右侧交易所涉及的技术指标非常多，大多数指标都可以有左侧交易和右侧交易的选股条件和买卖点策略。比如K线、成交量、MACD、KDJ、均线等都有相对应的左侧交易和右侧交易的规则。本书只详细讲解K线技术的左侧交易和右侧交易知识点，其余的技术指标对应的左侧交易和右侧交易以后有机会再给大家详细讲解。

不管是价值投资，还是短线投机也都有左侧交易和右侧交易之分，所以各位投资者一定要认真学习本章内容，只有学懂弄通以后，才能改变自己的认知。由于使用K线分析进行交易，需要分析清楚左侧交易还是右侧交易，所以我们先把什么是左侧交易和右侧交易来详细解读一下，有助于理解后面学习的内容。

左侧交易是高手的游戏，而右侧交易是大众多采用的做法。左侧交易（高抛、低吸）中的主观预测成分多。右侧交易（杀跌、追涨）则体现对客观的应变能力。左侧交易又叫低吸高抛，右侧交易又叫追涨杀跌。

左侧系统是买入方向和股价运动方向相反的交易系统，右侧系统是买入方向和股价运动方向相同的交易系统。

第一，纠正一些左侧系统和右侧系统的误区。

传统概念认为趋势指标为右侧指标，如MA、MACD等指标，是跟随趋势的指标，其中包含了趋势验证的过程，主要表现为追涨杀跌。震荡指标是左侧指标，如KDJ、RSI等，主要表现为逢低吸纳，逢高派发，这是一种认识的误区。其实震荡指标大部分也包含了趋势验证的过程，只不过其验证过程非常短，一般人无法识别。它的买卖过程和股价运动方向是一致的，因此震荡指标也是右侧系统。

第二，左侧系统和右侧系统没有优劣之分。

由于股价是无法预测的，很多投资者认为右侧系统优于左侧系统，这是一种观念上的误区，主要是基于牛顿定律，运动的物体都具有惯性。我认为在上涨和下跌过程中的股价将维持其原有的趋势，如右侧系统在股价上涨的过程中发出买入信号，在下跌的过程中发出卖出信号，就是基于这个理论，并认为上涨的股票，后续上涨的概率大；下跌的股票，后续下跌的概率大。但牛顿律针对的是一种理想状态，在现实物质世界中，按照这种方式运动的毕竟很少，很多运动表现出不规则的状态。

第四章
左侧交易和右侧交易的实战应用

第三，超级主力以左右侧系统结合的理念作为投资指导。

"逢低买入，逢高卖出"，这是股评家最喜欢说的话，但是真正能够做到的又有几个？高在哪里，低又在哪里呢？因为大多数人的思维方式是"高位时贪婪、低位时恐惧"。殊不知，真正常胜于股市的投资者都是具备左侧交易思想的投资家。

左侧交易告诉我们，在一个确定的牛市市场，逢回调买进应是毫无争议的举动，但是为什么大多数人却做不到，这无疑还是因为意识不到位。世界著名投资大师之所以能成为大师，就是因为他们都具备左侧交易的思想。

> "别人恐惧我贪婪，别人贪婪我恐惧。"这句话出自股神巴菲特之口。其意思是：当大家都贪婪时说明行情已走到尽头了，所以我应该有恐惧感，并尽快退出来，保持胜利成果；而当行情长期持续低迷，使得大家都心有余悸不敢贸然进入时，我应该勇敢进入，从而获得很好的利润。其实这也是左侧交易系统所追求的。

第一节 左侧交易的应用

一、什么是左侧交易

左侧交易，也叫逆向交易，我在实践的过程中发现，中国大多数股民都是采取右侧交易法则，当他们看到股价创出新高时，才明白行情开始了，马上就去追涨去买股票，但是往往追到阶段高点，这就是股市中为什么只有少数人赚钱的根本原因。

在市场上涨末期，以顶部为界，凡在"顶部"尚未形成的左侧高抛或者做空，属左侧交易，而在"顶部"回落后的杀跌，属右侧交易。两者同为出手，但前者叫"高抛或者做空"，后者叫"杀跌"，含义大不一样。

在市场下跌末期，以市场底部为界，凡在"底部"左侧就低吸者做多，属左侧交易，而在见底回升后的追涨，属右侧交易。两者同为买进操作，但前者叫"低吸"，后者叫"追涨"，含义也大不一样。

其实有一个能持续战胜市场的法则，应该是"中长期趋势必须坚持左侧交易，而短期趋势必须坚持右侧交易"，也就是说，一波大熊市没有看到明确的底部出现时，把所有的上涨都看成反弹，而一旦牛市确立，应该把任何一次回调都看成介入的大好时机。

在价格抵达或者即将抵达某个所谓的重要支撑点或者阻力点的时候就直接逆向操作，而不要等待价格转势。而右侧交易则恰恰相反。左侧交易就是在股市下跌的时候，底部什么时候出现还不知道，但已经觉得股价是合理的了，有足够的吸引力和安全边际了，那么就选择买入。至于是否还会出现2500点或者2000点，我不去理会，反正我认为3000点的位置是有价值的，股价有吸引力就买入，这是左侧交易。它从来不考虑市场趋势的问题。

通俗地讲，左侧交易所追求的其实就是想买在相对低位，卖在相对高位，左侧交易所体现的是8561的核心交易原则"追跌杀涨""别人恐惧时我贪婪，别人贪婪时我恐惧""低吸高抛"这三句话的精髓，跟我接触一年以上的股民朋友肯定知道一句耳熟能详的话：追跌杀涨，笑傲股场！说的就是多做左侧交易，要做先知先觉者，不能做后知后觉者，更不能做不知不觉者，只有这样才能让你更有机会跑赢多数散户投资者或者跑赢指数。但记住一点，我们永远别想跑赢主力，能跟着主力吃点肉，对于我们来说就足够了。所以，左侧交易属于做先知先觉者。先知先觉者吃肉，后知后觉者喝汤，不知不觉者买单。

当然想做左侧交易一定是有前提的，必须保证要做的这只股票属于用中线思路的选股策略选出来的才行，必须选择位置相对低位且战略看多的个股，不能只做纯短线的左侧交易。只有这样才能把风险降到最低，也不怕做错了被深套（如何判断个股当前所处的位置，在我写的第一本《8561股票解套实战技术》一书中已经详细讲过，在这里就不多做阐述了）。

K线层面的左侧交易具体是指，股价在到达高位前遇到阻力位，出现滞涨信号K线的时候就卖出；股价跌到相对低位的时候，遇到支撑位出现止跌信号的K线就买入，简单的逻辑就是以上这些。如果没有支撑位和阻力位作为辅助判断，那么单独使用止跌信号或者滞涨信号来做左侧交易，失败的概率就会增加。

二、左侧交易的买点分析

左侧交易和右侧交易也有级别区分，是短线的左侧交易，还是中长线的左侧，也要重点分析，什么是级别的区分呢？具体如下：假如短线的左侧交

第四章 左侧交易和右侧交易的实战应用

易买卖点可以由一根 K 线来决定,那么大级别的左侧买卖点可能是几根 K 线,甚至更多的 K 线组合才能决定。

小级别的左侧交易买点如图 4-1 所示。

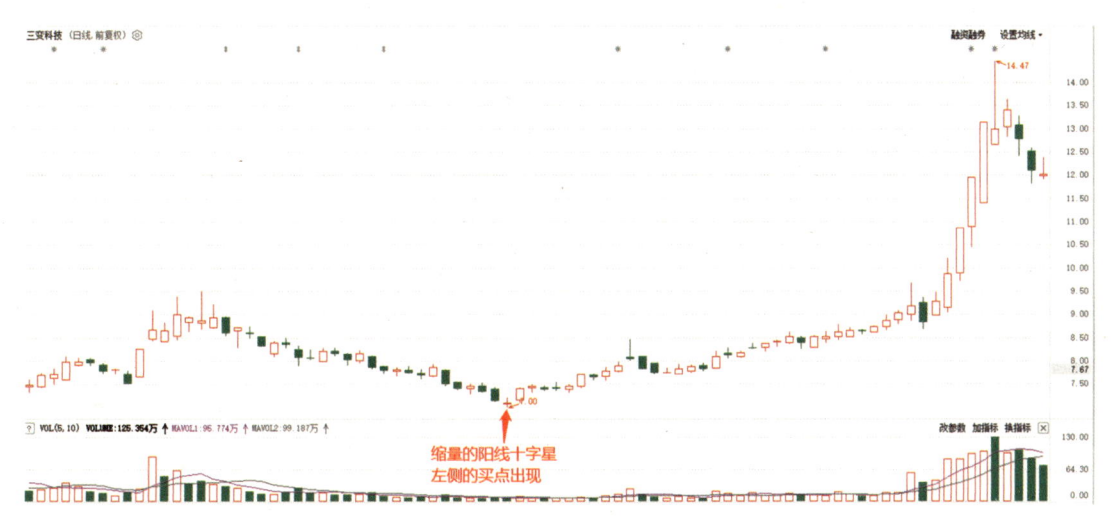

图 4-1 小级别的左侧交易买点

从图 4-1 中可以看出,这只股票是 002112 三变科技,这只个股在 2022 年 12 月 23 日那天收出一根十字星 K 线,这天就属于左侧交易的买点信号,之后股价展开一波很大的涨幅。

下面再学习一下大级别的左侧交易买点,如图 4-2 所示。

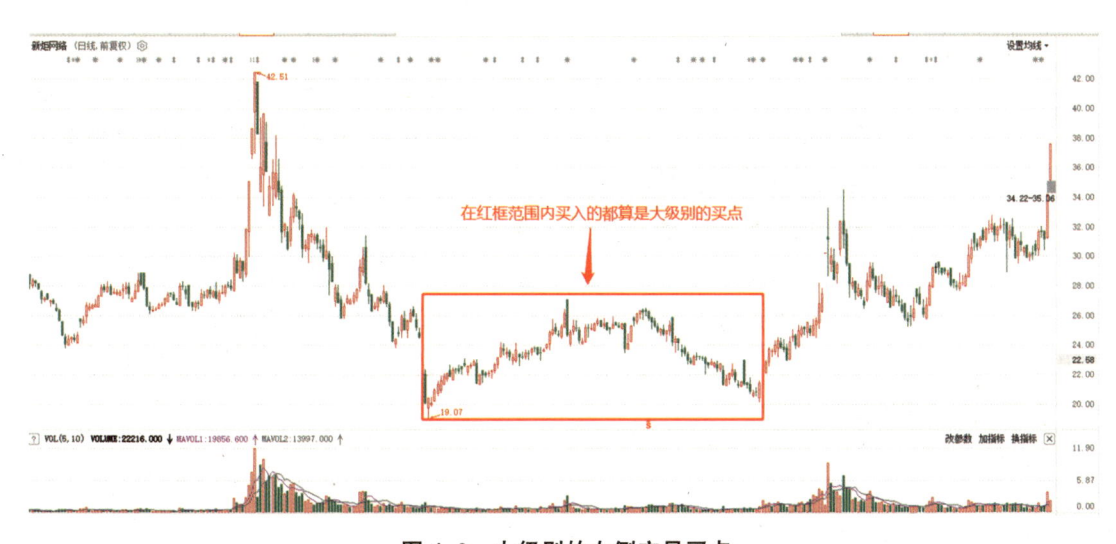

图 4-2 大级别的左侧交易买点

· 93 ·

从图 4-2 中可以看出，这只个股是 605398 新炬网络，这只个股在 2022 年 4 月 27 日至 2022 年 10 月 22 日横盘区间，凡是在这个大区间买入的，都算是大级别的左侧买点区域，因为股价还没走出主升浪，所以在没起涨之前都算是大级别的左侧买入。

三、左侧交易的卖点分析

同样地，左侧交易的卖点也是有级别区分的，我们分开来讲，首先分析一下小级别的左侧交易卖点，如图 4-3 所示。

图 4-3 小级别的左侧交易卖点

从图 4-3 中可以看出，这只股票是 002112 三变科技的 K 线走势图，这只个股在 2023 年 2 月 27 日那天收出一根高位流星线，出现滞涨的左侧卖出信号，这就是短线的左侧卖点。

大级别的左侧交易卖点如图 4-4 所示。

从图 4-4 中可以看出，这只个股是 000721 西安饮食，这只个股在 2023 年 1 月 18 日之前处于做顶区间，在这个区间里卖出的都算是左侧的大级别卖点，因为还没开始走主跌浪，在这个顶部区间卖出的都可以算是大级别的左侧卖出区间。

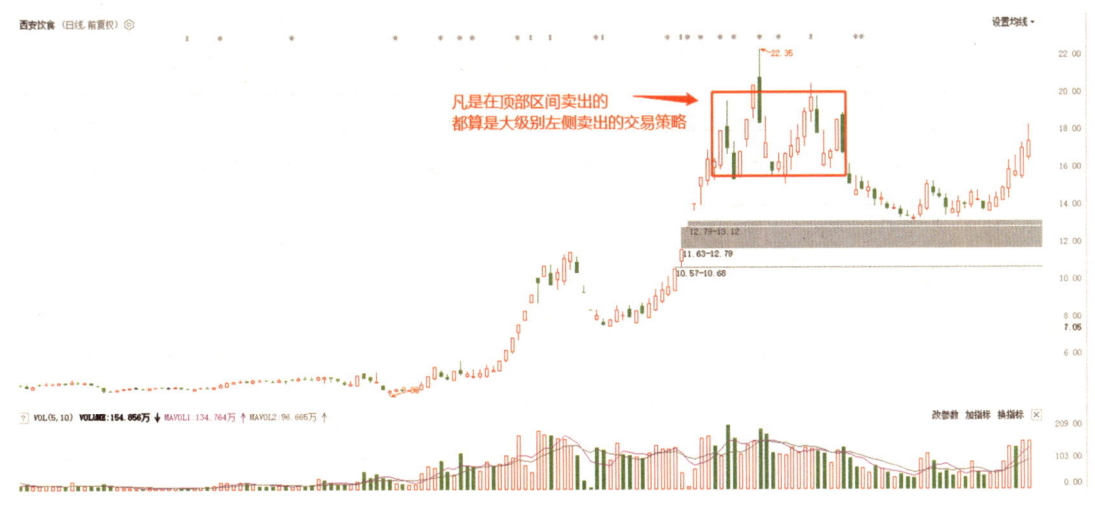

图 4-4　大级别的左侧交易卖点

四、左侧交易的优势

有时候会出现买完就涨、卖完就跌的结果，也就是说在做对了的情况下，会买在一个波段的相对最低点或卖在一个波段的相对最高点。

有机会做到抄个大底，也有机会逃个大顶。因为左侧交易的原则就是出现滞涨信号就卖出，出现止跌信号就买入，所以会经常遇到买在波段的起涨点，卖在波段的结束高点位置。

五、左侧交易的劣势

根据左侧交易买入以后，股价可能还会调整，这种情况在交易当中会遇到，一定要想好对策，尤其是心理层面的对策，一定要客观对待这种情况。

根据左侧交易卖出以后，股价可能还会继续上涨，这种情况也要想好对策。

有时候会遇到主力的偏线行为，从而买在半山腰或者卖在主升浪的中部位置。

六、左侧交易注意事项

在这里需要强调一个非常重要的关于左侧交易的原则，所有的左侧交易的买卖点必须结合阻力位和支撑位去应用，这样就会达到事半功倍的效果，也会避免一些不确定性因素！意思就是，如果股价到达支撑位的时候，出现止跌信号可以作为左侧交易买入条件，而股价到达阻力位，出现滞涨的信号以后，作为左侧交易的卖出条件。如果没有阻力位的滞涨信号或没有支撑位的止跌信号，都要谨慎对待，防止出现主力偏线的情况。

如果根据左侧交易买入的话，必须严格设置止损位。

左侧交易卖出以后，一旦股价继续上涨，一定不能再追着买入，也不能因为这次左侧交易卖出以后，股价继续上涨了，下次就不做左侧交易的卖出了，这样就会让你放弃很多技术指标。还是那句话：学习技术分析一定要记住做的是大概率。

第二节
右侧交易的应用

一、什么是右侧交易

右侧交易，常用于股票、期货、外汇、黄金合约等一切可以用K线表示走势的交易。

以股票为例，股价经过一段时间的上涨，以股价最高点为顶，在用K线表示时明显形成一个顶部，之后股价回落，形成向下的一组K线。那么在顶部的两边称为左侧和右侧，在确认顶部形成之后卖出股票就称为右侧交易。

同样地，股价在一轮下跌后形成一个底部，在底部的右边买入股票，也称为右侧交易。

右侧交易也有级别的区分，是短线的右侧交易，还是中长线的右侧，也是要重点分析的。具体大小级别区分如下：假如是短线的，右侧交易买卖点可以由一根K线来决定；但假如是大级别的，右侧买卖点可能是几根K线甚至更多的K线组合才能成为决定性因素。

右侧交易追求的是相对的确定性，但是右侧交易属于后知后觉的交易策略，也属于追涨杀跌的操作思路，所以有可能会买在短线高点，卖在短线低位。

第四章
左侧交易和右侧交易的实战应用

> 重要的知识点：很多股民朋友都听专家说过，做股票一定要顺势而为，不要逆势操作，其实这句话误导了很多散户投资者。因为很多人没搞明白一点，要真想在股市赚到钱，一定不要完全顺势而为，涨的时候看涨，跌的时候看跌，这种就属于追涨杀跌式操作。
>
> 正确的做法应该是：顺大势逆小势，这才是正确的操作逻辑。

右侧交易的要点是：不要预测市场的走势，等市场给出答案，等趋势转折之后，再进行操作。

一是保持足够仓位。若想在右侧交易中把握主动，成为胜者，首先要保持足够的仓位。当大盘上行趋势确立，交易机会来临时，应采取重仓甚至满仓策略进行操作，从而分享右侧交易带来的良好收益。

二是守住所持股票。在右侧交易之初，普通投资者很难察觉哪些板块或哪只个股将成为强势板块、强势个股。只有等行情运行一段时间后，某一阶段的强势板块和强势个股才会浮出水面。普通投资者在无法发现强势板块和强势个股的情况下，右侧交易最有效的办法实际上就是继续耐心持有股票，等待所持股票的板块成为热点或者强势板块。

三是博取超额收益。在确保做到以上两点的基础上，再考虑用适量的筹码通过短线交易方法博取超额收益。此举目的在于，一方面让持有的筹码在大盘上涨的同时做到水涨船高，另一方面在确保筹码不丢的同时增加账户资金，进一步提高右侧交易的操作效果和账户总值。

二、右侧交易的优势

一是右侧交易追求的是相对的确定性。
二是右侧交易可以躲掉一些主力偏线的信号。

三、右侧交易的劣势

第一，根据右侧交易的卖点规则操作，可能会失去一部分利润，因为当右侧交易信号出现以后，个股已经跌了一段了，所以卖出的位置不是相对高点。

第二，根据右侧交易的卖点操作，卖出股票以后，短线可能会出现卖完就涨的情况，因为右侧交易的卖出信号出现以后，一般都是短线调整一段时间了，所以会出现短线反弹的情况，从而出现那种卖完就涨的结果。

第三，根据右侧交易买点买入规则操作，不会买在相对低点，因为当右侧交易信号出现以后，股价已经上涨一段了。

第四，根据右侧交易的买点操作，可能会遇到买完后短线下跌的情况，因为当右侧买入信号出来以后，股价一般已上涨一段时间了，短线随时会遇到回调的情况，所以会遇到买完就跌的结果。

四、右侧交易的买点分析

小级别的右侧买点分析，如图 4-5 中所示。

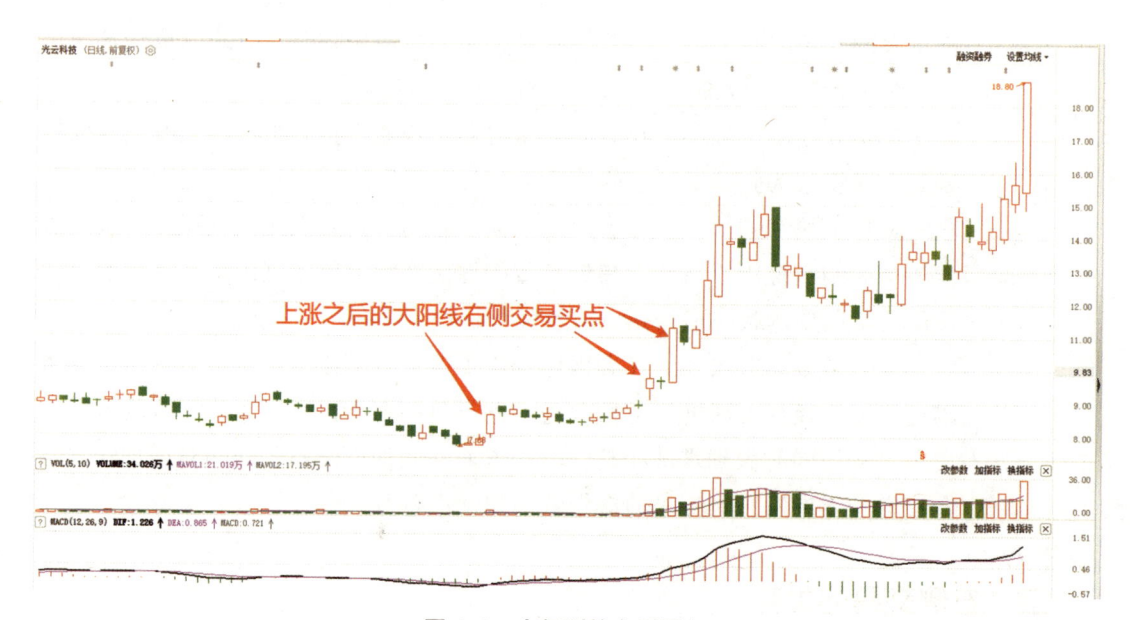

图 4-5　小级别的右侧买入

从图 4-5 中可以看出，这是 688365 光云科技的 K 线走势，图中显示在底部一个止跌信号之后，走出三根阳线，这个时候买入就属于右侧交易，之后的红箭头所指两个位置也属于右侧交易的追涨买入。

大级别的右侧交易买点分析，如图 4-6 所示。

从图 4-6 可以看出，这是 688039 当虹科技，这只个股在底部横盘几个月时间，在 2023 年 2 月 24 日突破阻力位，在阻力位以上买入的都算是大级别的右侧交易买入点。

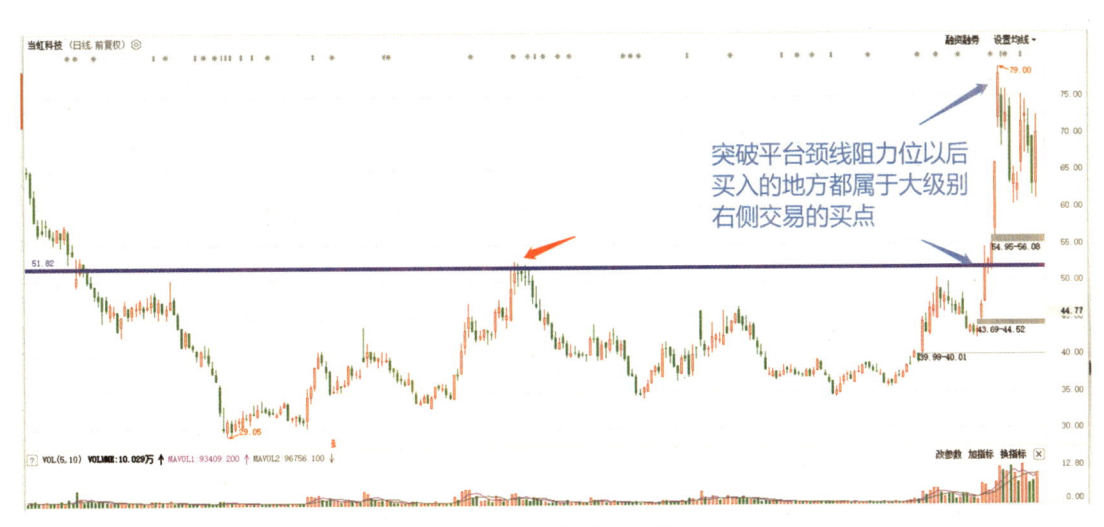

第四章
左侧交易和右侧交易的实战应用

> 突破平台颈线阻力位以后买入的地方都属于大级别右侧交易的买点

图 4-6　大级别的右侧交易买入

五、右侧交易的卖点分析

小级别的右侧卖点，如图 4-7 所示。

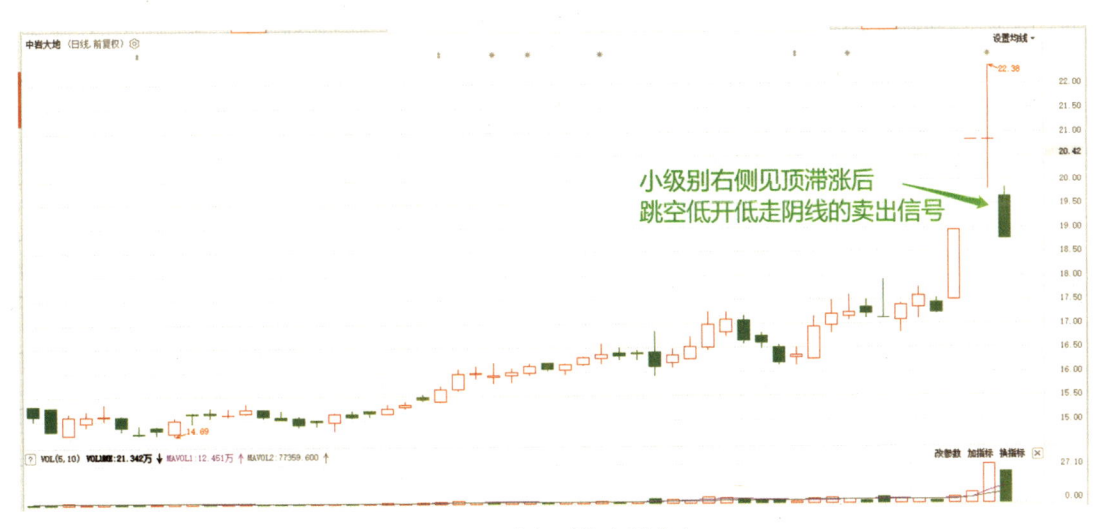

> 小级别右侧见顶滞涨后跳空低开低走阴线的卖出信号

图 4-7　小级别的右侧卖出

如图 4-7 所示，这是 003001 中岩大地的 K 线走势图，这只个股在 2023 年 3 月 15 日的时候收出一根放巨量的大十字星 K 线，明显的滞涨信号卖点出现，紧跟这根十字星卖出就属于小级别左侧卖点，如果是在 3 月 16 日那根跳空低开的阴线卖出，就属于小级别的右侧交易卖出。

· 99 ·

大级别的右侧交易卖点案例分析，如图 4-8 所示。

图 4-8　大级别的右侧交易卖出

从图 4-8 中可以看出，这只个股是 000721 西安饮食，在 2023 年 1 月 18 日到达顶部以后，开始下跌，在跌破平台低点颈线位以后，出现大级别的右侧卖出信号，那么在跌破颈线位下跌以后，红框中的区间再卖出就属于大级别的右侧交易卖出。

六、右侧交易注意事项

第一，寻找右侧交易的买点，注意尽量躲开阻力位的位置，否则容易遇到短线回调。

第二，寻找右侧交易的卖点，注意尽量躲开支撑位的位置，因为在支撑位卖出股票，容易出现卖完就涨的情况。

第三，使用右侧交易买点，买完以后，假如是纯短线交易，必须严格设定止损位，以免造成短线出现大幅亏损的情况。

第四，使用右侧交易卖点，卖完以后，股价要是反弹了，千万不要随便去追涨再买入，这是投资的大忌。

七、右侧交易应用的要点

右侧交易成功的关键在于按照"三要点"的要求做到重仓买入、坚定持

第四章 左侧交易和右侧交易的实战应用

股和博取短差，而处理好其中的四个关系尤为重要。

一是存量资金与增量资金的关系。对于存量资金，即原先买入的持仓股票，操作中需分清长线投资还是短线交易。若属于长线投资，只要持股不动即可，如果是短线交易，原则上要在大幅高开或快速冲高时卖出，再逢低买回，赚取差价。对于增量资金，即新建仓的筹码，也分为长线和短线两个部分，对于长线部分应遵循越跌越买原则，严格按计划在事先设定的大盘点位和个股价位上买入。对于短线部分则可在任意点位和价位上买入，但要做到快进快出并设好止盈（损）价位。

这就是我一直强调的 8561 的核心思想——中线思路、短线操作。

二是即时计划与后续计划的关系。右侧交易中的计划分为即时计划与后续计划两种，其中即时计划又可分为历史交易记录提供的回转机会交易计划、新近交易提供的盈利机会交易计划，以及因突发事件导致的意外机会交易计划等，应及时调整即时交易计划；后续计划指的是计划执行后的交易计划，也分两种情况，一是单一品种自身高抛低吸的后续计划，二是不同品种之间换股交易的后续计划。但在计算正差收益时需考虑交易成本因素，在安排交易顺序时既可先卖后买，也可先买后卖，虽然顺序不一，但结果大体相当（后者需有备用资金）。

三是同步交易与交叉交易的关系。在右侧交易博取超额收益中，一般情况下应同步（配对）进行，即买、卖股票应同时进行，以防买后卖不出或卖后买不回。但在特殊情况下，也可利用交叉法进行操作。如突发利好时，可先卖出股票，等日后出现回落机会时再买回；突发利空时，可先买入股票，等日后出现冲高机会时再择机卖出。虽然方法和结果相同，但在交易时序上有明显区别。

四是买后被套与卖后踏空的关系。在右侧交易尤其是其中的博取超额收益操作中，如果买入的股票被套或者卖出的股票踏空，都属于正常现象。对此，一方面要不断总结成败得失，以便进一步提高操作技法，减少重复犯错；另一方面，可进行必要的纠偏操作。卖出股票后，如有正差接回机会，应及时接回。若无正差接回机会，处于暂时踏空状态，可适当等待，谨防做反。

在股价下跌时，以股价底部为界，凡在底部左侧就低吸者，属左侧交易，而在见底回升后的追涨，则属右侧交易。有时同样一个价位，却有左侧交易与右侧交易之区别。

右侧交易者认为，追求逃顶抄底，试图买在最低价，卖在最高价，是愚蠢的表现。

右侧交易不会在股价没有形成上攻动力前，由于主观性的因素而随意买入，也不会因害怕涨幅过大，而随意卖出。

右侧交易的买卖依据是目标股有无继续上攻的动能，一旦股价有调整要求，立即出仓，以避免股价调整而带来的不必要风险。一旦股价形成连续上攻的预兆，便积极买入。

> 追涨杀跌右侧样，
> 追跌杀涨左侧样。
> 短中长线要搞懂，
> 各有利弊结合用。

第五章　常见K线组合形态实战应用

> 单根K线判多空，
> 两根K线判确立。
> 三根K线判转折，
> 五根K线判趋势。

本章内容属于8561三段式之过去式的内容，研究的是已经发生的K线走势，也属于偏右侧的交易逻辑，这是基础知识点。

在学习股票技术分析的时候，建议股民朋友先要学习K线知识，K线知识又分为前面讲过的单根K线和K线组合知识点，本章学习的是K线形态学方面的知识。虽然主力在出货的时候不会使用一种方法出货，但是所有的顶部形态和底部形态是有迹可循的。

第一节
头肩顶和头肩底形态

一、头肩顶图形的基本构成

头肩顶是最为常见的反转形态图形之一，头肩顶是在上涨行情接近尾声时的看跌形态，图形以左肩、头部、右肩及颈线构成。

在头肩顶形成过程中，左肩的成交量最大，头部的成交量略小些，右肩的成交量最小，成交量呈递减现象。

头肩顶是最典型的顶部的信号。

头肩顶形态的形成过程大体如下：

（1）股价长期上升后，成交量大增，获利回吐压力亦增加，从而导致股价回落，成交量较大幅下降，左肩形成。

（2）股价回升，突破左肩之顶点，成交量亦可能因充分换手而创记录，但价位过高使多头产生恐慌心理，竞相抛售，股价会跌到前一低点水准附近，头部完成。

（3）股价第三次上升，但前端的巨额成交量将不再重现，涨势亦不再凶猛，价位到达头部顶点之前即告回落，形成右肩。

这一次下跌时，股价急速穿过颈线，再回升时，其价格也仅能达到颈线附近，然后成为下跌趋势，头肩顶形态宣告完成。如图5-1所示。

这是300394天孚通信的K线走势图，这只个股在2023年2月13日至2023年3月15日走出了一个典型的头肩顶形态，这种头肩顶的时间稍微短一点，但是形态已经走出来了，也就不能再参与了，如果持有的话就要以卖出为主了。

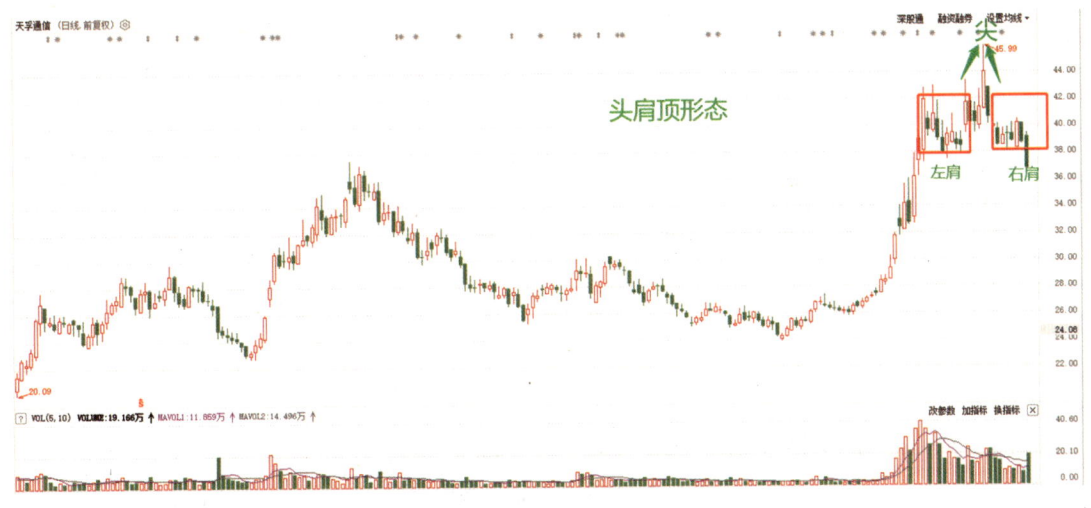

图 5-1　典型的头肩顶形态

二、头肩底图形的基本构成

　　首先，在空头市场中，看空做空的力量不断打压股价创出新低。先是一波急速下跌，随后由于已有一定的跌幅，股价出现短期止跌反弹，形成第一个波谷，这就是通常说的左肩。

　　其次，由于主动性买盘不强，又受到前期下跌趋势线的压制，股价再次下跌。

　　在跌破左肩的最低点后股价再次反弹，这波反弹往往能冲破前期的下降趋势线，形成第二个波谷，也就是头部。

　　但是，第二波反弹在第一波反弹的高点附近遭遇阻力，出现第三次回落。这次股价下跌没有创出新低，而是在左肩位置得到有效支撑，跌势基本稳定下来，不再有恐慌性出逃，随后股价在成交量的配合下放量上攻。第三次回落和上攻形成第三个波谷，也就是右肩。

　　第一次反弹的高点和第二次反弹的高点连接起来，就是头肩底图形研判中非常重要的颈线。

　　在头肩底图形搭建完毕之前，颈线是一条阻力线，如果股价不能有效地冲破颈线，就不能算是完整的头肩底图形。

而当股价冲破颈线位置就发出了相对强烈的底部回升信号，对后市的股价也能起到较为有效的支撑作用。如图 5-2 所示。

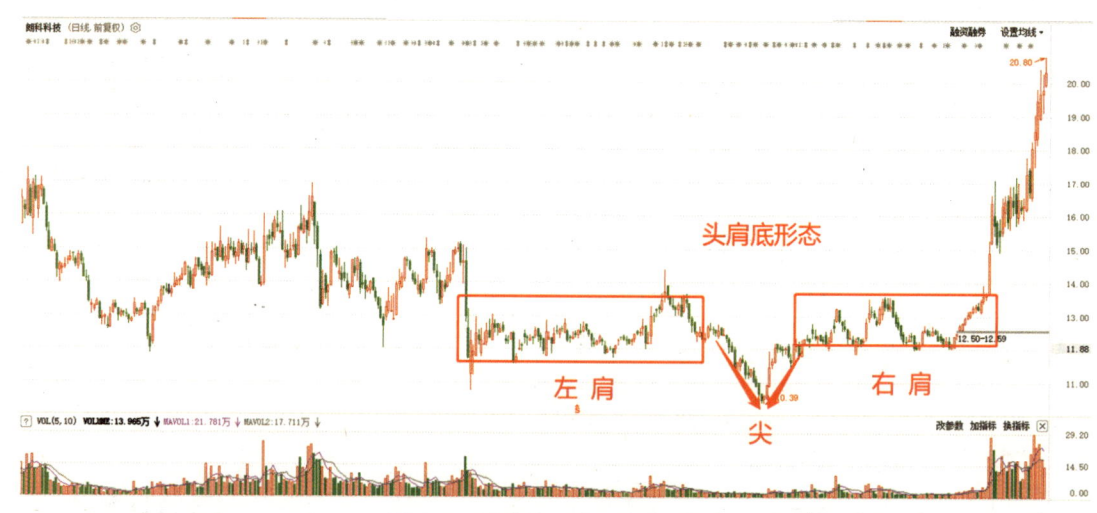

图 5-2 头肩底形态的股价走势

这是 300042 朗科科技的 K 线走势图，这只个股在 2022 年 4 月 27 日至 2023 年 2 月 16 日这段时间属于做底阶段，先是做了一个左肩的横盘，之后开始加速下跌，跌倒 2022 年 10 月 10 日最低价 10.39 元的时候，股价止跌，之后则开始一波五根阳线的反弹，再次横盘震荡，到了 2023 年 2 月 10 日的时候，股价开始尝试突破平台。至此，一个典型的大头肩底形态就做好了。

在股价实际走势中，一旦股价有效突破颈线的阻挡，头肩底形态构筑完毕，往往预示着一波较大幅度的涨势即将来临。

三、头肩顶、头肩底的市场含义

关于头肩顶的内涵，有如下一些要点：

（1）头肩顶是长期牛市趋势的转向形态，一般在主力高位出货期间出现；

（2）当最近一个高点的成交量比前一个高点低时，头肩顶就很有可能出现；

（3）从头部最高点画一条垂线到颈线，然后在右肩跌破颈线位置开始计算，向下画出相同长度的直线，以此量出的价格是股价将下跌的最小幅度。

（4）头肩顶是典型的卖出形态，一旦出现就不要再参与了，如果持有的话就应该选择卖出离场。

关于头肩底也有一些要点：

（1）头肩底也是长期熊市趋势的转向形态，一般在股价调整末期出现；

（2）当最近一个低点的成交量比前一个低点高时，头肩底就很有可能出现；

（3）从头部最低点画一条垂线到颈线，然后在右肩突破颈线的一点开始，向上画出相同长度的直线，以此量出的价格是股价将上涨的最小幅度；

（4）头肩底是典型的买入形态，遇到以后可以择时买入跟进。

第二节
双底和双顶形态

双顶形态和双底形态是非常实用并且常见的见底形态和见顶形态，下面我们开始学习相关知识点。

一、双底买入形态分析

"双底"也称"双重底"，由两个较为临近的低点构成（二次探底），由于其形态类似于英文字母"W"，因此也称"W底"。

判断双底一定是在底部横盘区间才可以，在高位就不是双底形态了。

下面来看一个双底形态的案例分析，如图5-3所示。

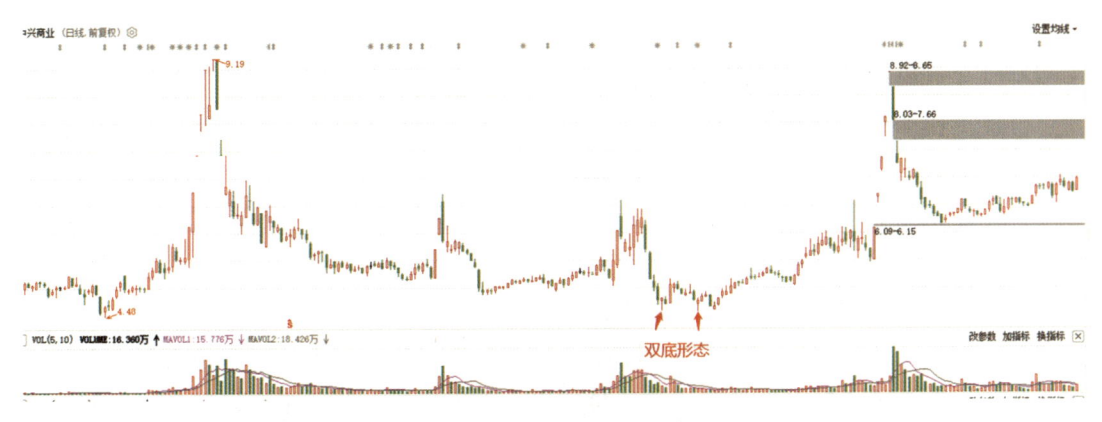

图5-3 典型的双底形态

如图 5-3 所示，这是 000715 中兴商业的 K 线走势，这只个股在 2022 年 10 月 11 日至 2022 年 11 月 1 日期间走出了一个典型的双底形态，之后股价开始了一波 70% 左右的涨幅。

二、双顶卖出形态分析

当股价在走出第一个高点后回落（这个回落的低点就可以作为颈线位辅助线的画线依据），随后又冲高，形成第二个高点，之后再次回落，一旦第二次回落跌破了颈线位，双顶形态便形成，该股票的股价将很有可能开始一波大幅下跌。

双顶形态就是市场上众所周知的"M 头"，这是一种极为重要的反转态。价格上升到某一高度后，出现较大的成交量，随之则呈现小量拉回。

接着价格再度上涨到几乎与第一个波峰相同的高度，成交量亦放大，但是却小于第一个波峰的量。如图 5-4 所示。

图 5-4 典型的双顶形态

图 5-4 是 603255 鼎际得 K 线走势图，这只个股在 2023 年 2 月 9 日打出一个最高点 70.99 元后开始回调，之后股价又开始一波反弹，在接近 2 月 9 日最高点 70.99 元位置的时候再次出现滞涨信号，然后开始继续下跌。至此，一个典型的双顶形态就形成了，这个时候假如持有这只个股要选择卖出为主，如果没有这只个股，看到双顶形态后就不要再买入了。

出现双顶后的操作要点：

（1）在股价处于相对高位，当双顶雏形出现但无法确定是否要出现时，双顶成立的可能性高于其他价位段。高手一般在双顶雏形初显时就提前出掉大部分筹码，而在股价跌破双顶颈线位时出局，原则上没有错误。但是当股价处于相对中低位时，双顶有可能演变成头肩顶或其他图形。

（2）在弱势市，双顶破颈线位时一般很少有反抽；在大势未出现恶劣走势时，个股出现双顶，一般会有反抽动作。只有当反抽向上突破已破的颈线位，连续三天站上颈线位时，双顶才可能解除危险，并演变成其他图形。

（3）双顶构筑的时间少于一个月，其杀伤力有限，除非出现在历史高位的双顶。当周线或月线出现双顶图形时，应当义无反顾地出局。

（4）双顶破颈线位时，成交量是否放出并不重要，因为主力可以在前期边拉边撤，完成了大部分出货。但是，成交量放出比不放出的危险一定会更大。

（5）双顶破位时，若均线系统同时出现下行破位，则危险更大。特别是5、10、30日线出现三线相交形成"死亡谷"时，这时的双顶更具有危险性。

在平时的交易当中，股民朋友最难把握的就是卖点，所以建议各位股民朋友一定找一些双顶形态的案例学习，以不断进行强化，这样以后遇到双顶马上就知道是卖点，也不敢再去买入双顶形态的个股了。

第三节
三重顶和三重底形态

三重顶或三重底的形态，是头肩形态的一种小小的变体，它是由三个一样高的顶或者是三个一样低的底组成的。与头肩形态的区别是，头的价位回缩到了与肩差不多相等的位置，有时甚至是低于或者是高于肩部一点。从这个意义上来说，三重顶、三重底与双重顶、双重底基本上是差不多的。只不过，三重的比双重的多"折腾"了一次而已。从刚才的图中，我们可以看出三重顶、三重底的颈线差不多是水平的，三个顶或底也是差不多相同的高度，这跟双重顶、双重底很相似，大家按照刚才我们讲的双重顶、双重底技术形态学习就可以了。如图5-5所示。

8561 单根 K 线战牛熊

图 5-5　三重顶与三重底形态

在图 5-5 中，这是标准的三重顶和三重底的形态。下面我们借助案例来学习一下，首先看一个三重顶的案例，如图 5-6 所示。

图 5-6　标准的三重顶形态

图 5-6 是 603179 新泉股份的 K 线走势图，这只个股在 2022 年 9 月 8 日至 2023 年 3 月 15 日期间走出了一个标准的三重顶形态，这个时候假如持有这只个股，一旦股价跌到颈线位，就要考虑卖出；如果没有这只个股，就不能再参与了。对待这只个股，宁可错过也不要做错，否则后期大概率会亏损。

下面我们来学习三重底形态的买入信号案例，请看图 5-7。

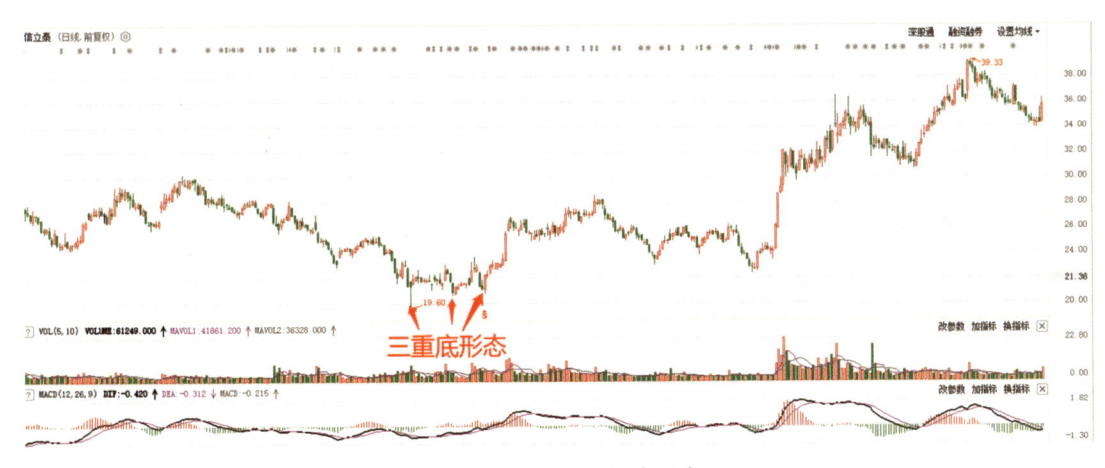

图 5-7 典型的三重底形态

如图 5-7 所示，这是 002294 信立泰的 K 线走势图，这只个股在 2022 年 3 月 16 日至 2022 年 4 月 27 日走出了一个典型的三重底形态。先是在 3 月 16 日打出一个 19.6 元的低点，之后开始小反弹，然后股价再次下跌两根阴线，4 月 11 日打出第二个低点，又开始一波小反弹，然后股价再次调整，4 月 26 日再次打出第三个低点。至此，一个标准的三重底形态就做好了，这个时候就可以选择买入跟进操作，如果是持有被套就不能再止损割肉，后期股价将开始震荡上行。

第四节
圆弧顶和圆弧底形态

一、圆弧顶形态

圆弧顶与圆弧底是一对刚好相反的形态，圆弧顶是由一系列的小阴线和小阳线呈弧线形紧密依靠构筑而成的。圆弧顶的构筑需要一定的时间，它的高点就是股价的顶点，圆弧顶形成后股价已完成由升转跌的过程。

圆弧顶形态比较少见。圆弧顶形态代表着趋势平缓的、逐渐的变化。最后，当新的价格方向占据主动时，又相应地逐步增加，如图 5-8 所示。

8561 单根K线战牛熊

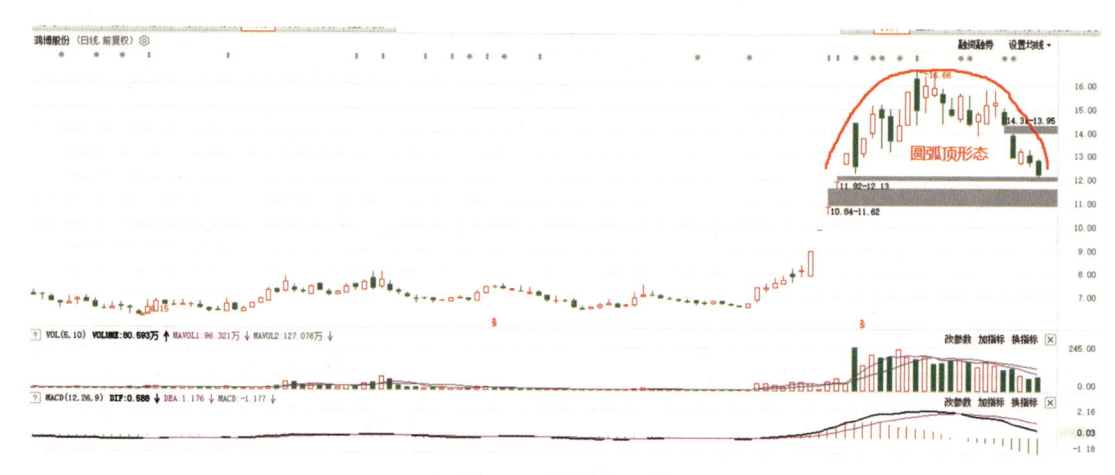

图 5-8 圆弧顶形态

　　圆弧顶为K线在顶部形成的圆弧形状。多方在维持一段时间的升势之后，力量逐步衰竭，难以保持原来的购买力，涨势缓和，而空方力量有所加强。虽然顶部不断抬高，但每次稍有回升都会快速回落，先出现新高点，然后回落点略低于前期低点，将K线短期高点连接，形成圆弧顶形状。在圆弧顶形成过程中，多空力量相对均衡，K线保持平台整理的静止形态。一旦空方力量超过多方，则开始回落，当跌破圆弧顶始点时形态确立。

　　再来看一个圆弧顶形态的个股案例，如图 5-9 所示。

图 5-9　由三重顶走出的圆弧顶个股

图 5-9 是 002254 泰和新材的 K 线走势图，这只个股在底部区间做出一个大级别的头肩底，之后股价开始逐步震荡上行。涨到高位以后，开始做出一个三重顶，然后又走出一个圆弧顶，这种类型的顶部还是非常明显的，遇到这种 K 线类型后就不能犹豫，一定要看空卖出，而不能再买入。

二、圆弧顶操作要领

（1）当股价跌破中期上升趋势线时，是较为理想的卖出时机；
（2）当股价跌破颈线位的当日，应迅速止损出局；
（3）圆弧顶形成破位走势后，多半有一个回抽颈线位的走势，这是另一个卖出时机；
（4）圆弧顶的末期，股价缓慢下跌到一定位置，引发投资者信心动摇，常出现向下跳空阴线，此阶段也是强烈的卖出信号；
（5）圆弧顶形成过程中，已有均线等指标提前发出了见顶信号，这也是卖出的信号之一。

在实盘操作中，只要前期累计涨幅巨大，且在高位区出现滞涨、有形成圆弧顶的倾向时，就应及时卖出离场，规避风险。

三、圆弧底形态

圆弧底形态属于一种盘整形态，多出现在价格底部区域，是极弱势行情的典型特征。其形态表现在 K 线图中宛如锅底状。圆弧底在市场中不常出现，一旦出现则后市会有较大的爆发力。

四、圆弧底形成的条件

（1）圆弧底是在经历股价大幅下跌之后形成的，一般筑底的时间较长，几周、几月甚至几年的都有；
（2）底部股价波幅小，成交量亦极度萎缩，盘整到尾段时，成交量缓步递增，之后是巨量向上突破前期阻力线；
（3）在形成圆弧底后，股价可能会反复徘徊，形成一个平台，这时候成交已逐渐增多，在价格突破平台时，成交必须显著增大，股价才会加速上升。

五、圆弧底操作策略

圆弧底形态易于确认，并且是非常可靠的底部反转形态，在左半部完成后出现小幅攀升时就可以轻仓介入，当放量向上突破时可以加仓；

价格或指数大幅下跌之后在低位反复震荡形成圆弧底形态时，是一个极佳的机会，要敢于跟进；

如果是在相对高位形成圆弧底形态，此时如果介入就是追高操作，只能以短线操作对待，一旦发现不对就应立即出局观望。

请看下图圆弧底形态案例，如图 5-10 所示。

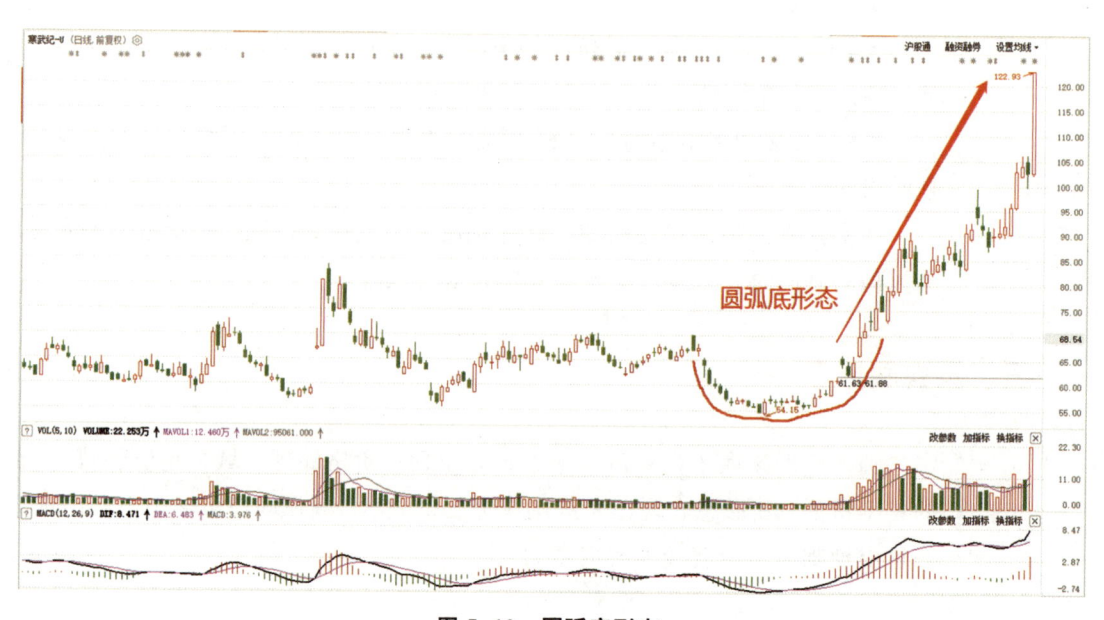

图 5-10 圆弧底形态

圆弧底形态多出现在价格底部区域，是极弱势行情的典型特征。价格或指数经过长期的下跌，卖方抛压逐渐消失，空方基本释放完毕，但因长期下跌导致市场买盘谨慎，无法立即上涨，只能停留底部长期休整，价格或指数陷入胶着状态。随着抄底买盘不断增加，重心持续上移并突破颈线阻力，圆弧底形态形成，最终这只个股有了一波较大的涨幅。

第五节
最狠"A"字顶形态

在所有顶部形态当中，最狠的当属"A"字顶了，这种顶部一般会让多数投资者根本来不及反应。因为很多投资者在遇到这种形态的时候，多数都会幻想着，股价还会反弹上来做双顶或者其他形态顶部，但往往就是这种幻想，最终会导致我们错过最佳卖点。如图5-11所示。

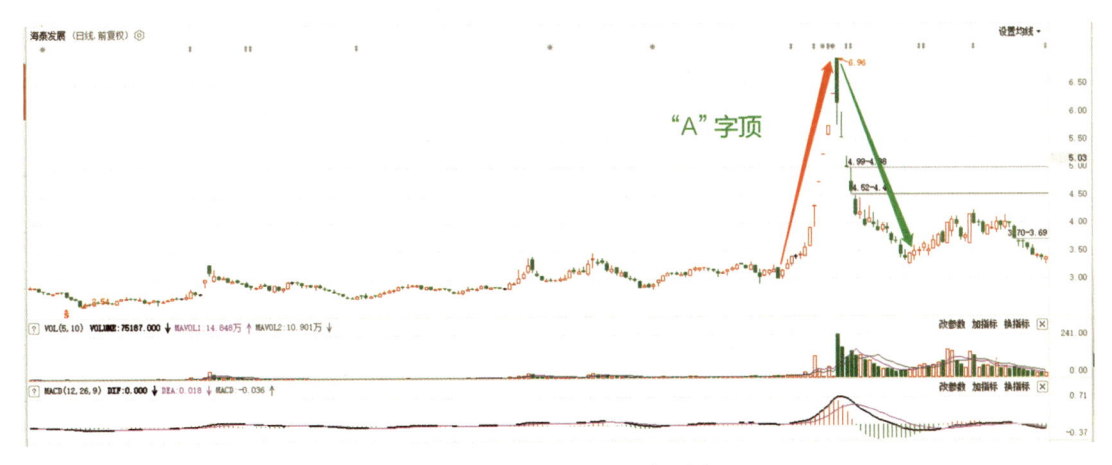

图5-11　"A"字形顶部形态

图5-11是600082海泰发展2022年2月23日至2022年5月23日期间走出一个标准的"A"字形顶部形态，之后股价连续调整。这种顶部形态也是经常遇到的，这种主力也是最狠的主力，一般不建议跟着这种主力操作。

以上几种见顶和见底形态是在平时操作当中经常遇到的，希望各位投资者能认真对待，多找案例强化学习，时间长了就会形成条件反射，知道哪种形态能买，哪种形态要卖，也就逐步会减少判断失误的情况，买在最高点、卖在最低点的情况会减少很多。

判断顶部或者底部最重要的一个逻辑就是，此时股价处于高位还是低位，只有判断对了战略方向，才能提高判断顶部形态和底部形态的成功概率。

> 顶部形态要分清,
> 关键时刻能救命,
> 以上顶部最常见,
> 遇到赶紧回避先。

第六章　跟庄操作的K线形态要素

> 主力资金多数大,
> 各种信号痕迹抓,
> 主力成本安全线,
> 输点时间不输钱。

本章内容属于8561三段式之过去式的内容，研究的是已经发生的K线走势，这是基础知识点。

第一节
主力的成本分析

要想跟庄操作，就必须要分析研究主力的主要成本有哪些，这样就能把握住主力整体操作的框架和路径。主力的成本一般包括以下内容：建仓成本、洗盘成本、拉升成本、时间成本、出货成本、资金成本（利息成本）等。下面我们分开论述主力几大成本。

一、建仓成本

所谓的建仓成本就是主力买的所有股票的成本价。主力资金量大，开始建仓买股票的时候，必然会买出一定的涨幅。有人看到股价刚从底部上涨了10%，就担心涨幅太大，涨不动了。事实上，20%甚至50%的涨幅都可能是主力在吸筹，这取决于每个价格区间的成交量的多少，只要是低位放量的大阳线，基本都是主力吸筹的成本区，即使有一定数量的涨幅，也不足为惧。所以，建仓成本是主力最主要的成本。

二、洗盘成本

前面讲了，主力只要一买，股价就是上涨的阳线，但是如果主力一直买，直到自己建仓完毕，那股价估计就是一个主升浪起来了，最后给自己添乱。所以，一般主力都是边吸筹边洗盘的节奏，比如主力从5元开始买，股价涨到6元了，主力开始往下砸盘洗盘，洗到5元或者比5元更低的价格，开始继续吸筹买入，如此反复，只有这样主力才能吃到更多的低位筹码。

另外，在股价拉升初期和拉升过程中，主力不想让低位持有的散户跟着吃大肉，就会在拉升初期和拉升过程中，把持有成本低的散户洗出去。哪怕是有新买进来的散户，主力也不怕，因为新进来的散户持股成本高，还能帮助主力抬抬轿子，所以一般都是边洗盘边拉升。这样就会造成众多散户跟随，看着挺热闹，其实会经过无数次换手，真正能从底部区域拿到高位的散户寥寥无几。这就是主力洗盘的目的。但是主力洗盘的时候需要卖出手里的部分筹码，这部分也是有成本的，这就是主力洗盘的成本。

　　我们必须要了解主力的洗盘动作，实盘中主力操纵股价时洗盘是一个重要的环节！所谓洗盘就是主力准备拉抬股价之前，或者是拉抬股价中途的一种震仓"欺骗"行为。洗盘最重要的行为目的是通过各种手段，让部分流通筹码在洗盘的位置充分换手。充分换手最大的好处是，能达到提高整个市场中非主力之外的持股成本。在主力坐庄过程中，非主力持有的筹码平均成本越高，越有利于减少主力拉升时的压力，也有利于主力拉高后的出货操作。

　　下面以举例的方式介绍主力为什么要在准备拉抬股价之前，以及拉抬股价中途洗盘和提高市场成本的基本原理。

　　例如，某个股票现阶段总体市场成本为 10 元左右（包括主力成本），主力从 10 元开始启动拉抬股价，目标是 20 元。当股价拉到 12 元时，部分流通筹码就产生了 20% 左右的盈利。在拉抬股价达到 12 元时，肯定有部分散户在股价上升中途就获利出局了。而按照市场筹码的持股性质分布，股价从 10 元拉高到 12 元时，肯定有部分筹码在盈利达到 20% 的情况下还是一直持股的。在股票市场里有这么一种心态，投资者持有个股的账面盈利越大，心态就越稳定，主力洗盘时就越难把这部分投资者震出来。在整个主力坐庄拉升过程中，有一部分这种心态稳定的投资者，主力是欢迎的，因为这相当于主力找到了一批长期愿意帮他守仓的资金。这对主力在拉抬股价的过程中避免过大的抛压或过高的拉升成本是很有利的。但如果这种类型的投资者过多，或者资金量过于庞大，当他们的筹码获得丰厚利润时，就对主力拉高后的出货是非常不利的。因为这部分资金获利丰厚，当主力出货时一旦被他们觉察到，这部分资金往往会以更低的价格大量卖出，这样的局面不但会打破主力的出货计划，而且会令主力非常难堪。大量获利丰厚的筹码以更低的价格大量涌出，如果主力不去接下这些筹码，股价必然大幅下跌。如果是这样，主力拉高股价则前功尽弃。如果主力去接下这些筹码，那么主力拉高后的出货计划不但没有完成，反而在高位接了别人的货，这相当于主力为这部分资金坐庄了。对于这两种局面，没有哪一个庄家愿意看到。

　　所以，主力会在拉升初期和拉升过程中不断洗盘，只有这样才能达到最终成功出货的目的。

三、拉升成本

主力吸筹洗盘完毕之后，必然会拉升股价，拉升股价就是要把股价买上去，这种把股价买上去的成本就是主力的拉升成本。虽然在股价拉升时期也会有很多跟风盘一起拉抬股价，但是多数情况还是由主力自己完成拉升的。

四、时间成本

说到时间成本就不难理解了，主力对一只股票的坐庄过程不会是短期的，一般都有一个时间周期，短的几个月，长的则有几年时间。在这个持股时间里面，主力的时间成本也是要算进来的。主力吸筹持股时间越长，时间成本就越高，股价涨幅也就会越大。在实战当中，凡是有过几倍那种涨幅的股票，主力的潜伏时间不会低于1年。有的投资者说横有多长竖有多高，讲的就是这个道理。

五、出货成本

主力在经过吸筹、洗盘、拉升以后，股价到达高位，此时主力就开始出货了，甚至在股价上涨末期，主力就会边拉升股价边出货。但是如果主力一股劲儿短期卖出所有持股，那基本上股价是扛不住的，所以主力都是先出货，股价跌了，再把股价拉升上来，然后继续出货，反复几次，主力也就把持仓股票全部卖出去了。但是其间这些拉升和出货的砸盘成本就是主力的出货成本，这也就是我讲课时候经常说的，主力不会买在最低点，也不会卖在最高点。所以对于作为散户的我们来说，千万别追求买在最低点，买完就涨；卖在最高点，卖完就跌了，否则一定会吃大亏。

六、资金成本（利息成本）

主力的资金来源，也会直接影响主力的成本。融资或者是投资人的资金，抑或拆借的资金，不管是哪类资金都是有利息的，这部分就是主力的资金成本，理论上整个操盘的时间越长，资金成本也就越高。

在了解了以上主力的几种成本之后，我们就可以大概分析一下当前股价处于哪个阶段，股价还会不会拉升了。因为如果从底部盘整到吸筹结束，要是没有1倍以上的上涨空间，理论上主力是不赚钱的。除非是那种短庄，类似于那种游资类型的主力，打一枪换个地方，他们没有长期建仓的习惯，也就短线拉一波见好就收。这样的主力不会有太多的成本，除此之外，一般情况下主力都会产生上述几种成本。

第二节
如何计算主力持股成本

通过第一节的学习，我们知道了主力的几大成本，在实战当中通过技术面分析也可以大概判断出来主力的成本区域在哪里。比如，使用K线判断主力的成本区，再加上筹码分布辅助判断，会更加准确一些。下面我们来学习如何使用K线来判断主力成本，第一种是底部横盘吸筹区间的平均成本计算法，如图6-1所示。

图6-1 判断主力成本的K线

从图 6-1 中可以看出，这是 600495 晋西车轴的 K 线走势图，这只个股在 2018 年 6 月 25 日至 2023 年 3 月 14 日横盘期间，均价是 4.37 元，其实这个均价就可以理解为是主力的平均成本价。因为如果一只股票能横住不再下跌了，就说明有主力开始进入建仓吸筹了，这么长时间的横盘，主力大概率是在里面参与的，大多数筹码也就被主力买到手了。再加上主力的其他成本，应该比这个均价要稍微高点，但是这个区域是可以作为参考的。

第二种是底部横盘吸筹期间的中位数判断法，如图 6-2 所示。

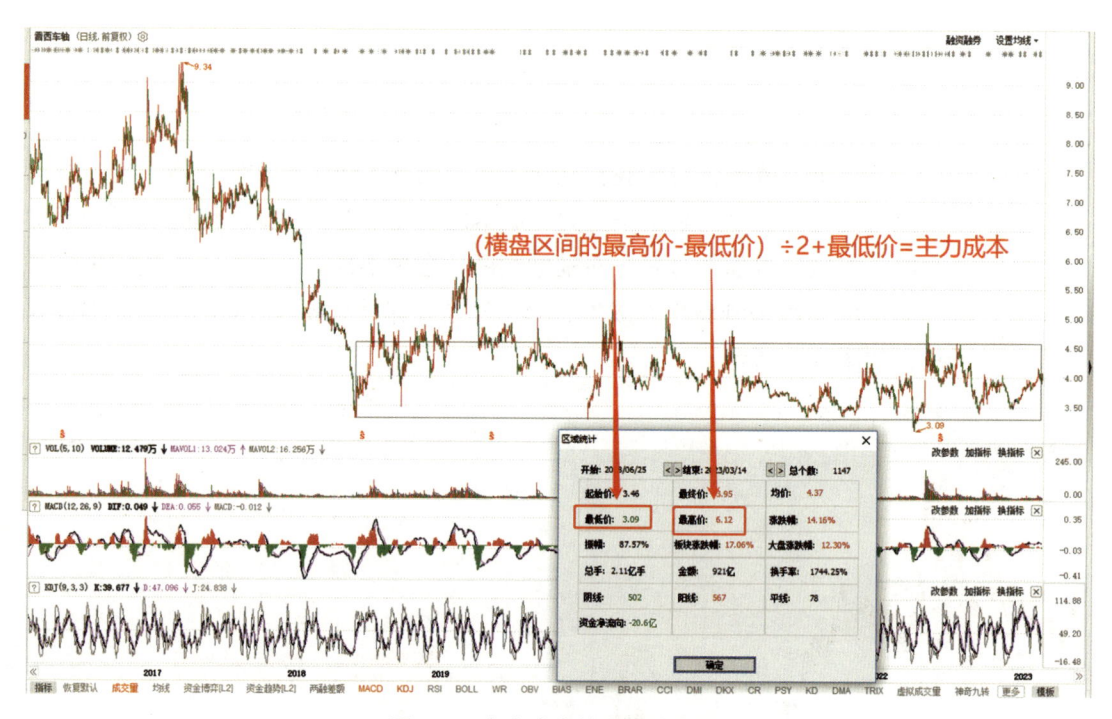

图 6-2　主力成本的大概成本区

从图 6-2 中可以看出，还是 600495 晋西车轴截至 2023 年 3 月 14 日的 K 线走势图，这个计算方法稍微有点复杂，计算主力成本的公式是：主力成本价 =（横盘区间最高价 − 最低价）÷ 2+ 最低价，由此可以得出主力成本 =（6.12-3.09）÷ 2+3.09=4.6 元，也就是说当前主力大概成本是 4.6 元，之前那个统计区间的均价是 4.37 元，和这个价格也差不多，所以这个区间就可以看作主力的大概成本区。有了这个主力大概的成本区间，这只个股也就可以战略看多了，后期只要没有退市的风险，这只个股大概率是可以有一个上涨阶段的。

第三种是筹码分布密集判断法，如图 6-3 所示。

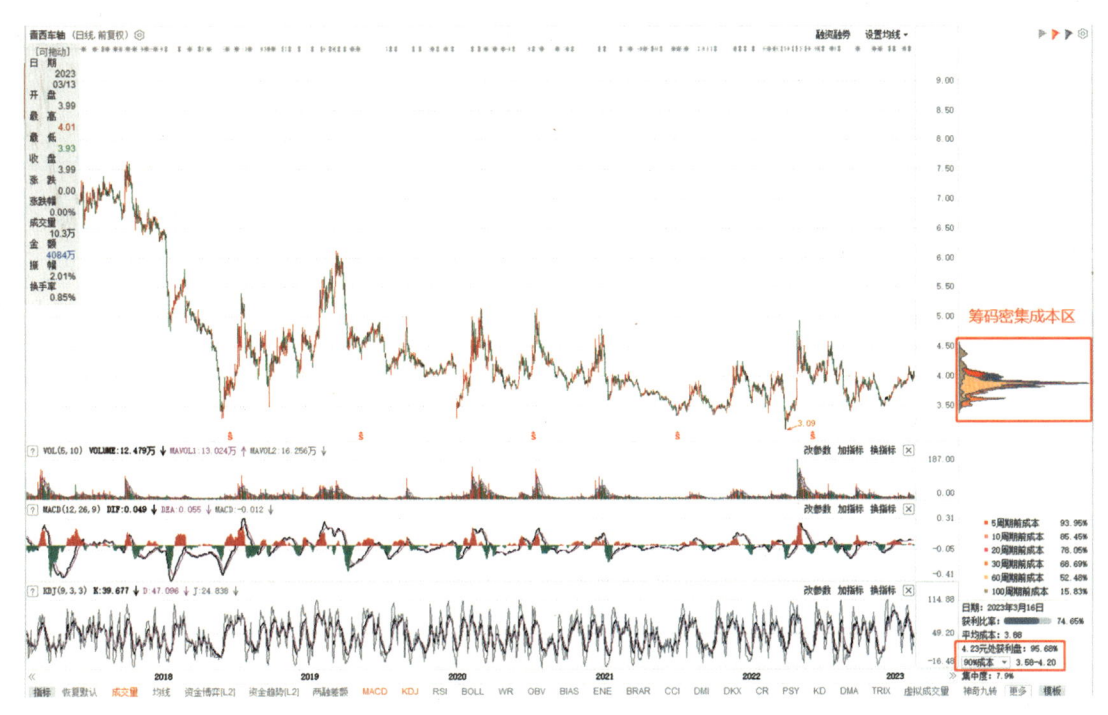

图 6-3　密集成本区间图

从图 6-3 中可以看出，这是 600495 晋西车轴截止到 2023 年 3 月 14 日的 K 线走势，从图中筹码分布图可以看出，这只个股的密集成本大概在 3.88 元附近，而筹码显示 90% 的成本在 3.6～4.39 元，其实这和前两种计算方法也差不多。所以，通过这三个方法计算出主力成本以后，我们也就可以在这个区间进行建仓跟庄操作了。股价不向上超出这个成本区 50% 以上，主力理论上就不怎么赚钱。这个区间就可以使用 8561 海陆空立体交易战法来跟庄，打好了底仓，然后用部分仓位再来回做差价，最终一个主升浪起来以后，保守估计获利最少超过 30% 以上了。

第三节
如何判断主力洗盘

主力洗盘，就是把低成本的筹码震荡洗出来，这里洗的主要就是散户，为轻松拉高做准备。如何判断主力在洗盘，很多投资者在买进某只股票以后，由于信心不足或者被深套其中，从而经常被主力洗盘洗出去，只能看着股价一路上涨。所以，股民朋友对于主力的洗盘技巧务必熟知，而主力常见的洗盘方式有以下几种：

一是高开低走法。常发生于短期出现利好，投资者可以看到股价高开之后便有大单开始逐渐杀跌，有些甚至杀到跌停才甘心，但股价却不会跌停，要不就是在跌停价位，不断产生大笔买盘，此时缺乏信心者就会低价求售，主力就会统统吃进，等到没有人愿意再低价卖出，压力不大时，再逐步向上拉升。如果拉了一段时间后压力不大，可能会急速打到涨停，然后再封住涨停。当投资者看到某股票低位大量成交时，可以跟随主力操作，但前提是这只个股不是在高位出现这种高开低走的走势，一定要在相对底部区域出现这种信号，才可以跟进或者是继续坚定持股。

请看一个高开低走洗盘法的案例，如图6-4所示。

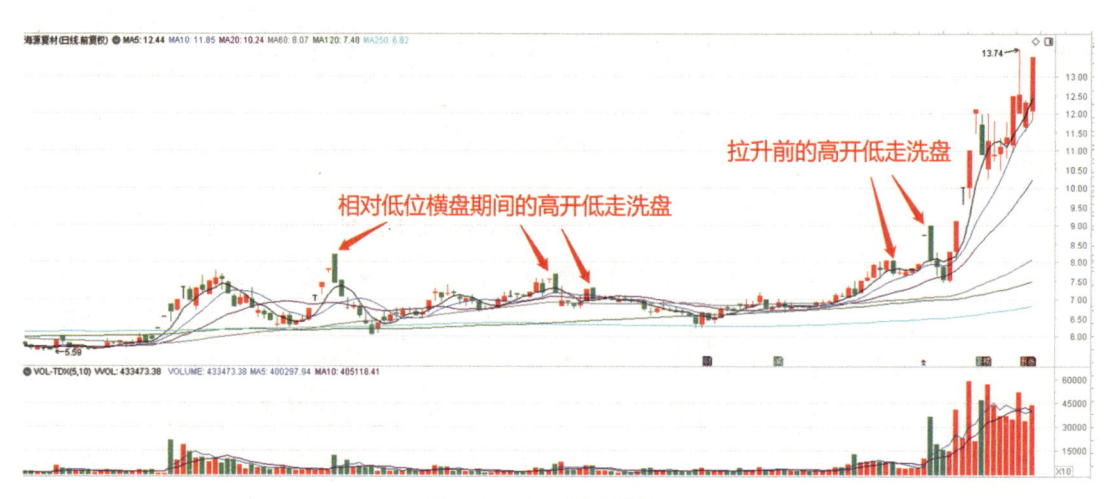

图6-4　高开低走的洗盘

图6-4是002529海源复材截至2021年7月16日收盘时的K线图，从图中可以看到，在相对底部区间出现过两次高开低走的K线，这属于相对底部区域的洗盘吸筹动作。在即将启动之前，又出现过两次拉升之前的洗盘，是为了洗出一些不坚定的散户，从而为接下来的拉升清除障碍，减少抛压盘。

二是跌停板洗盘法。股票开盘便瞬间开始猛烈杀跌到跌停，等在跌停板上封死一段时间后，挂单卖出的数量不再增加的时候，主力迅速将自己的跌停挂出单取消，并瞬间将散户挂在跌停板上的卖单吃光，然后往上拉升股价。

主力拉升的意愿视所吃的筹码多少而定，通常主力要拥有大量的筹码时才会展开行动，若筹码不够，则第二天还会重复这样的动作，投资者也可在此时低价买进或者是坚定持股待涨。这属于 8561 跌停板抄底法。

请看一个跌停板洗盘法的案例，如图 6-5 和图 6-6 所示。

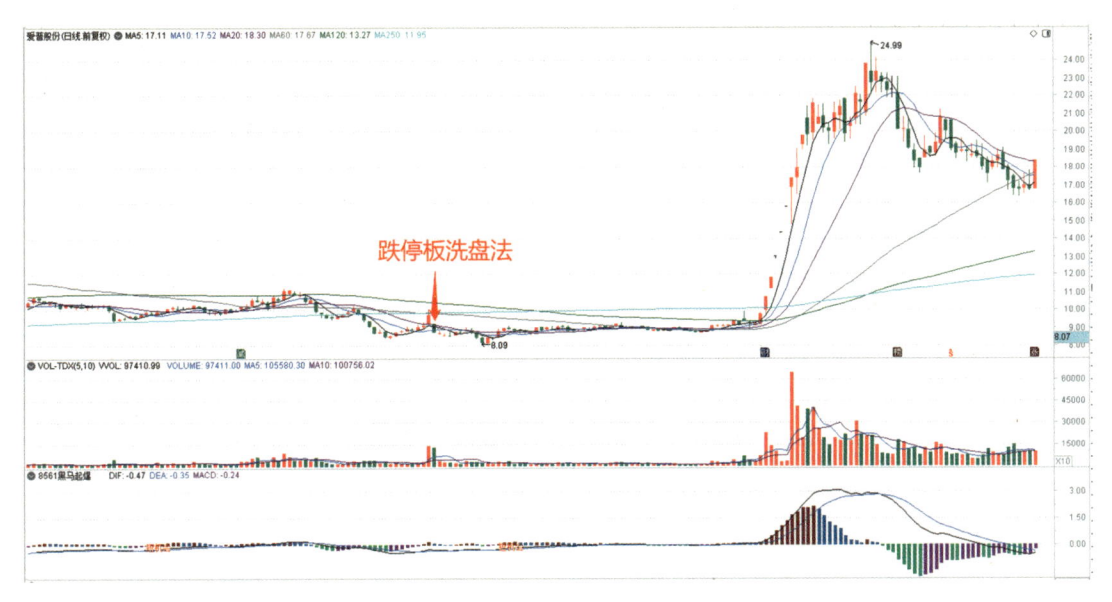

图 6-5　跌停板洗盘图

从图 6-5 中可以看出，这是 603020 爱普股份截至 2021 年 7 月 16 日收盘时的 K 线走势图，这只个股 2021 年 1 月 26 日在底部横盘期间出现跌停，同时成交量放大，代表这一天是主力把股价打到跌停板上，以达到洗盘吸筹吃货的目的。再来看一下当天的分时图走势，如图 6-6 所示。

从图 6-6 中可以看出，这是 603020 爱普股份 2021 年 1 月 26 日的分时图，从图中可以看出，在盘中的时候股价多次趴在跌停板上，但不久就会打开跌停板，说明主力还在跌停板上悄悄吸筹。

以后遇到这种情况就不要再恐慌了，尤其是在底部区域的还没走主升浪的个股，一旦出现这种情况，就可以适当跟进或者坚定持股。

三是高控盘的洗盘法。这种走势的特征是，成交量不断扩大，但股价却不涨，主力会在一个价位区间进行买入卖出操作，造成股价久盘不动，大部分散户失去耐心会选择卖出，而主力直到吸筹够了才会结束这种控盘动作。不管是分时还是日线，这种情况时有发生，但前提是股价正处于相对底部区域的时候才能这样判断。

8561 单根 K 线战牛熊

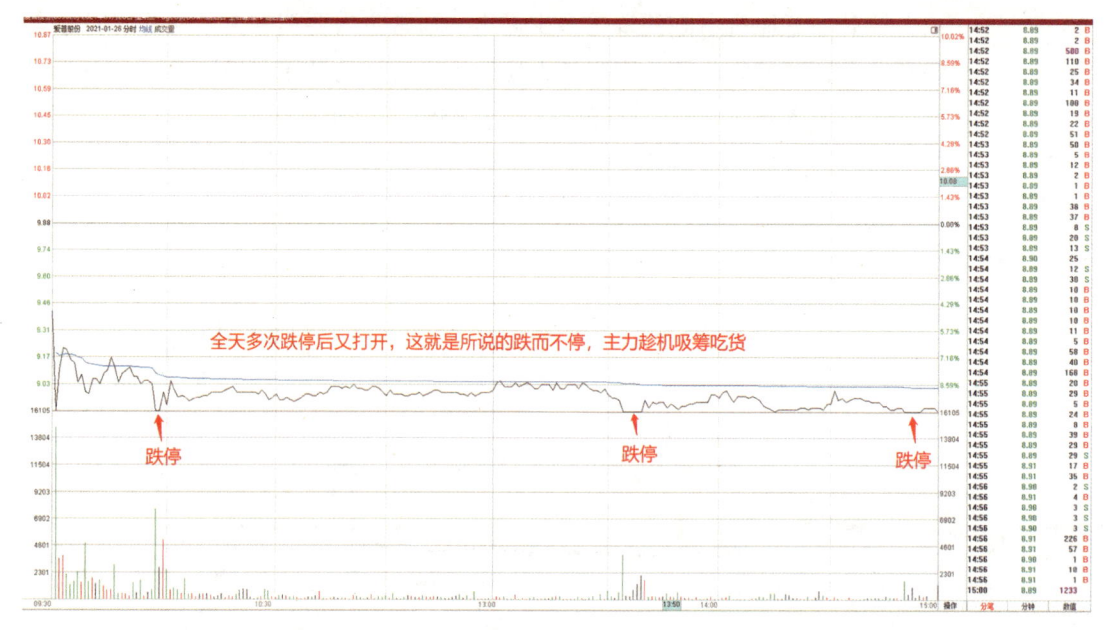

图 6-6 爱普股份当天的分时图走势

我们来看一个高控盘洗盘法的案例，如图 6-7 所示。

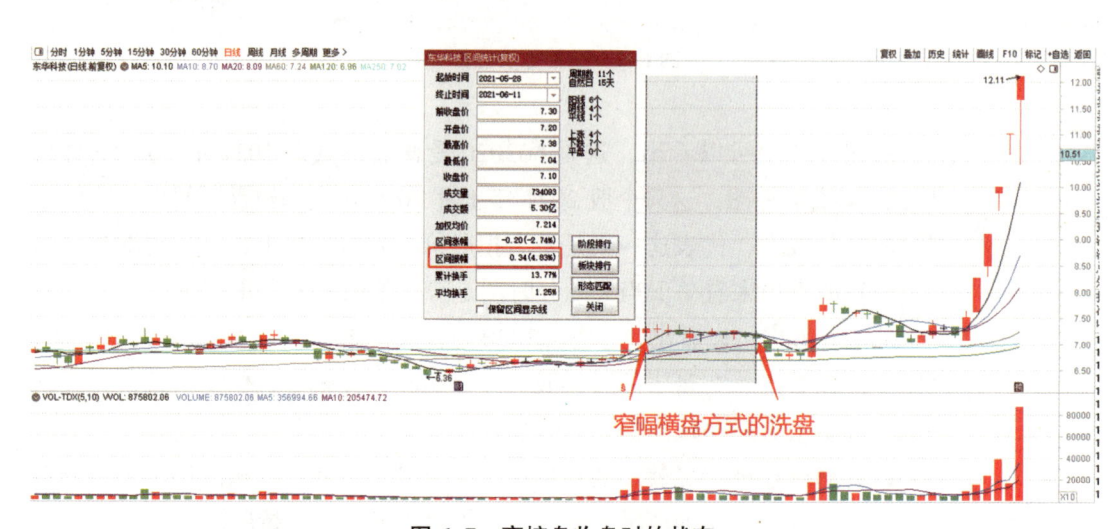

图 6-7 高控盘收盘时的状态

从图 6-7 中可以看出，这是 002140 东华科技截至 2021 年 7 月 16 日收盘时的 K 线图，这只个股在 2021 年 5 月 27 日收出一根放量的阳线，之后便开始了 11 个交易日的横盘洗盘，其间的振幅只有 4.83%，代表主力为高控盘状态。之后虽然有几天是调整的，但是成交量却出现了地量的表现，说明

· 126 ·

出现短线的买点，之后便开始一波上涨行情。在 2021 年 7 月 16 日收出的这根放巨量的上吊线，就是主力开始派发的一个信号了。

四是上蹿下跳洗盘法。股价忽高忽低，而成交量也不断放大，投资者应该设法在低价位挂单买进股票。此法综合高开走低法和跌停板洗盘法，将会造成特大的成交量。

请看一个上蹿下跳洗盘法的案例，如图 6-8 所示。

图 6-8　忽高忽低的上涨形态

从图 6-8 中可以看出，这是 000506 中润资源截至 2021 年 7 月 16 日收盘时的 K 线走势图，这只个股在 2021 年 1 月 14 日至 5 月 14 日横盘吸筹期间，出现过多次不规则的上涨形态，这就是主力利用上蹿下跳的方式在洗盘吸筹。

洗盘阶段的 K 线形态有如下几个特征：

（1）出现宽幅震荡，阴线阳线夹杂排列，趋势不明朗；

（2）成交量较无规则，出现递减趋势（缩量下跌）；

（3）阴线振幅逐步减少；

（4）股价一般维持在庄家持股成本的区域之上，可以通过筹码分布密集状态和横盘震荡区间的中位数来判断主力成本区；

（5）按 K 线组合的理论分析，洗盘过程即整理过程，图形上大体显示为三角形整理、旗形整理和矩形整理等形态。

> 总结：所谓的洗盘动作一定会出现在相对底部区域，或者上升通道当中。在高位出现放大量的杀跌就不要幻想是在洗盘了，这是最重要的一个知识点。很多投资者之所以亏损，就是因为每次调整他都认为是主力在洗盘，就幻想着股价还能涨回去，结果越亏越多，最后被深套时才清醒过来，才知道原来那个位置是主力在出货呢！

第三节
如何判断主力出货

当股价涨到主力心仪的位置以后，主力便开始出货，但是每个主力出货的手法是不一样的。有的会慢慢在拉升后期就边拉升边开始出货，有的主力会选择双顶出货，有的主力会以横盘的方式出货，有的主力着急出货，会把股价砸出大阴线出货，实力较强的主力会选择以假突破的方式选择出货。

所以主力出货的方式大概分为以下几种：

第一种，经过一段时间的横盘，主力已经卖出了大部分筹码，之后再次快速拉升股价创出新高，造成假突破，这样就会吸引散户追高入局，主力顺势再次出货。

我们来看一个高位横盘出货的案例，如图6-9所示。

图6-9是300600国睿科技截至2021年7月16日收盘时的K线走势图。这只个股经过一波拉升以后，主力在2020年8月14日开始放大量后横盘出货，在2020年11月16日再次拉升创出新高，但股价并没有连续上涨太多，之后也是做出一个双顶放大量继续出掉手中最后的筹码。股价随后也开始走熊市，股价从最高点的29.9元跌到2021年7月16日最低点10.74元，比腰斩还要多，上面高位站岗的散户也是惨不忍睹！

第二种，在市场热度比较高，整体市场处于上涨的高涨情绪当中，主力会在市场比较疯狂的阶段，选择获利出货来了结手中筹码，这时候主力出货压力较小。

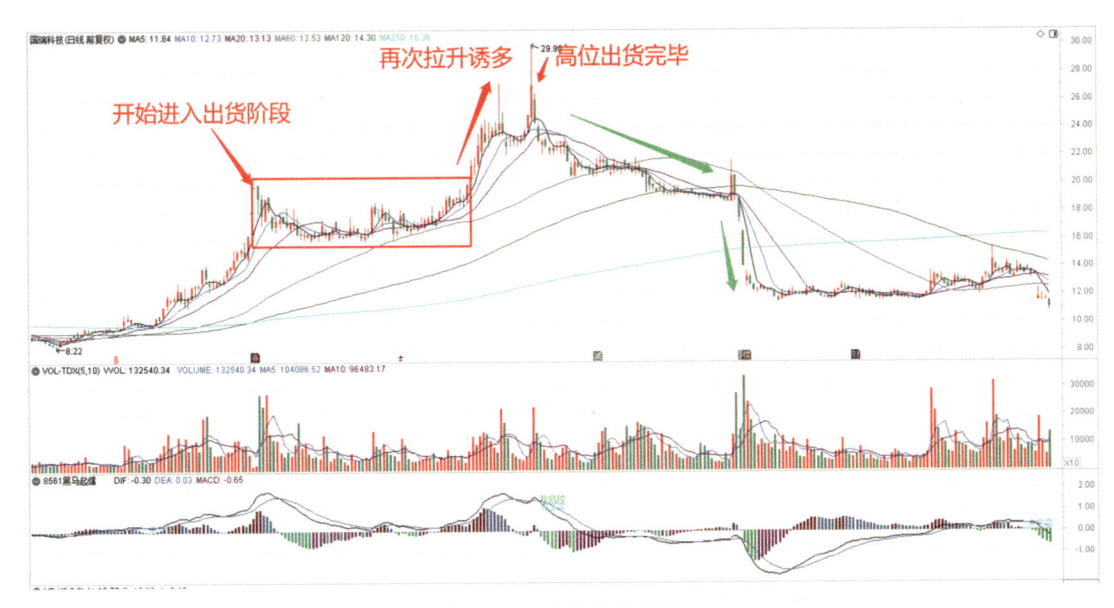

图 6-9　高位横盘出货

我们来看一个在市场热度比较高时出货的案例，如图 6-10 所示。

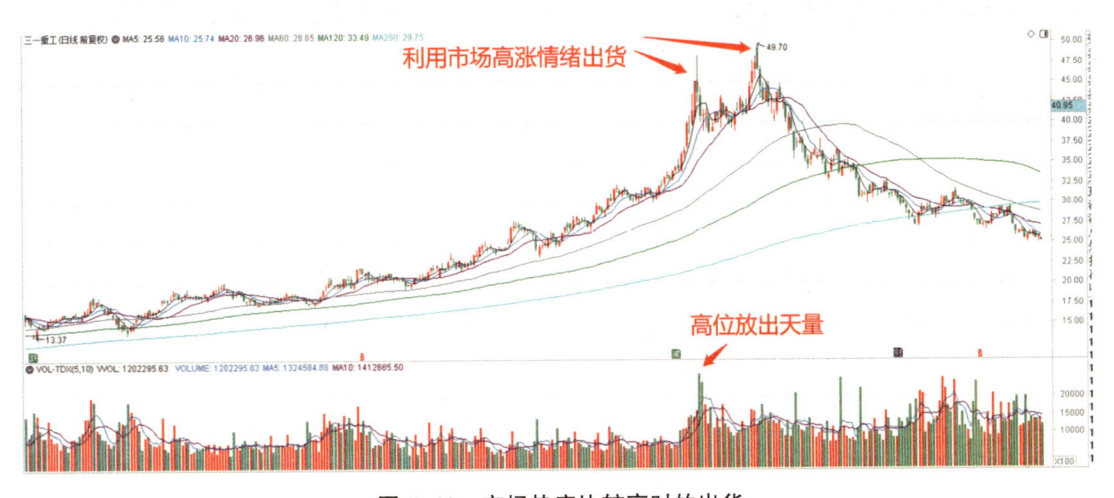

图 6-10　市场热度比较高时的出货

图 6-10 是 600031 三一重工截至 2021 年 7 月 16 日收盘时的 K 线走势图。在 2021 年 1 月中旬至 2 月中旬，当时机构抱团行情异常火爆，以大为美，以持有各个行业龙头为荣，这是当时的市场共识，很多机构抱团的股票在这个时期都开始大幅出货，三一重工就是其中一个典型案例。在构筑一个双顶出货之后，股价便开始了慢慢"熊"途，众多散户被套在了山顶上。

·129·

以后再遇到所谓的热点概念或者大的利好消息的时候，对于某个板块或者某只个股的分析，必须先要看一下股价处于什么位置，要是在高位的话，赶紧躲远点，免得被伤到！

第三种，主力在出货期间，一般会用小资金拉升，出掉大部分资金，这就是常说的拉升出货法，拉高股价的时候会有跟风盘介入，这样就帮助主力一起拉升股价，随后主力便开始逐步出货。如图6-11所示。

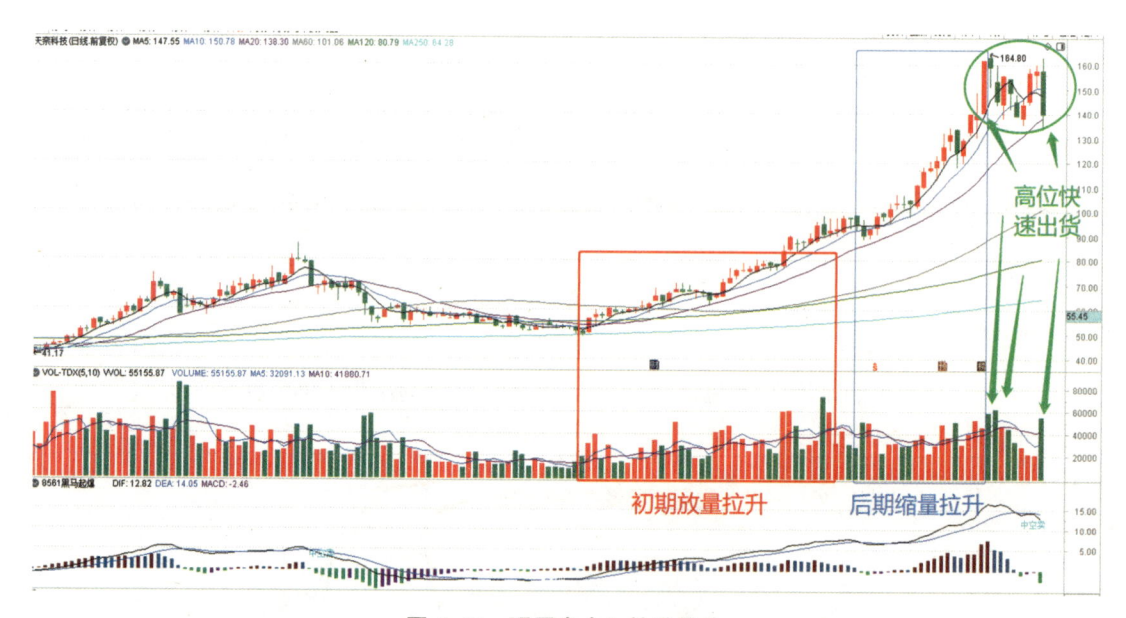

图6-11 跟风盘介入拉升股价

图6-11是688116天奈科技截至2021年7月23日收盘时的K线走势图，这只个股在2021年4月14日开始启动拉升，到6月15日前这波成交量是在逐步放量的，但后期的6月18日至7月12日那波拉升，成交量并没有放量，代表主力并没有用大资金拉升，而是用小资金带着跟风盘一路拉升股价。但是在7月12日一根涨停的大阳线加速之后，便开始快速出货，此时成交量在7月13日放出大量的滞涨信号，代表主力开始出货。7月23日再次放出一根放量的阴线，做出一个双顶雏形，理论上应该是正式出货时做阶段性顶部，后期大概率股价会以震荡调整为主，即使有新高出现也要以诱多看待。

第四种，个股涨幅至少一般超过1倍以上，这类个股的累计涨幅较大，距离主力成本较远，建仓时候的成本、时间成本、洗盘成本、拉升成本、最后的出货成本等加在一起，如果没有1倍以上的涨幅，则主力的获利空间也相对较小。所以，当股价涨幅从底部区间到达1倍以上的时候，就要谨慎了，如图 6-12 所示。

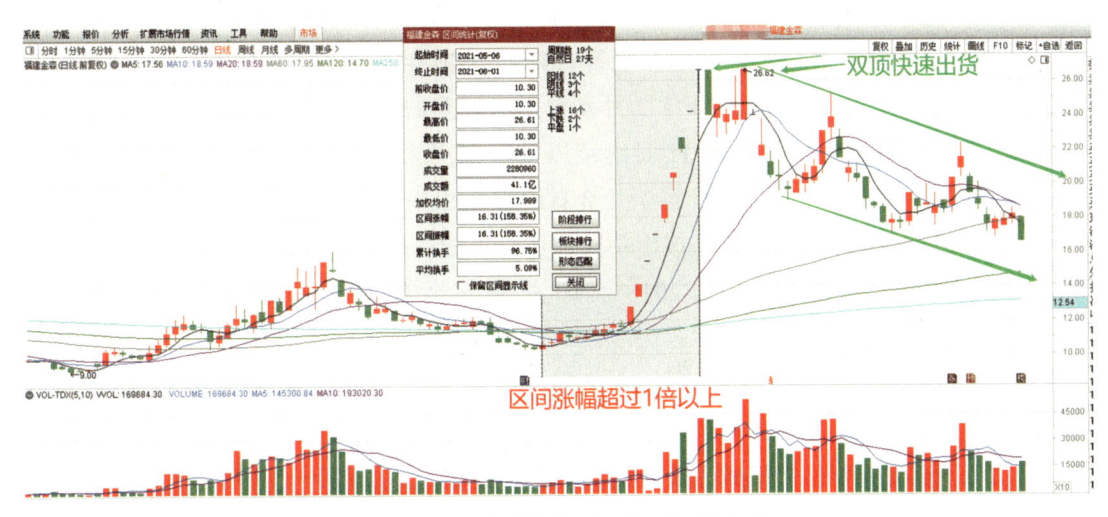

图 6-12 股价涨幅超过 1 倍以上的出货

图 6-12 是 002679 福建金森截至 2021 年 7 月 23 日收盘时的 K 线走势图，这只个股在 2021 年 5 月 6 日开始启动拉升，截至 6 月 1 日区间涨幅超过 158%，6 月 1 日收出一根放量涨停的 T 字线，回调后在 6 月 8 日收到一根放量诱多涨停的大阳线，此时主力已经出掉大部分手中筹码。之后虽然有反弹，但都是主力借机出货的，股价一路走下降通道，除非后期有新的主力入场买进，否则这只个股后期就会从哪里来再回到哪里去。

对于主力出完货的股票，一般下跌的时候没有什么支撑位可言，一直阴跌是没有主力参与的一个特征。如图 6-13 所示。

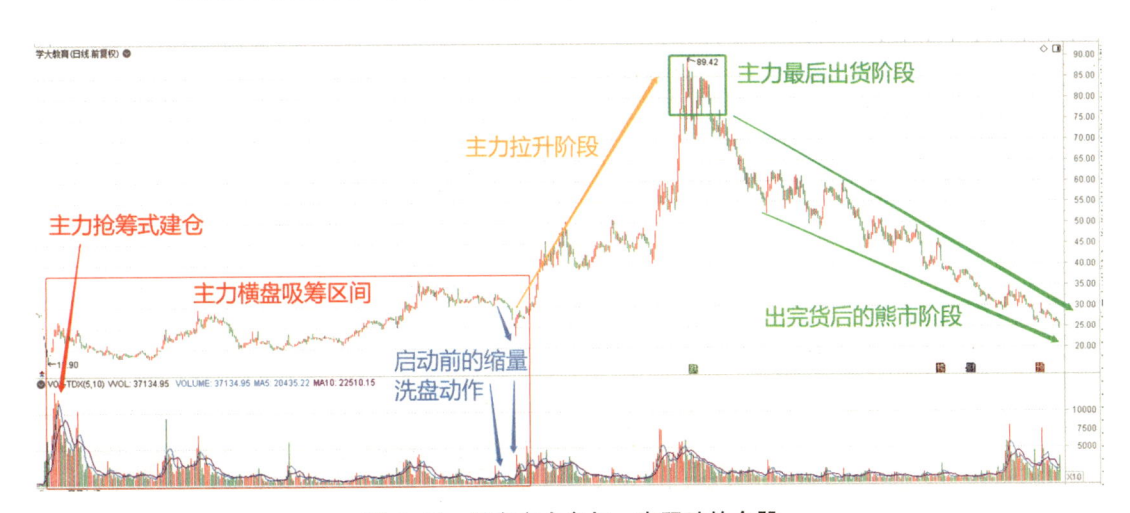

图 6-13 没有主力参与一直阴跌的个股

8561 单根K线战牛熊

  图6-13是000526学大教育截至2021年7月23日收盘时的K线走势图，这只个股在2018年10月26日以"一"字板的方式开始抢筹式建仓拉升一波，之后便展开横盘震荡继续吸筹；到了2020年1月14日开始一波快速缩量调整的洗盘动作；2020年2月4日开启拉升的第一波主升浪；在2020年2月27日至2020年6月15日继续以横盘方式洗盘，之后又在6月16日开启一波拉升后，6月19日至7月8日再次走出一小段横盘洗盘；主力在2020年7月9日至7月15日拉出一段加速赶顶的快速拉升阶段。注意这个阶段此只个股的上涨角度，与2018年10月26日至10月31日建仓时期的上涨角度相似，这个主力也算是有始有终，以什么方式建仓就以什么方式结束。其实这个主力在2020年6月19日周五和6月22日周一这两个交易日放巨量的滞涨，就是在出货了，之后的拉升只不过是诱多动作，继续在2020年7月16日至8月7日横盘阶段的高位出掉手中最后的筹码。之后这只个股就处于没有主力参与的阶段，股价开始一路阴跌，截至2021年7月23日收盘的时候股价还在创出新低。这就是主力从建仓到出货的全过程。

  主力在出货期间的技术特征有以下几点：

  一是主力出货阶段K线走势图特征。在出货阶段，K线的形态一般表现为绿肥红瘦。中阴线、大阴线数量非常多，阴线量大，阳线量小，上影线较多，换手率明显高于底部建仓期间几倍以上，这种情况大概率就是主力在出货。股价在高位出现向下跳空缺口后而不能回补，K线形状多为放出巨量的大阳线、长阴线、流星线、上吊线等K线形态；K线组合大概有乌云盖顶、三只乌鸦、平顶、双顶、三重顶、头肩顶和最恶劣的单头顶等组合。

  下面来看一个单头顶的见顶案例，如图6-14所示。

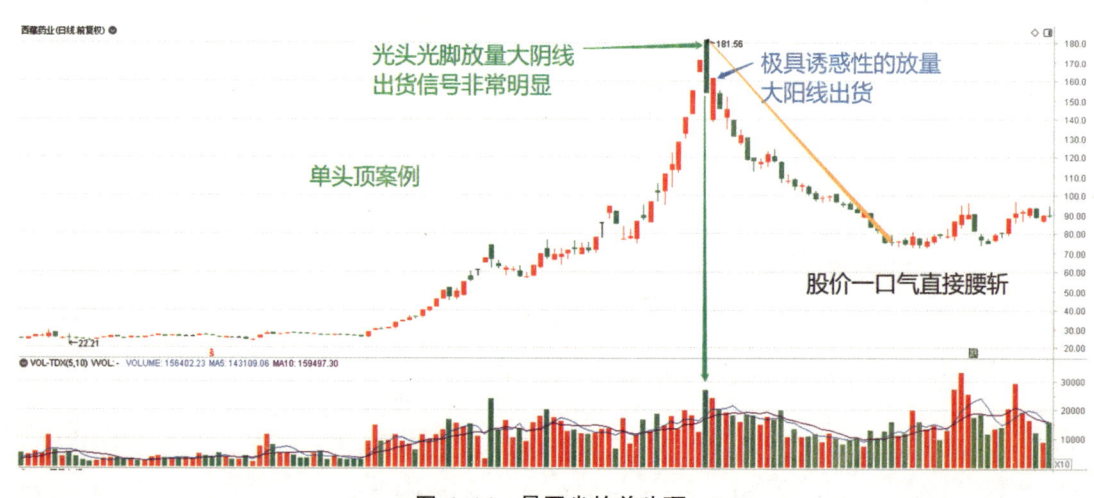

图6-14　最恶劣的单头顶

图 6-14 是 600211 西藏药业的 K 线走势图，当时刚下跌出第一根大阴线的时候，我正在电视台做直播节目，有个观众就提出一个问题："请问刘老师西藏药业可以抄底了吗？"当我看到这个问题的时候，给我吓了一跳，我就跟主持人说："这只股票刚开始跌，这才哪儿到哪儿啊，就想抄底？"

也不知道这位观众听没听进去，之后的股价走势大家也都看到了，是一路快速下跌，股价直接一口气腰斩。在下跌期间，不管是做节目还是讲公开课，很多散户都想抄底，我也劝住了不少想抄底西藏药业的投资者。

西藏药业这个主力非常狠，压根不给你二次"逃命"的机会，所以在以后的投资实战当中，如果遇到了给你双顶机会逃跑的主力，我们得敬重这个主力才行。因为给大家做双顶或者三重顶甚至头肩顶出货机会的主力都算是比较善良的主力，至于能不能分辨出来是不是顶部，这就需要个人学习了。

二是主力出货时期均价线特征。股价经过大幅的上涨，5 日均价线和 10 日均价线缠绕黏合，形成有效死叉时，股价头部形状出现。20 日均线、30 日均价线在高位形成走平后的缠绕，60 日均价线走平或向下掉头，表示股价中线趋势被破坏。这几种均线的状态都是见顶的信号。由于多条均线黏合，带来阶段性顶部，如图 6-15 所示。

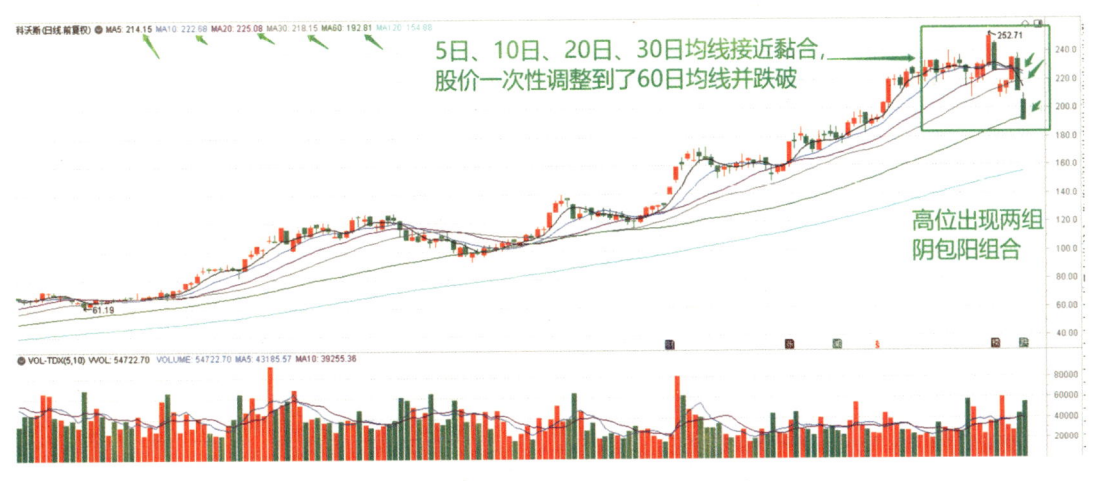

图 6-15　多条均线黏合带来阶段性顶部

图 6-15 是 603486 科沃斯截至 2021 年 7 月 23 日收盘时的 K 线走势图，这只个股在 2021 年 7 月 1 日开始出现 5 日、10 日均线走平，之后一直横盘整理。在 7 月 15 日和 16 日收出一组高位阴包阳 K 线组合，7 月 21 日和 7 月 22 日再次收出一组阴包阳 K 线组合，截至 7 月 23 日收盘股价是跌停状态，此时均线方面表现为短期均线都黏合后开始向下空头排列，股价截至 7 月 23 日

收盘跌停并且跌破 60 日均线，代表主力出货迹象明显。

股价在高位出现均线由多头排列，先是走平，再到黏合缠绕，再转到空头排列，这个过程就代表股价已经不能再创新高，而是由于主力出货或者洗盘带来的阶段性顶部或者绝对的顶部已经开始形成。遇到这种情况，要先回避风险，千万不要心怀幻想，觉得之前有过均线黏合走平又空头排列的，也是阶段性顶部，但是后期又突破了。假如抱有这种心理那你可以离开股市了，因为你注定要永远给主力站岗。

出货时期成交量有以下几个特征：

第一，高位放巨量的大阳线，也是主力在诱多出货的信号。

第二，股价不再强势上涨，但成交量放大，此为放量滞涨的量价背离现象，也预示着庄家正积极出货。

第三，在上涨的高位区间，股价仍然上涨，但成交量不能有效放大，说明市场高位缺乏承接盘，后势不容乐观。

第四，股价还在上涨趋势中，突然滞涨而下跌，成交量大幅增加，说明主力急于出货。

第五，股价大幅上涨，成交量突然在顶部急剧放大，并且股价转而向下。请看下面这个主力出货全过程的案例，看看其成交量是如何变化的，如图 6-16 所示。

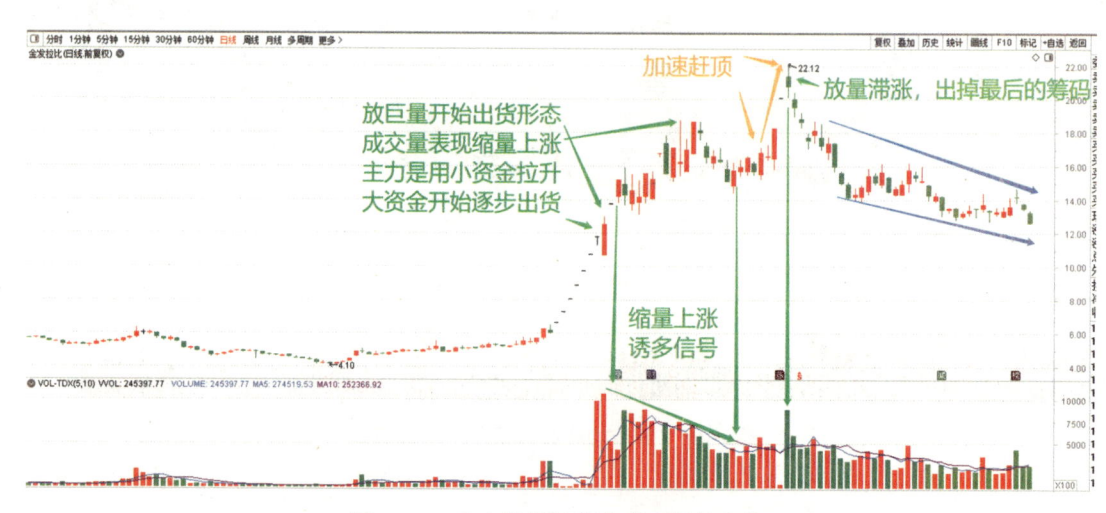

图 6-16　主力出货过程中成交量的变化

图 6-16 是 002762 金发拉比截至 2021 年 7 月 23 日收盘时的 K 线走势图，这只个股在 2021 年 4 月 2 日开始出现缩量涨停的"一"字板主升浪，到了 4 月 13 日出现放巨量的"T"字涨停板，此时主力便开始出货。第二个交易

日再次放大量但没有涨停，继续出货，之后虽然有拉升上涨，但是成交量却呈逐步缩量状态，这个时候就像之前案例中提到的一样，主力开始小资金拉升，大资金出货。5月31日再次涨停和6月1日缩量诱多涨停，两个交易日再次走出加速赶顶信号。6月2日放大量滞涨，收出一根阴线，开始出货。此时主力手中的筹码已经出得差不多了，之后股价便展开一轮杀跌行情，截至2021年7月23日收盘时股价依然在创出新低！

股票处于主力出货的分时走势有以下几种：

第一种，早盘高开后在开盘短时间内拉升股价，然后高位震荡，开始逐步下跌，尾盘可能再拉回；

第二种，午盘尾盘快速拉升或者下午收盘尾盘快速拉升，做出一根诱多的阳线，然后下午开盘或者第二个交易日开盘，分时又快速杀跌；

第三种，分时震荡下行，虽然每天跌幅很小，分时形态是有规律的阶梯式下跌；

第四种，集合竞价涨停，开盘也是涨停板开盘，开盘后股价迅速杀跌，短时间内打到跌停板上，然后又用几分钟拉回来，再次出货，甚至能拉出地天板，再次拉到涨停，开始大量出货。

> 注意：以上分析建立在股价在高位的基础上，千万不要用底部主力建仓时期的阶段性高点分时来这样分析，否则就会没有意义了！
>
> 主力出完货后会开始新一轮的投资周期，这是一个非常重要的思维逻辑。

主力在出完货以后，股价就会进入下一个涨跌周期轮回，我在讲课的时候经常开玩笑地讲："这只股票主力出完货了，正在涨跌'转换投胎'的路上。"看似是开玩笑，其实仔细想一下还是有道理的。

> 搞懂了一只股票的生命周期理论，再去下功夫研究每只个股当前正处于哪个阶段，这才是研究主力节奏的正确逻辑。在每次做节目和讲课的时候，我会经常说某只个股三五年之内没有值得关注的价值，其实就是看到这只个股已经出完货了，短中长期都不值得再关注了。直到这只个股再次开始下一个建仓期再去看它，否则一分钟都不值得浪费在这种主力已经出完货的个股上，更别提去参与这种个股了。

第七章　8561 分时 K 线 T+0 战法

> 分时 K 线速度快，
> 掌握得当赚钱嗨，
> 必须勤加实战验，
> 功成之后上前线。

本章内容属于 8561 三段式之过去式叠加现在式的内容，研究的是已经发生的 K 线走势和正在发生的 K 线属于哪个阶段，这是升级拔高的知识点，请大家仔细研读。

由于目前我们的 A 股证券市场是 T+1 交易制度，今天买入的股票，到下个交易日才能卖出，这里所说的 T+0 交易只能是变相的 T+0，也就是在持有股票的前提下才能实现所谓的 T+0 交易，并不是真正意义上的 T+0 交易。

T+0 交易策略有两种，一种是在持有底仓情况下，先买后卖来完成 T+0 交易（所谓的正向 T+0，可以理解为低买高卖）；另外一种是以先卖后买来完成 T+0 交易（所谓的倒 T+0，可以理解为高抛低吸）。

第一节
T+0 的优势

（1）看好一只票的中线走势，可以在持股的同时不断地做 T+0 交易，这样可以增加利润，因为假如您持有一定数量的某只个股，当您每正确操作一次 T+0，您的持股成本就会降低，这样长此以往，持股成本就会越来越低，也就能赚到更多的利润。

（2）投资者被深套而又不想割肉，可以经常做 T+0，既降低成本，又不丢票，加快解套的同时，减轻心理压力。

（3）有时候股市处于可上可下的位置，而一些人不想完全踏空或者被套，所以留一些小仓位应对，这时候可以结合 T+0，更为主动。

（4）长时间操作 T+0 会养成舍得卖股票的好习惯，因为很多散户投资者最终败就败在舍不得卖出股票，不管是盈利还是止损，都不喜欢卖出股票，买的时候倒是特别痛快，秒杀就买进去了，但是卖的时候犹犹豫豫，前怕狼后怕虎，从而失去获利止盈或者及时止损的机会。

（5）对于技术较好的投资者来说，T+0 交易策略胜过满仓中长线简单持股不动，因为成功完成 T+0 操作的话，你账户里股票数量没变，但是现金却增加了。由此可见，操作 T+0 比不做要好，前提是操作成功才行。

（6）经常用 T+0 交易做差价，可以不断提高自己的技术操作水平。

（7）随着中国资本市场不断完善，未来真正的T+0也会实现，早做准备，从而适应未来中国股市的发展趋势。

第二节
T+0 的劣势

所有的交易策略都有利有弊，T+0操作也不例外，其主要劣势有以下几点：
（1）T+0操作对于投资者的技术要求较高，一般投资者无法在短期内学会和掌握。
（2）当前我国股票市场实行的是T+1交易，其实没有真正意义上的T+0制度，所以要想做成T+0短差，必须手里要有股票底仓才能做成。
（3）操作失误会起到反作用，也就是操作失误了，持股成本会上升。
（4）做倒T+0的时候做错了，容易做飞，卖完以后股价上涨了，从而失去主升浪的机会。

第三节
分时 K 线 T+0 实战应用技巧

其实做股票的差价，不管是做长期持股的差价盈利，还是股票解套交易策略，最重要的就是T+0交易降低成本的方法，所以本小节主要是介绍如何使用常用技术分析来进行T+0操作。

T+0交易技巧分析：由于T+0操作属于超短线交易，所以在看技术分析的时候要看分时线，也就是1分钟K线，再结合5分钟和30分钟级别就可以，如果用级别太大的K线分析做T+0会相对滞后，也不太合理。所以，常用的T+0分析方法主要是看分时线的走势形态和各种技术指标，二者结合使用就会提高成功概率。

一般情况下分时会走的有规律，尤其有的个股主力操盘风格会相对稳定。跟踪一只个股时间长了，您就会熟悉主力的操盘手法，从而制定相应策略来进行 T+0 交易。复盘每只想进行 T+0 操作的个股日线和分时技术走势，对于操作 T+0 是关键性因素，只有您熟悉一只个股的主力操盘手法，成功概率才会提高。其主要原因就是，每个主力的操盘异动时间是不一样的，大家可以回去重点分析几只股票的大阳线和大阴线的分时节奏，从中找出这个细节和规律。

我在教学和实战的时候经常用到的 T+0 分析方法主要有以下几种。

一、分时线 +MACD 指标背离 T+0 分析法

分时线 + 指标背离是常用的 T+0 技术分析方法，主要是分时线 +MACD 指标两个参考条件。

MACD 指标背离有两种情况，一种是分时线的顶背离，另一种是分时线底背离。

顶背离是指股价分时 K 线创出新高或接近前期新高，MACD 红柱没有创出新高，形成顶背离，这即是卖点。

底背离是指股价分时线创出新低或接近前期新低，MACD 绿柱没有创出新低，形成底背离，这即是买点。

先说分时线 +MACD 指标背离 T+0 分析法底背离买点分析，下面我们来看个案例，如图 7-1 所示。

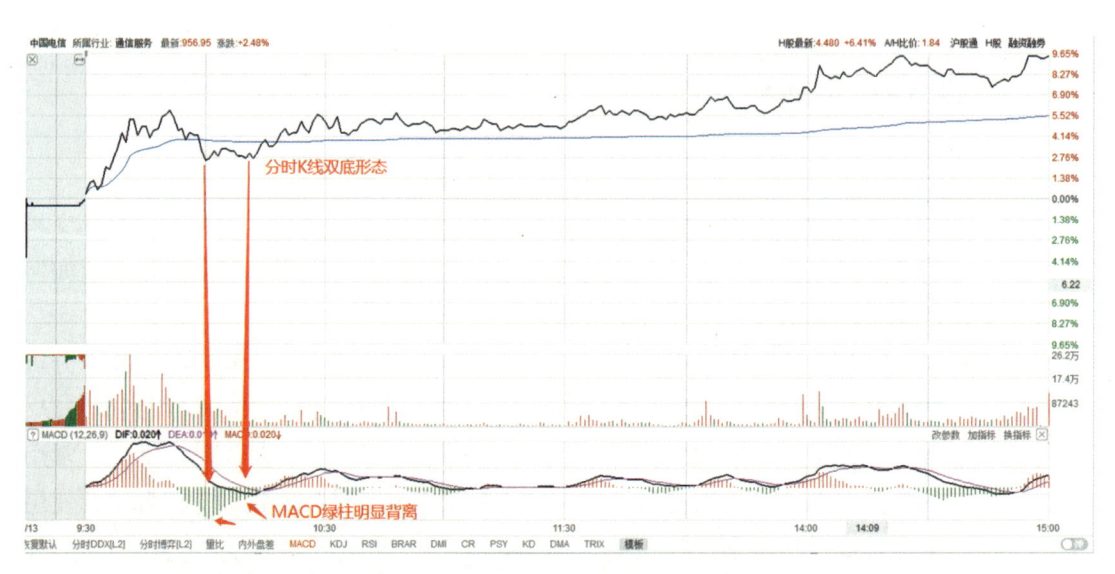

图 7-1 MACD 绿柱出现明显背离

第七章
8561 分时 K 线 T+0 战法

图 7-1 是 601728 中国电信 2023 年 3 月 13 日的分时线走势图，这只个股在盘中 9 点 59 分打出一个低点开始反弹，之后又回调，回调到 10 点 12 分再次出现止跌反弹信号，此时 MACD 绿柱和 9 点 59 分的情况明显是背离信号，出现分时的买点，之后股价震荡上行。

再说分时线+MACD 指标背离 T+0 分析法顶背离卖点分析，下面我们来看个卖点的案例，如图 7-2 所示。

图 7-2　MACD 红柱出现背离信号

图 7-2 是 688567 孚能科技 2023 年 3 月 13 日星期一的分时走势图，这只个股在上午开盘后 9 点 32 分打出一个分时高点，之后在 9 点 38 分再次打出一个高点，但是此时股价创出新高，下面 MACD 红柱没有出现新高，形成顶背离走势，之后股价开始震荡下跌。

二、分时线 + 成交量背离 T+0 分析法

分时线 + 成交量背离分析法，主要是研究分时线和成交量的关系。

具体技巧是股价创新低或接近前低位置，成交量出现缩量，形成底背离，这个时候是 T+0 的一个买点；而股价创新高或接近前期新高，成交量出现缩量，这个时候是 T+0 一个的卖点。

先说分时线 + 成交量背离 T+0 分析法买点分析，下面我们来看个案例，如图 7-3 所示。

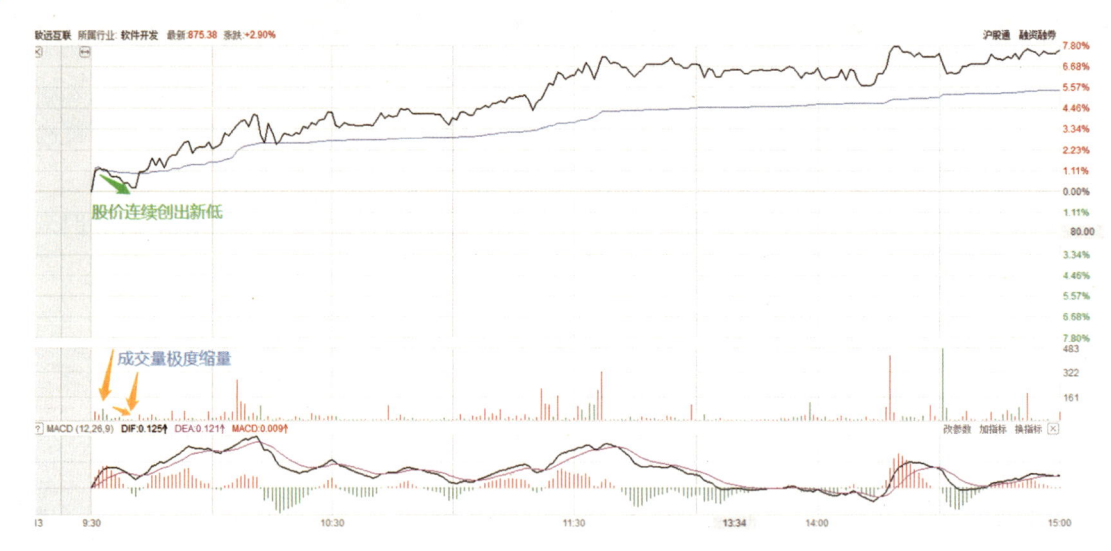

图 7-3 背离 T+0 买点显示图

  图 7-3 是 688369 致远互联 2023 年 3 月 13 日周一的分时走势，当时这只个股开盘后有一个上冲动作，之后便开始持续回落，但是随着股价持续回落，成交量却连续缩量，代表空头没有大幅卖出打压股价，随后便展开震荡上行，截至收盘收出一根大阳线。

  再说分时线 + 成交量背离 T+0 分析法卖点分析，下面我们来看个案例，如图 7-4 所示。

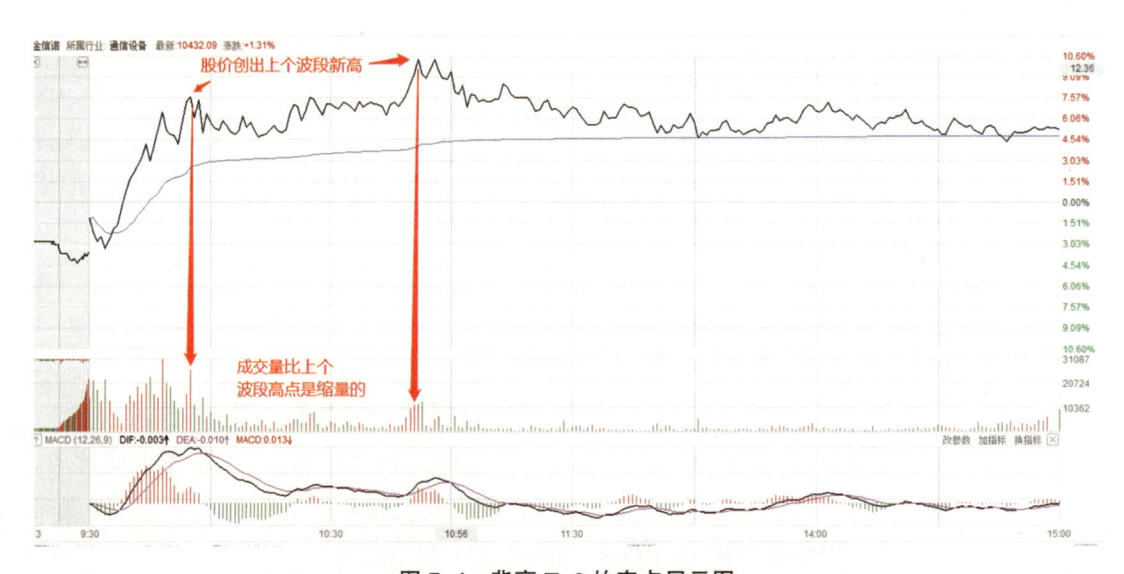

图 7-4 背离 T+0 的卖点显示图

  图 7-4 是 300252 金信诺 2023 年 3 月 13 日周一的分时走势，当时这只

个股在盘中 9 点 55 分打出一个高点，其实此时已经出现了和上个高点背离，之后股价震荡了将近一个小时，10 点 52 分再次出现一个波段高点，这时候和 9 点 55 分再次缩量创出新高，形成量价背离，股价开始回落，直至收盘，收出一根带上影线的阳线。10 点 52 分量价背离那个位置成为全天最高点。

三、分时线 + 分时均价线 T+0 分析法

分时均价线买入方法有两种：

一种是分时线从下往上突破均价线阻力位以后，均价线变成支撑位，股价回踩均价线的买入点；

另外一种是分时线一直处于均价线上方，然后回调至均价线位置支撑位的买入点。

这两个买点意义是不一样的，第一种是弱势反弹突破均价线后回踩确认均价线支撑位的买点，第二种是强势当中回调的买点。

这两点还是有所区别的，一般第一种的成功概率大一点，因为第一种属于顺势而为，第二种稍微有点逆势而为或者说有点牵强的思路，这种买入操作有时候失败概率会大一点，主要是注意防止假突破的可能。

以上两种区别也都是相对的，不是绝对的。分时均价线技术分析法也适合选择强势股，甚至也是众多想追涨停股票的投资者想达到的一种境界，因为这个方法在强势市场中的成功概率还是挺大的。

先看分时线 + 分时均价线 T+0 分析法买点案例分析，分时线从下往上突破均价线阻力位以后，均价线变成支撑位，股价回踩均价线的买入点，如图 7-5 所示。

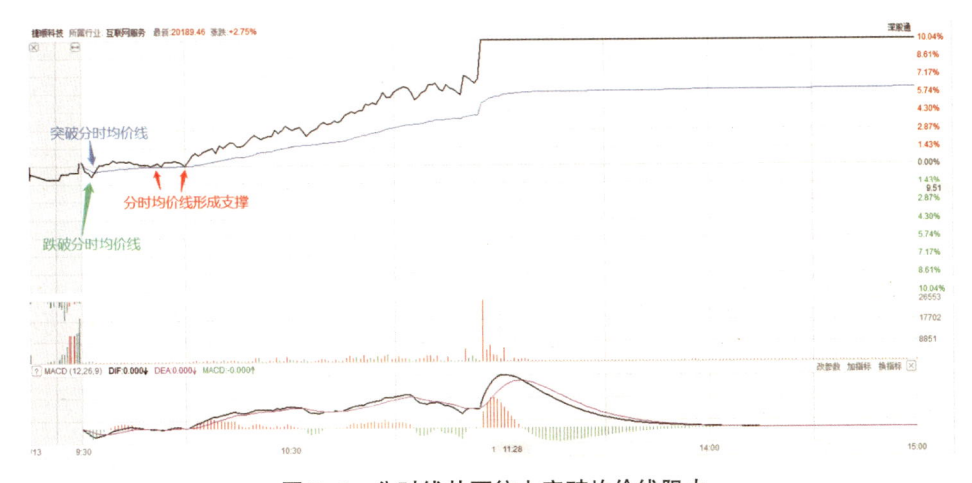

图 7-5　分时线从下往上突破均价线阻力

图 7-5 是 002609 捷顺科技在 2023 年 3 月 13 日周一的分时走势图，这只个股在开盘以后瞬间开始下跌，直接跌破了分时均价线，之后股价开始反弹，9 点 34 分股价突破分时均价线，之后在分时均价线上方开始震荡，9 点 52 分和 9 点 59 分连续两次在分时均价线位置得到支撑，之后股价震荡上行直至涨停收盘。

再看一个分时线＋分时均价线 T+0 分析法买点案例分析，分时线一直处于均价线上方，然后回调至均价线位置支撑位的买入点，如图 7-6 所示。

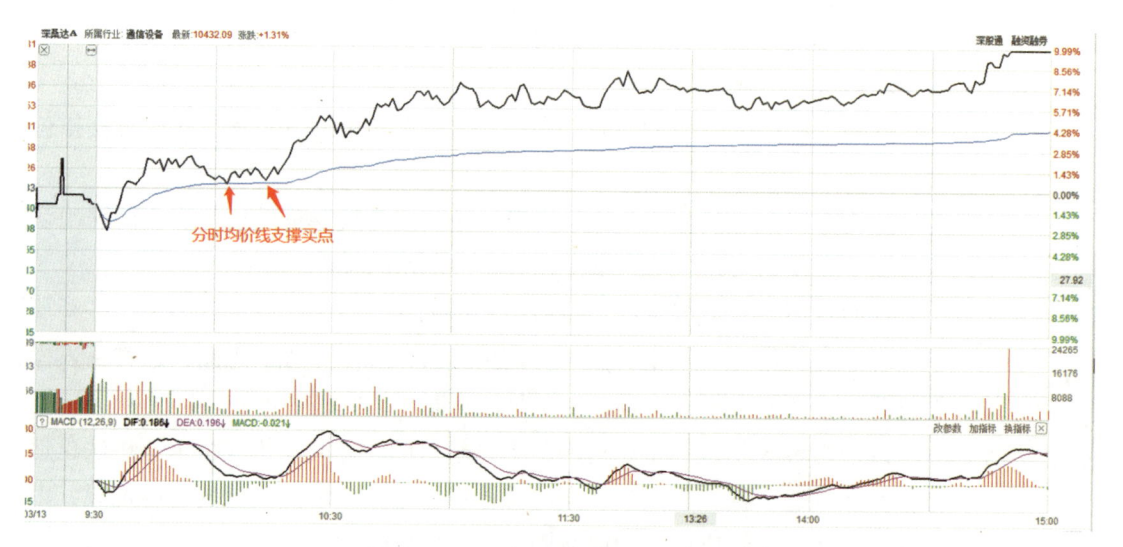

图 7-6 分时线一直处于均价线上方

图 7-6 是 000032 深桑达 A 在 2023 年 3 月 13 日星期一的分时走势图，开盘后这只个股一直处于分时均价线上方运行，说明较为强势，在盘中 10 点 02 分向下碰了一下分时均价线，之后止跌，震荡 10 分钟后，10 点 12 分再次接近分时均价线，再次启动，说明这根分时均价线已形成支撑，从而走出来一个分时均价线支撑的买点。

再说分时线＋分时均价线 T+0 分析法卖点案例分析，如图 7-7 所示。

图 7-7 是 301260 格力博在 2023 年 3 月 13 日星期一的分时走势图，在盘中 9 点 35 分、9 点 45 分、9 点 52 分的时候，股价连续三次到达分时均价线就开始遇阻回落，说明这根分时均价线对股价形成较强阻力，出现卖点，之后股价开始震荡下跌，全天收出一根大阴线。

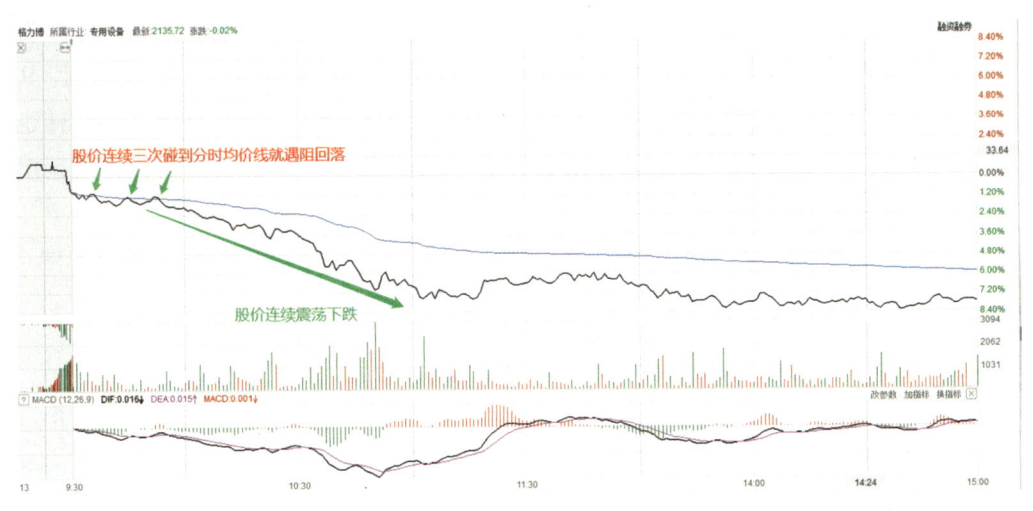

第七章
8561 分时 K 线 T+0 战法

图 7-7　分时均价线对股价形成较强阻力

四、分时线双底形态和双顶形态叠加 MACD 指标背离 T+0 分析法

其实说到分时双底和双顶买卖点，和使用日线级别分析双底和双顶叠加 MACD 指标背离是一样的道理。很多指标的使用方法，在各个级别当中都是通用的。

还是用几个案例重新讲一下吧，也算是强化一下关于这个知识点的使用方法，有助于各位投资者加深印象，相信部分投资者又会眼前一亮。

分时 K 线双底叠加 MACD 指标背离 T+0 分析法卖点案例，如图 7-8 所示。

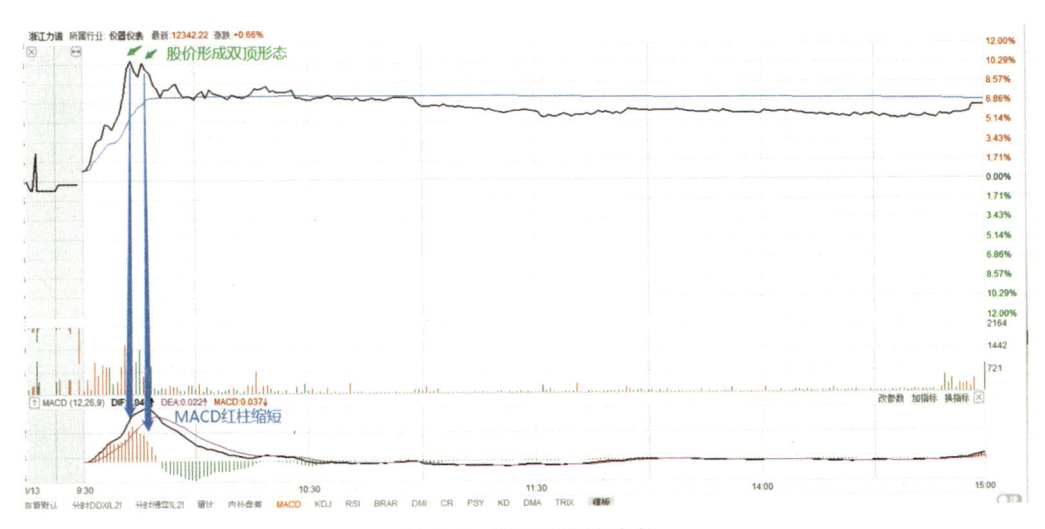

图 7-8　出现顶背离走势

·145·

图7-8是300838浙江力拓2023年3月13日周一的分时走势图，这只个股开盘后震荡走高，在9点43分形成一个全天最高点，分时回调，9点46分再次形成一个小高点，分时双顶形态走出来了，MACD指标的红柱也明显背离，9点46分的红柱低于9点43分的红柱，这说明出现顶背离，出现分时卖点。

分时线双顶形态叠加MACD指标背离T+0分析法买点案例，如图7-9所示。

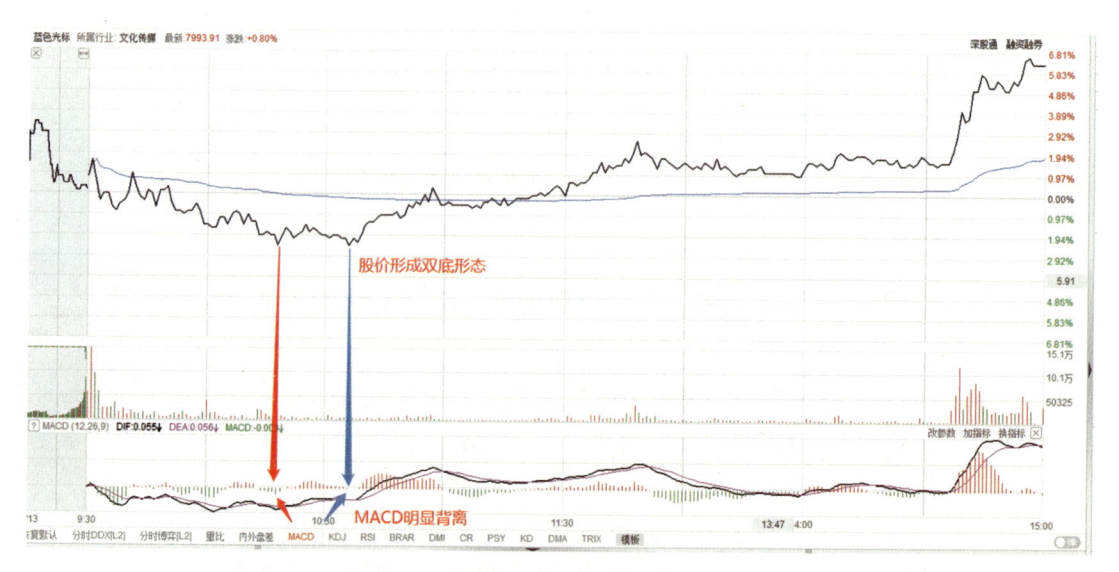

图7-9 底背离走势

图7-9是300058蓝色光标2023年3月13日周一时候的分时走势图，这只个股开盘后连续下跌，在10点17分的时候形成一个最低点，在10点35分再次回调至前面低点位置，开始止跌企稳，形成分时双底形态，而MACD指标比10点17分的绿柱明显是减小的，甚至出现了红柱，说明形成底背离走势，出现分时买点。

五、跌停板T+0抄底自救法

自2015年以来，千股跌停和百股跌停的场面已经给众多投资留下了深刻的印象，但是我在经历类似行情的时候，想得更多的是如何在跌停当中寻找可以解套、T+0和自救的方法。从2011年开始，我在研究解套的过程中，曾经仔细分析过跌停板如何做抄底自救，直到2015年股指达到5178点以后才大面积推广和使用，也带来了不错的效果。

由于跌停板个股不仅仅是在市场恐慌情况下出现，在个股遇到突发"黑天鹅事件"的时候也会较为常见，所以学会跌停板抄底法，也可以在遇到跌停的时候顺势找个机会降低一些成本。

具体技术分析技巧如下：

第一，要在一字板跌停期间观察跌停板封单量。

第二，要看一字板跌停期间的分时成交量变化状态。

在个股开始一字板跌停的时候，需要时刻关注盘口封跌停板的手数，一般特大利空都会出现连续的一字板跌停走势，但是封单量在理论上每个交易日都呈现逐步减少趋势。例如：第一天开盘跌停封单量600万手，第二天开盘跌停封单量500万手，第三天开盘跌停封单量400万手，第四天开盘跌停封单量300万手，第五天开盘跌停封单量200万手，每天都在逐步减少中。

> 说明：以上说的这个封单量不是固定的，要根据个股盘子大小或者利空大小而定，各位投资者可以抽时间自己复盘，找到相关一字板跌停的案例去看看。在连续跌停后，股价是如何打开跌停板的，看看历史走势也能学到很多知识。因为技术分析的三大假设之一是历史会重演，但不会简单地重演，所以学习技术分析就要多找相同点和不同点，这才是学习技术的重中之重！

当封跌停板的手数减少到第一天开盘跌停的十分之一左右的时候就要注意了，比如上述那个顺序，第一天封跌停的单子是600万手，当发现盘中封跌停的单子减少至60万手的时候，必须时刻关注盘中封跌停的单子数量了。

一旦发现盘口在跌停板上开始出现大单成交，或者大幅撤单的时候，就要时刻紧盯个股分时成交量，如果成交量开始逐步放大，同时封单量减少至2万至5万手的时候，马上就可以在跌停板上抄底买入，下单做正向T+0交易。

那为什么说看到跌停板上封单减少以后就要关注呢？这点必须搞清楚，封跌停板的手数减少说明会有几种情况：

第一种，有抄底资金开始通吃那些在跌停板上卖出的筹码，造成封跌停板的手数减少。

第二种，有可能大资金不想再卖出，开始撤单，造成封跌停的单子开始大幅减少。

第三种，有主力诱空的压单，撤单不再卖出，造成封跌停的单子减少。

第四种，由于连续跌停天数增加，很多投资者觉得在跌停板上挂单也卖不出去，所以干脆也就不挂单了，从而造成封跌停的单子一天比一天少。

以上四种封跌停单子减少的原因分析清楚了，也就明白了该怎么应对，跌停板上封单量减少到一定程度的时候，就知道该如何操作了。

第四节
T+0应用注意事项

第一，T+0交易的当日盈利空间不要贪多。

做T+0交易的时候，一定要适可而止，一般以获利2%～3%左右较为合理，尤其是在弱势当中，交易空间不易放得太大，否则很难做成。我曾经做过统计分析，假如您每次的交易是获利3%卖出，和每次获利2%卖出相比，3%的成功概率要比2%的成功概率小45%以上。大家看一下每天大多数股票的涨幅在哪个区间就明白了。

第二，一定要"顺势而为"。

前面章节提到过要顺大势逆小势才是正确的。

第一个顺势是从战略角度看，假如大趋势处于下跌通道当中，尽量以倒T+0操作为主，也就是先卖后买的交易策略，因为股价下跌趋势形成以后，在很长时间都是沿趋势向下运动的，其间的反弹也仅仅是反弹而已。这个时候的逆小势，就是在下降通道当中，反弹到短线阻力位，等待滞涨信号出现，做反向倒T+0的卖出操作。

在上升趋势当中或者股价底部横盘吸筹阶段，要尽量以正向T+0交易为主，也就是先买后卖的交易策略，因为这样就会避免出现卖飞了的情况。不要逆势而为，这样成功概率才会大，而且做错了也不怕，只要战略方向没问题，战术上稍微出点差错还可以改正，但是战略方向要是错了，战术再怎么精细，最后也可能是失败的。上升趋势当中做差价，需要在顺大势上涨的情况下，等待短线回调止跌信号出现以后，再去做正向T+0交易。

第二个顺势是日线级别，假如判断某个交易日的日线上涨概率大，在操作T+0的时候就要选择正向操作先买后卖；假如判断某个交易日大概率会收阴，那就要操作反向T+0交易，这样也是提高成功率的一个关键因素。

第七章
8561 分时 K 线 T+0 战法

如何判断日线大概收阴收阳呢？可以用一个简单的思路来分析，比如前一个交易日是一根大阴线，理论上下个交易日大概率还是收阴线；再假设上个交易日收出一根温和放量的阳线，第二天大概率也是一根阳线。按着这个思路来判断短线的节奏，成功概率就会大增。

第三，必须要考虑股票交易成本。

如果您操作的股票数量少，比如您操作 500 股，股价为每股 3 元，一笔交易买入或者卖出单向合计成交金额就是 1500 元，目前最基础的佣金是一笔不满 5000 元收取最少 5 元钱的手续费，交易成本就相当于千分之三左右。您再卖出一笔，交易费用只计算佣金就是千分之六，再加上印花税，盈利空间小的话，最后还不够手续费，这样就得不偿失了。还有一种情况是本来方向判断对了，也做出差价来了，结果一看成本不但没有降低还抬高了。如果佣金率低而且操作数量多一些，这方面可以忽略不计，但是如果每一笔操作的数量少了，股价又便宜，那么这个细节就必须考虑进去。

第四，要严格止盈止损。

既然是 T+0 交易，如果做错了，哪怕不盈利也要尽量当天解决，除非您这笔交易不是真正想做 T+0 的，有的时候要分清做波段和做 T+0 的区别。

第五，买卖数量要和持仓股数对等。

做解套交易策略的 T+0，买入数量不要超过手里持有的股票数量，比如您账户中持有 10000 股某股票，您今天操作的最大数量就不能超过 10000 股，因为您每天最大操作卖出的数量，就是您账户中持有某只股票的持股数量。假如买多了而当天卖不出去多于账户持股的数量，就没法做相对等的 T+0 交易。即使方向判断对了，如果今天没有及时获利了结，第二个交易日就会直接低开，那么这笔交易也就失败了。

第六，操作 T+0 一定要结合当日大盘表现。

如果当日大盘表现较为弱势，尽量以倒 T+0 操作为主；如果当日大盘表现较为强势，尽量以正 T+0 操作为主。切记不要逆势操作，这样成功概率也会相对提高，这是分时级别的顺势而为。

> 重要知识点：我在做节目和讲课以及每天收评的时候，经常提到一句话："轻指数重个股，回调到位加仓补。"这句话的意思是，做股票投资一定不要只看指数就去决定买卖个股，指数是用来控制和调节仓位的，而重点要关注个股的中长线节奏，短线可以考虑指数，但是战略方向绝对不能和指数保持同一个节奏。各位投

资者要是有兴趣，可以回去复盘，把3年以内所有个股的日K线图走势，和沪指或者其他相关指数对比，你会发现没有几只个股的战略方向完全和指数一样。尤其是5~10年这种大周期里，不管指数是牛市还是熊市，大多数个股牛熊市的时间段不会和指数完全重合。这点非常重要！

第八章　8561短线王急速追杀战法

> 短线判断靠细心，
> 下手执行稳准狠，
> 止盈及时带止损，
> 犹豫不决莫上阵。

本章内容属于8561三段式之过去式叠加现在式的内容，研究的是已经发生的K线走势和正在发生的K线属于哪个阶段，也是升级拔高的知识点，请大家仔细研读。

在没有讲解8561短线王急速追杀战法之前，首先要给大家讲一个关于单根K线判断短线趋势强弱的技巧。

上涨趋势中的短线判断法，主要依据个股K线高低点分析。

今天K线较上个交易日的K线出新高不出新低，看涨形态；

上涨趋势里面K线出新高不出新低，可能继续上涨；

上涨趋势里面K线出新高又出新低，要谨慎对待，有可能要出现转折；

上涨趋势里面K线不出新高不出新低，要谨慎对待，有可能要出现转折；

上涨趋势里面K线出新低不出新高，要谨慎对待，有可能要出现转折。

下跌趋势中的短线判断法，也是依据个股K线高低点分析。

今天K线较上个交易日的K线出新低不出新高，看跌形态；

下跌趋势里面K线出新低不出新高，还会继续下跌；

下跌趋势里面K线出新高又出新低，要密切关注，有可能要出现转折；

下跌趋势里面K线不出新高不出新低，也要密切关注，有可能要出现转折；

下跌趋势里面K线出新高不出新低，也要密切关注，有可能要出现转折。

> 注意：以上的K线新高或者新低，都是指用今天和上个交易日K线的对比来进行判断的！

> 一根K线判多空，
> 三根K线判转折，
> 五根K线判趋势。

第八章 8561短线王急速追杀战法

第一节
8561短线王急速追杀战法原理

8561短线王急速追杀战法的理论依据是来自日本蜡烛图技术的灵感，结合本人多年实践经验总结而成。主要是以技术支撑为根据，通过前面讲的单根K线判断短期趋势强弱的逻辑而研究总结出来的战法。此战法由于只考虑短线的几根K线，所以简单易学，更适合短线选手作为超短线的操作战法使用。

第二节
8561短线王急速追杀战法选股条件

第一，股价K线形态，尽量要符合8561炒股法则的基本选股条件；
第二，股价一直处于相对低位横盘震荡；
第三，股价有过短线的回调；
第四，股价最好出现双底、三重底或者头肩底的形态；
第五，股价遇到相应的支撑位，出现短线止跌信号。

第三节
8561短线王急速追杀战法买入条件

关于8561短线王急速追杀战法的买入条件，如图8-1所示。

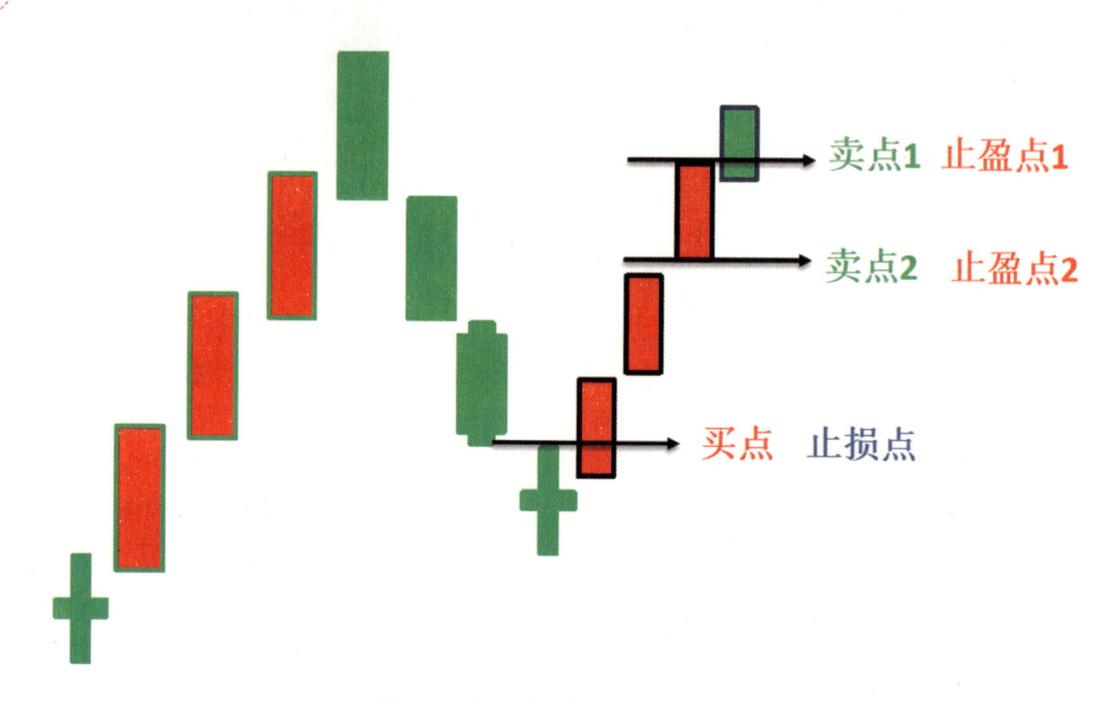

图 8-1 急速追杀战法的买点与卖点

察看个股符合 8561 短线王急速追杀战法的选股条件以后，就可以加到自选股中进行跟踪，只要在出现止跌信号以后，第二个交易日出现阳线突破止跌信号 K 线的最高点，就是触发买入条件，可以选择短线跟进。

第四节
8561 短线王急速追杀战法止损和止盈条件

根据买入条件买入以后，股价会有三种趋势，一个是上涨，一个是下跌，还有一个是横盘震荡整理。

如果买入以后出现上涨，那就要开始考虑止盈的问题了。如果买入以后出现上涨，要随时盯着 K 线的走势变化；如果股价连续创出新高，就可以一直持有。但是假如哪天股价不再创新高了，出现滞涨信号后开始回落，那就要随时关注股价走势，止盈点有两个，如图 8-2 所示。

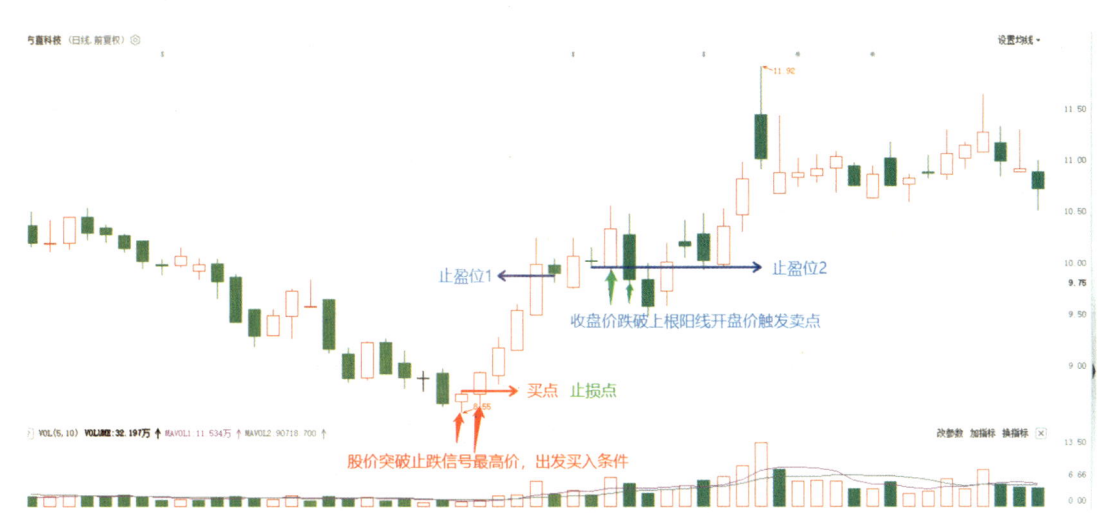

图 8-2　股价走势突破止跌信号

　　图 8-2 是 300235 方直科技的 K 线走势图，这只个股在 2022 年 10 月 11 日那天收出一个止跌信号，10 月 12 日盘中突破 11 日那根止跌信号 K 线的最高价格，触发买入条件，可以跟进买入。买入以后第一个止盈点就是图中止盈点 1，因为调整的那根 K 线的收盘价，跌破了最后一根阳线的收盘价，这个时候要及时止盈出局。第二个止盈点是止盈点 2 的位置，当出现股价调整的第一根阴线收盘价，跌破了最后一根阳线的收盘价，这个时候就要及时获利了结。以上是两个最佳卖出的止盈位置。即使股价后期又上涨了，那也和我们没有关系了，因为永远记住一句话，短线就是短线，做短线要有做短线的规矩，不遵守的人早晚会被市场淘汰。

　　如果买入以后，股价开始下跌了，没有出现上涨走势，那就是判断错了，或者主力出现诱多的情况，只要股价跌破买入价位，也就是图 8-2 中 10 月 11 日那天最高价位，就要考虑止损出局。不过你当天买入以后是卖不出去的，只能在第二个交易日考虑及时止损出局，这是规矩。想要使用这种战法，就要承受短线造成亏损的情况出现，任何的战法都是如此，因为不可能会出现买完就涨卖完就跌，没有百分之百准确的战法，只要有大概率就足够了。假如触发止损条件，你不及时卖出，就像图 8-2 中最前面那段下跌，当时也有符合买入的地方，但是如果你不及时止盈或者止损，后面迎接你的就是继续下跌创新低。

　　还有一种情况就是，假如买入以后，股价不涨也不跌，就先持有，只要不触发止盈或者止损条件就继续持股。

第五节
8561短线王急速追杀战法的优劣势分析

优势分析：

（1）短线就能见分晓，周期短，见效快，不用考虑太多因素；

（2）战法原理简单易学，逻辑非常清晰；

（3）不需要考虑太多指标，只需要关注K线就可以。

劣势分析：

（1）使用8561短线王急速追杀战法，必须要时时盯盘，不适合那些没有时间看盘的投资者。因为止盈和止损的机会转眼即逝，如果操作不及时，就会很容易错过止盈点和止损点。

（2）8561短线王急速追杀战法对投资者的盘中执行能力是非常大的考验，一定要眼疾手快，否则也会错过最佳止盈点和止损点。

第六节
8561短线王急速追杀战法使用注意事项

（1）由于8561短线王急速追杀战法属于短线右侧交易战法，所以必须严格止损；

（2）尽量选择支撑位得到支撑后的形态再介入，这样成功率会相对高一些；

（3）不要参与下降通道当中的个股，因为下降通道中的股票，非常容易买在下跌中继的反弹当中；

（4）高位顶部区域的股票不要参与，在高位出现诱多的大阳线是非常可怕的，所以一定不能买在相对的高位区域；

（5）短线上涨两天及以上的不要参与，本来就是短线追涨的战法，一旦涨了两天以上，股价就已经处于短线高位了，很容易出现买完就跌的情况，所以只能买在第一根阳线符合买入条件的位置；

（6）买入当天的 K 线振幅不要太大，理论上不能超过 5%，如果涨幅太大，短线买进去，很容易出现短线大幅亏损，所以尽量选择涨幅不超过 5% 的 K 线跟进，这样短线止损时也不会损失太大；

（7）距离上方第一个阻力位距离必须有合理空间，如果一根阳线出来符合条件了，但是上方阻力位却太近，即使买进去，短线上方涨幅空间有限，也会出现股价遇阻回落而赚不到钱的情况。

（8）符合买入条件那天，成交量最好是温和放量，这样成功概率会更大，如果是缩量或者成交量大于上个交易日 20% 以上的非正常放量，就会有很大的失败概率。

（9）8561 短线王急速追杀战法非常考验投资者的执行力，因为机会有时就是转眼即逝，一旦买入或者卖出的时候犹豫不决，就会错过止损和止盈的机会。

以上就是 8561 短线王急速追杀战法的全部内容，8561 短线王急速追杀战法属于超短线的操作逻辑，所以必须要带着止损的心态进去参与，否则就不要使用这个战法，并且参与的仓位也要合理。其实所有的短线战法都是要合理控制仓位的，否则短线仓位过大，一旦造成亏损，就会大伤元气，再想把损失赚回来是很难的，因为没有哪个战法是 100% 的胜率，所以使用任何战法都要控制仓位，永远把风险降到最低。

8561 投资理论摘录

股市是一个风险很高的市场，在进入股市之前一定要做好功课，学习一些基本的股市投资知识。显然这点很难有人做到，一般都是买完股票被套了、亏损了，才会想到学习，但为时已晚。

从另外一个角度来看，只要你想改变，只要你想学习，其实永远都不会晚，因为股市不关门，机会天天有！重要的是，如果你在股市投资中经常亏损，必须要及时纠错，不要钻牛角尖，必须要找到正确的方向再去努力学习，否则就会南辕北辙。

但是很多投资者压根就不想学习，也不知道怎么学习，或者有的学习完了也照样亏损，诸多因素造成 A 股市场投资者多数都处于亏损状态。正因如此，才希望大家能够多学习。学习不一定会盈利，但不学习肯定会亏损。

第九章　8561 单兵突围战法

> 单兵突围买突破，
> 其中细节要多做，
> 阻力过后有真假，
> 看清位置皆不怕。

本章内容属于8561三段式之过去式叠加现在式判断未来式的内容，研究的是已经发生的K线走势和正在发生的K线属于哪个阶段，从而判断未来的走势，这也是升级拔高的知识点，请大家仔细研读。

第一节
8561单兵突围战法原理

从单兵突围的字面意思也很好理解，主要逻辑是由单个士兵完成突围，直接冲出敌人的包围圈，开始新的征程。

主要K线形态是一根大阳线突破了，从空头长期占据优势的底部横盘区间，开始实现突围，突击成功之后股价便开始上涨。这个单兵就属于现在式，如图9-1所示。

图9-1 呈上升趋势的股价

图9-1是603108润达医疗的K线图，在经过一段时间横盘以后，股价

开始突破平台向上走出上升趋势。

第二节
8561 单兵突围战法选股条件

选股条件主要包括以下几点：
（1）股价首先尽量符合 8561 选股条件；
（2）股价三年内没走过 2～3 倍以上的主升浪；
（3）股价经过一段时间横盘，这个横盘时间最好能超过 6 个月；
（4）选择在平台最高点位置等待突破机会。
这些选股条件属于过去式，如图 9-2 所示。

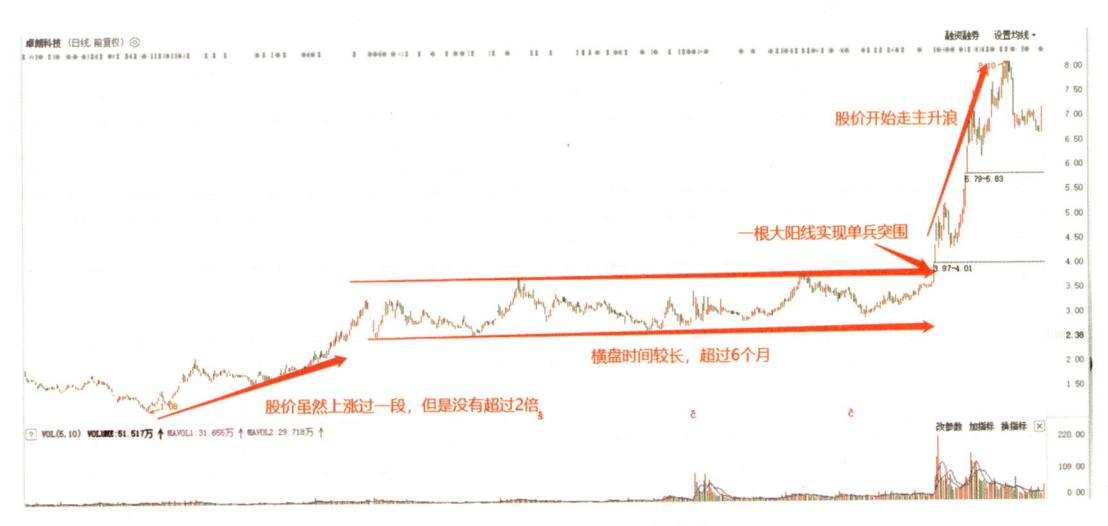

图 9-2 突围后突破平台最高点的股票

图 9-2 是 600225 卓朗科技的 K 线走势图，当时股价经过一段上涨后开始横盘，但是即使在横盘中，这个位置也属于股价相对底部位置，因为这只股票在 2015 年最高价曾经到过 16 元，而平台最高点才 3 元多点，所以整体战略位置是处于相对底部区域的。

之后在横盘 329 个交易日以后，开始在 2022 年 12 月 2 日实现单兵突围，直接突破平台最高点，开始一波翻倍的行情。

第三节
8561 单兵突围战法买入条件

在股价突破平台最高点的时候选择跟进买入，如图 9-3 所示。

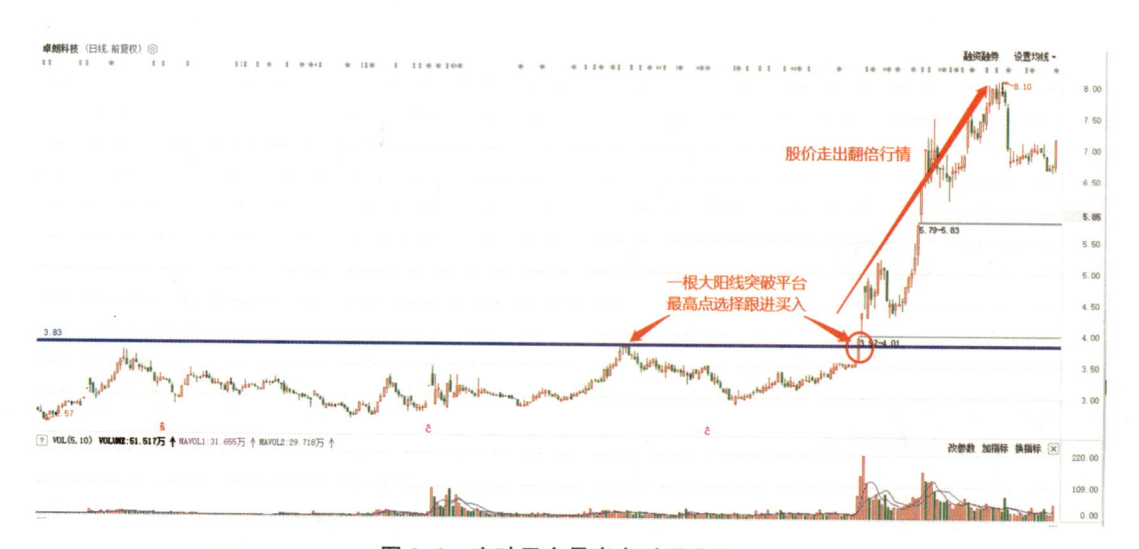

图 9-3 突破平台最高点时跟进买入

图 9-3 是 600225 卓朗科技 K 线走势图，这只个股在横盘 329 个交易日以后，开始在 2022 年 12 月 2 日实现单兵突围，直接突破平台最高点，开始一波翻倍的行情。

股价突破平台最高点之后，回调不再跌破平台最高点的时候出现止跌信号跟进买入，如图 9-4 所示。

图 9-4 是 601698 中国卫通的 K 线走势图，这只个股在横盘一段时间之后，股价在 2022 年 2 月 22 日开始正式突破平台最高点，一根 K 线实现单兵突围的走势，之后开始小幅震荡回调，但是收盘价一直没有跌破之前平台的最高点，说明 22 日那根大阳线的单兵突围依然有效，出现止跌的锤子线，可以跟进买入，之后股价便开始一波接近翻倍的行情。截至 2023 年 3 月 10 日，股价还在创新高。这个案例也是当时有个学员实战的案例，在 3 月 10 日的时候选择获利了结，实现超过 50% 的收益。

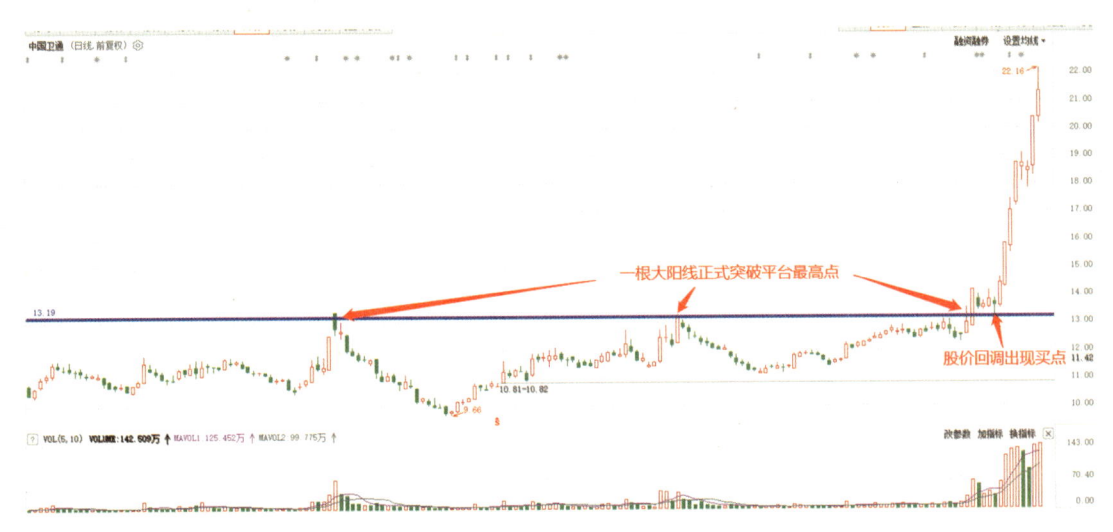

图 9-4　出现止跌信号时跟进买入

当时也有个学员在做这只个股的解套策略，但是没有钱加仓，从而错过了加仓解套的机会！

第四节
8561 单兵突围战法止损和止盈条件

止盈条件如下：

（1）买入以后获利超过 10% 就可以随时获利了结。

（2）买入以后遇到重要阻力位获利了结。

（3）买入以后出现明显滞涨信号，选择卖出获利了结。关于滞涨的 K 线信号，前面章节已经仔细讲过，可以参考其中的技术技巧即可。

止损条件如下：

（1）股价跌破当时平台最高点，收盘价收不上去，要及时止损出局回避风险，防止主力是假突破。

（2）股价跌破单兵突围的大阳线最低点时要选择止损出局，也是为了防止出现主力假突破。

第五节
8561 单兵突围战法使用注意事项

使用 8561 单兵突围战法时应注意以下几点：

（1）由于 8561 单兵突围战法属于右侧追涨买突破的战法，所以仓位不能太重，一般情况用一两成仓位参与较为合理；

（2）实现单兵突围的时期，不要拘泥于 1 根 K 线就能突破，只要在 3 个交易日内能实现有效突破，也是符合条件的，就像中国卫通这只个股，如图 9-5 所示。

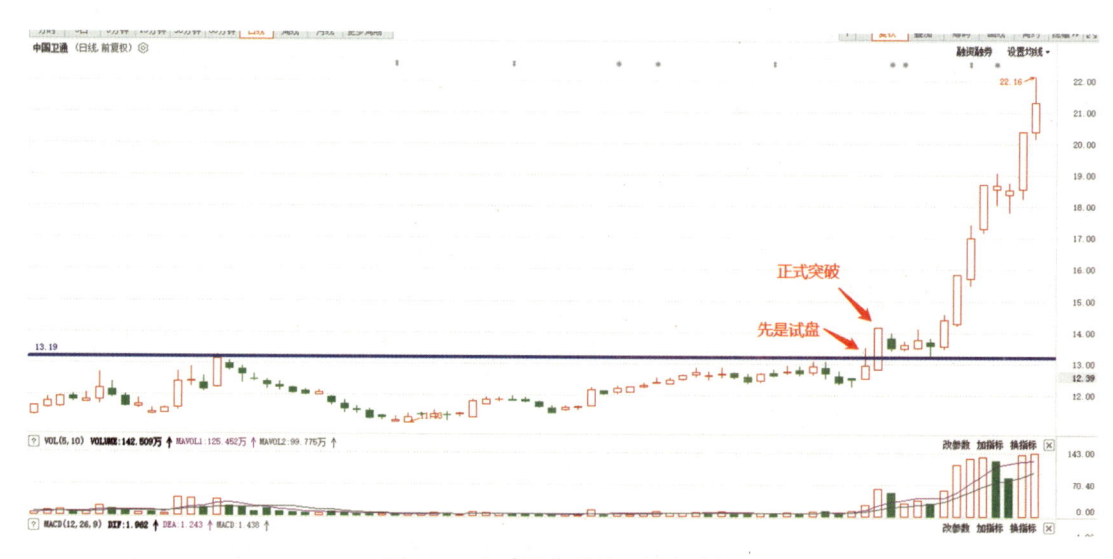

图 9-5　突破平台后的一波主升浪

在图 9-5 中，中国卫通在 2023 年 2 月 21 日那天，主力就试了一下盘，向上突破了一下，收了一根带上引线的 K 线，其实也是在洗盘。之后在 2 月 23 日实现单兵突围成功，正式突破平台，股价走出一波主升浪。

（3）单兵突围当天阳线的成交量最好是温和放量过前方平台阻力，要是缩量突破，要谨防假突破，要是非正常放量也要注意甄别。虽然放大量突破是好事，但短线也要防止放量必震荡的走势出现短线回调。

第九章　8561 单兵突围战法

　　以上就是 8561 单兵突围战法的全部内容，也是给大家多一个正确的选股思路，各位投资者可以结合自己的经验，在实战当中活学活用，直到能做到稳定盈利后，就可以定型 8561 单兵突围战法了。

　　由于 8561 所有的 K 线战法，都是要考虑股价所处的战略位置，所以不管是哪个战法，基本都不会买在历史的最高点位置，投资者在做止损的时候也要结合实际情况进行客观操作。

第十章　8561 K线扭转乾坤战法

> 扭转乾坤为战神，
> 多头扭转空头震，
> 条件符合回调进，
> 战略看多定省心。

本章内容属于8561三段式之过去式叠加现在式的内容，研究的是已经发生的K线走势和正在发生的K线属于哪个阶段，应该如何应对，这也是升级拔高的知识点，请大家仔细研读。

第一节
8561 K线扭转乾坤战法原理

从"扭转乾坤"这个词语的字面意思也很好理解，扭转乾坤指的就是从根本上改变整个局面。当初我研究扭转乾坤战法的时候，主要也是考虑到这一点，之前股价一直处于弱势震荡调整趋势当中，空头占据绝对优势，股价连续调整，但在某个时间节点，多头突然发力，力挽狂澜，直接改变整个股价的原有下跌趋势，把空头打爆，扭转K线形态下跌的趋势。这时候多头就会进行绝地反攻，从而带来股价见底回升，开始震荡上行。

第二节
8561 K线扭转乾坤战法选股条件

选股条件有如下几点：

（1）K线走势形态尽量要符合8561选股的7个基本条件，至少这只个股3年内没走过主升浪。

（2）前面已经有过一段跌幅，如图10-1所示。

图10-1是300605恒锋信息的K线走势图，这只个股在2022年2月23日开始出现一波大跌，之后开始底部横盘，这是基础的条件，必须前面有过一波跌幅。

（3）在经过慢跌阴跌之后，最后1~5根K线是阴线，并且跌幅超过5%以上，一根阴线跌幅超过5%可以，1~5根K线总体跌幅超过5%也可以，

第十章 8561 K线扭转乾坤战法

如图 10-2 所示。

图 10-1 有过一波跌幅的个股

图 10-2 总体跌幅超过 5% 的个股

·169·

图 10-2 是 603108 润达医疗的 K 线走势图，截至 2022 年 12 月 20 日 3 个交易日跌幅超过 5%，达到 5.97%，收出 3 根阴线，符合下跌超过 5% 的条件。

（4）在出现 1～5 根阴线之后，突然出现 1 根涨幅超过 5% 以上的大阳线，把前面 1 根或者 5 根阴线吃掉，也就是成功实现反包走势形态，主要是要吃掉前面下跌的 5% 及以上。

> 注意：如果是 1 根阴线，跌幅在 5% 以上，那么这根大阳线必须要把这根阴线全部吃掉才算符合条件；如果是 5 根阴线或者几根阴线合计跌幅 5% 以上，那么这根阳线也必须要把前面 5 根或者几根合计跌幅超过 5% 的阴线全部吃掉，这才算符合条件。

图 10-3 是 1 根 K 线跌幅超过 5% 的案例。

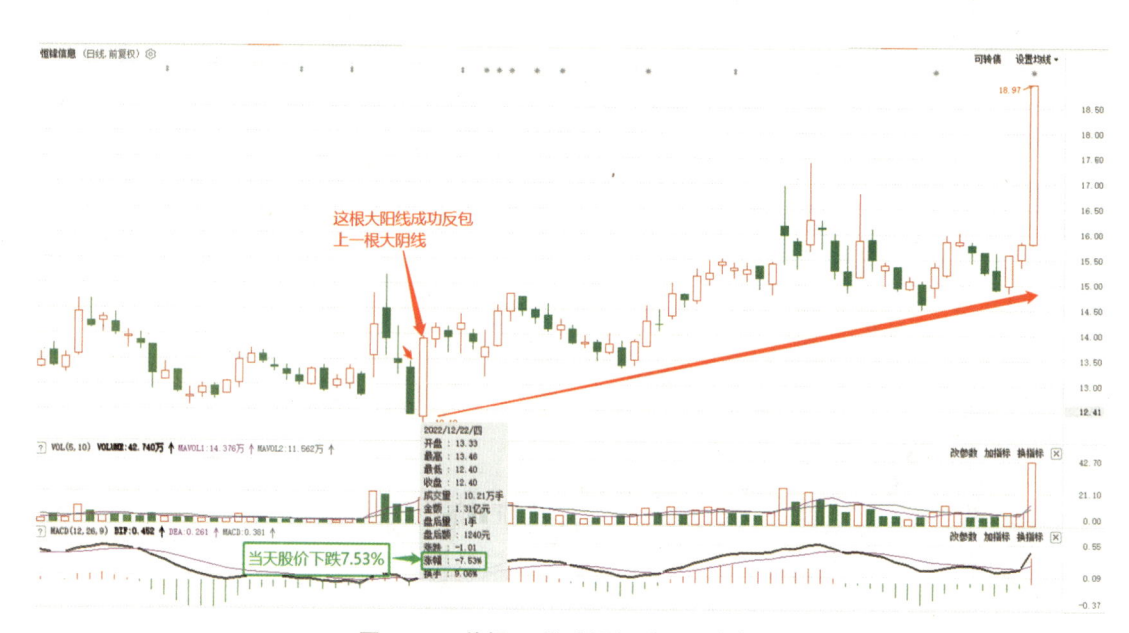

图 10-3　单根 K 线跌幅超过 5% 的个股

图 10-3 是 300605 恒锋信息的 K 线走势图，这只个股在 2022 年 12 月 22 日周四收出一根大阴线，当天跌幅达到 7.53%，符合下跌的条件。之后在 2022 年 12 月 23 日收出一根涨幅 12.18% 的大阳线，直接把 22 日大阴线反包，符合扭转乾坤的必要条件，之后股价便开始震荡上行，再也没有回到最低点，所以这根大阳线就是其扭转乾坤的启动点。

继续看下一个案例，如图 10-4 所示。

第十章
8561 K线扭转乾坤战法

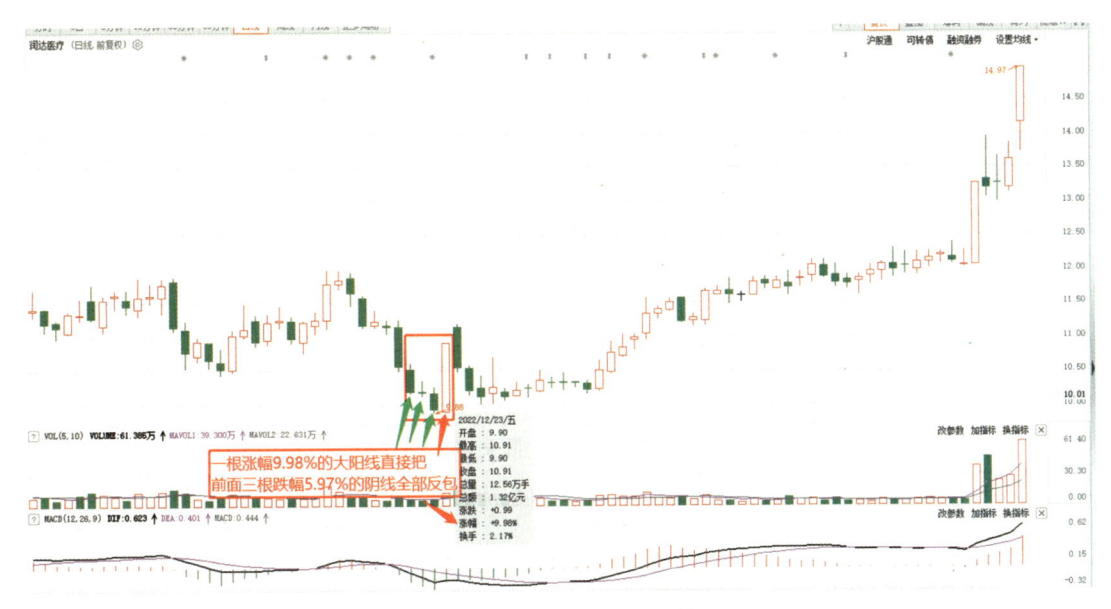

图 10-4　三根阴线被扭转

图 10-4 是 603108 润达医疗的 K 线走势图，截至 2022 年 12 月 20 日 3 个交易日跌幅超过 5%，达到 5.97%，收出 3 根阴线，符合下跌超过 5% 的条件。之后在 2022 年 12 月 23 日收出 1 根涨幅 9.98% 的大阳线，直接把前面 3 根跌幅 5.97% 的阴线全部反包，成功扭转前期的下跌趋势，至此符合了扭转乾坤战法的启动点条件，股价短线回调后，便开始上升趋势。

第三节
8561 K线扭转乾坤战法买入条件

买入条件有如下几点：

（1）在股价走势符合扭转乾坤战法以后，可以在当天大阳线收盘前买入；

（2）如果是涨停的大阳线当天买不进去，那就等第二天，假如高开不多就可以买入；

（3）也可以等回调再买入。

· 171 ·

第四节
8561 K 线扭转乾坤战法止损和止盈条件

一、扭转乾坤战法止损条件

股价收盘价跌破扭转乾坤出现那天的大阳线最低点，应选择止损出局。跌破那根大阳线，说明多头没有扭转成功，所以必须止损出来观望。

二、扭转乾坤战法止盈条件

（1）买入后获利 10% 以上，随时可以获利了结。
（2）到达重要阻力位随时可以获利了结。关于判断阻力位的知识点请参考本书下个章节中的内容。

第五节
8561 K 线扭转乾坤战法使用注意事项

使用 8561 K 线扭转乾坤战法应注意以下几点：
（1）选股的时候，股价必须下跌过一段，并且在相对底部区域，这样尽量保证个股的安全性。
（2）如果是创业板的个股涨幅达到 20% 了，短线参与就要谨慎了，因为涨幅太大了，怕多头资金跟不上，造成短线回调过大；可以等到回调到这根 20% 大阳线底部区域，没有跌破这根大阳线的最低点，出现止跌信号后再跟进，这样安全系数高一些。
（3）由于 8561 K 线扭转乾坤战法属于右侧交易战法，所以参与的仓位不能太重，一般是一到两成仓位较合理。
（4）由于 8561 K 线扭转乾坤战法是右侧交易，要能承受短线亏损较大的后果。

（5）符合扭转乾坤买入条件的当天阳线的成交量，最好是温和放量吃掉前面5%的跌幅，如果缩量要谨防主力诱多，如果非正常放量也要注意甄别。虽然放大量扭转趋势是好事，但短线也要防止放量必震荡的走势出现短线回调，非正常放大量扭转以后，可以等回调再买。

以上就是8561 K线扭转乾坤战法的全部内容，希望各位投资者在进行选股和交易的时候能够遵守其中的必要条件，再加上自己对股市的理解，适当做出调整，找到适合自己节奏的操作方法，就能重新燃起对股市的信心。

第十一章 使用K线进行精准挂单交易

> 挂单交易避弱点，
> 精准位置是关键，
> 阻力支撑位置清，
> 买卖点位自然成。

本章内容属于8561三段式之过去式、现在式和未来式的内容，研究的是已经发生的K线走势和正在发生的K线属于哪个阶段，以及将来要发生的K线走势，应该如何应对，这也是升级拔高的知识点，请大家仔细研读。

在没有讲解精准挂单的知识点之前，必须要把如何判断阻力位的知识点补充一下，否则对于新股民来说就会觉得无从下手，因为挂单交易的基础条件是要学会如何判断支撑位和阻力位，我们的挂单点要落到支撑位和阻力位上，这样挂单的价格才会相对精准。

第一节
精准判断阻力位和支撑位

在判断支撑位和阻力位之前，先记住一个原则：在呈上升趋势的时候多参考支撑位，因为呈上升趋势的时候支撑位的有效性大于阻力位（上升趋势里面的所有阻力位都有可能会被突破并变成支撑位）；在呈下跌趋势时多参考阻力位，因为在呈下跌趋势时阻力位的有效性大于支撑位（处于下跌趋势当中的所有支撑位都有可能被跌漏并变成阻力位）。其实这也属于顺势而为，否则下跌趋势中找到的支撑位破掉的概率会很大，而上升趋势中的阻力位被突破的概率也很大。

挂单交易也要遵守顺大势逆小势的操作逻辑，上涨趋势当中要等回调的时候去挂单低位，这就是在战略看多的情况下，短线买下跌过程中的小逆势的支撑位。在上涨的时候卖出，短线找阻力位，挂单卖出也是逆小势操作。

> 买跌不买涨，
> 心中不慌张。
> 卖涨不卖跌，
> 盈利不停歇。

下面是我讲课的时候经常用到的顺口溜：
所有的阻力位都有可能变成支撑位。

所有的支撑位也有可能变成阻力位。

阻力变支撑，加仓往上攻。

支撑变阻力，反弹要放弃！

判断阻力位和支撑位的方法大概有以下几种

一、依靠波段高低点判断支撑位和阻力位的方法

说到波段相信大家都不陌生，波段高低点大家也听说过，也是众多股民一直追求的，因为掌握了波段的高低点，也就掌握了波段的买卖点，从而在波段高低点区间进行套利交易。但是很少有投资者能把波段搞清楚，基本都是一直追求的目标，却很难达成。

波段高低点是怎么形成的呢？通俗一点说，就是股价运行中在K线形态上形成的一个一个的高点或者低点。

股价涨到一个位置以后，卖出的开始增多，股价在一个价位形成一个波段高点，然后开始回调。当股价回调到一个低位的时候，遇到支撑位买入的开始增多，股价开始反弹，这时就会形成一个低点，这个低点就是波段低点。

如果从每只股票上市的第一天开始，往后延伸着寻找波段的高低点，您会发现什么指标都不用看，只用裸K线也能找到相应的支撑位或者阻力位。有了这些阻力位和支撑位，您就可以依据左侧已经走出来的K线形态，开始寻找波段高低点了。在确定了所有走过来的那些波段高点和波段低点以后，我们就可以在做左侧交易的时候，当股价到达前面的波段高点和波段低点附近卖出，当股价跌到前面波段高点和波段低点附近再买入，按着这个节奏做出相应的交易决策就会做出差价。

> 注意事项：寻找波段高低点的时候，尽量从右侧往左侧寻找，也就是从最近一段时间往前找，一个一个高低点去分析，因为距离当下最近的才是相对有效的，而不能跨越最近的一个高低点直接往前找。如果距离当下最近的一个波段高低点不能形成支撑位或者阻力位，再往前找下一个高低点进行参考。波段高低点重合的次数越多，说明这个位置支撑或者阻力位越强，这是一个重要的细节，各位股民朋友一定要记住。

1. 用波段高低点判断支撑位的方法

我们先来举一个使用波段高低点判断支撑位的案例，如图11-1所示。

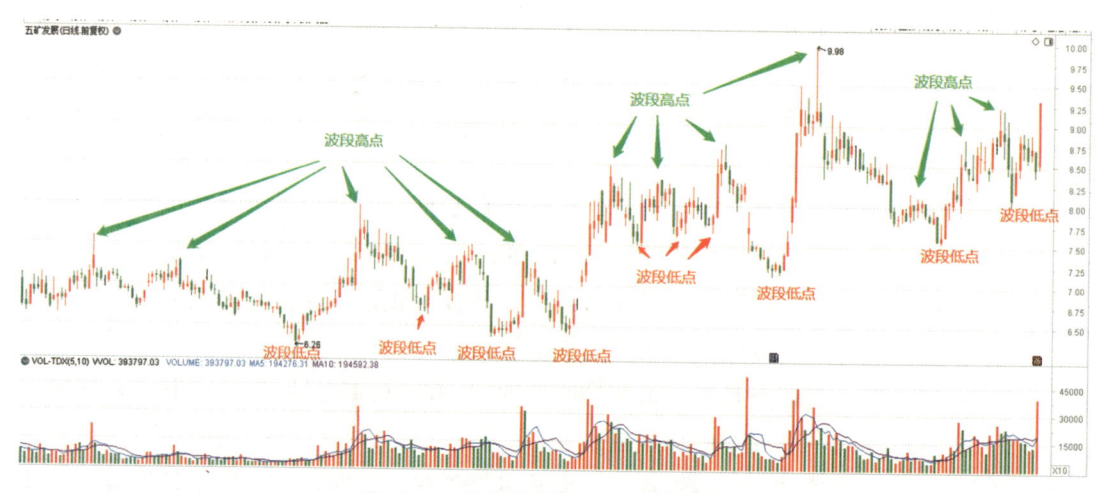

图11-1 用波段高低点来判断支撑位

从图11-1中可以清晰地看出来，这是600058五矿稀土截至2021年8月6日收盘时候的K线走势图，我们先找出这只个股之前的所有波段高点和波段低点位置，逐一标注出来，或者在每个高点和低点位置画一条横线。当股价高于某个波段高点和波段低点的时候，回调下来到达这个波段高点或者波段低点位置，大概率会形成一个支撑位。相反，如果当前股价低于某个波段高点和波段低点的时候，上涨到这个波段高点和波段低点位置就会形成一个阻力位。但是一定要谨记本节开始时候提示的原则，在上升趋势里面多参考支撑位，因为在上升趋势中的股票，其所有的阻力位都可能会被突破然后形成支撑位。

2. 用波段高低点判断阻力位的方法

再来看一个使用波段高低点判断阻力位的案例，如图11-2所示。

从图11-2中可以清晰地看出来，这是603345安井食品截至2021年8月6日收盘时候的K线走势图，我们先找出这只个股之前的所有波段高点和波段低点位置，逐一标注出来，或者在每个高点和低点位置画一条横线。当股价高于某个波段高点和波段低点的时候，回调下来到达这个波段高点或者波段低点位置，大概率会形成一个支撑位。相反，如果当前股价低于某个波段高点和波段低点的时候，上涨到这个波段高点和波段低点位置就会形成一

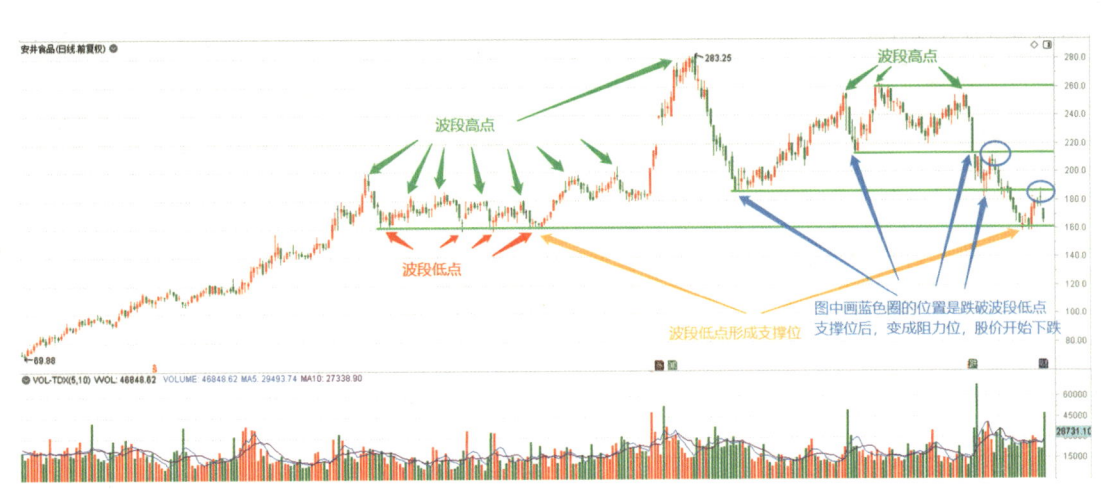

图 11-2 用波段高低点来判断阻力位

个阻力位。大家同样要谨记本节开始时候提示的原则，在下跌趋势里面多参考阻力位，因为处于下跌趋势中的股票，其所有的支撑位都可能会被跌破然后形成阻力位。

从图 11-2 中就可以看出，这只个股在做好顶部结构以后，股价开始走下跌趋势，在画蓝色圈的位置，就是股价跌破了之前的波段高点或波段低点支撑位以后，股价反弹到当时的支撑位就变成了阻力位，股价遇到阻力后开始回落。

而图 11-2 中画黄色箭头的位置，表示之前那个波段低点形成的是一个支撑位，所以在 2021 年 7 月 29 日至 8 月 2 日才会止跌反弹一下，这就是这个波段低点带来的支撑，但仅仅也就是一个反弹而已，在这种下跌趋势里面不要轻易相信会形成反转。

二、依靠均线判断支撑位和阻力位的方法

1. 均线判断阻力位

均线是众多投资者每天都要看的技术指标，虽简单实用，但是用精了确实不容易，下面看一个均线阻力位如何判断的案例，如图 11-3 所示。

从图 11-3 中可以清晰地看出来，这是 300636 同和药业利截至 2021 年 8 月 6 日收盘时的 K 线走势图，这只个股在经过一轮阴跌调整以后，5 日均线很多次都成为阻力位，股价到了 5 日均线就遇阻回落继续创出新低；在股价遇到 600 日均线成为支撑位以后，股价开始走了一波反弹行情，最高涨

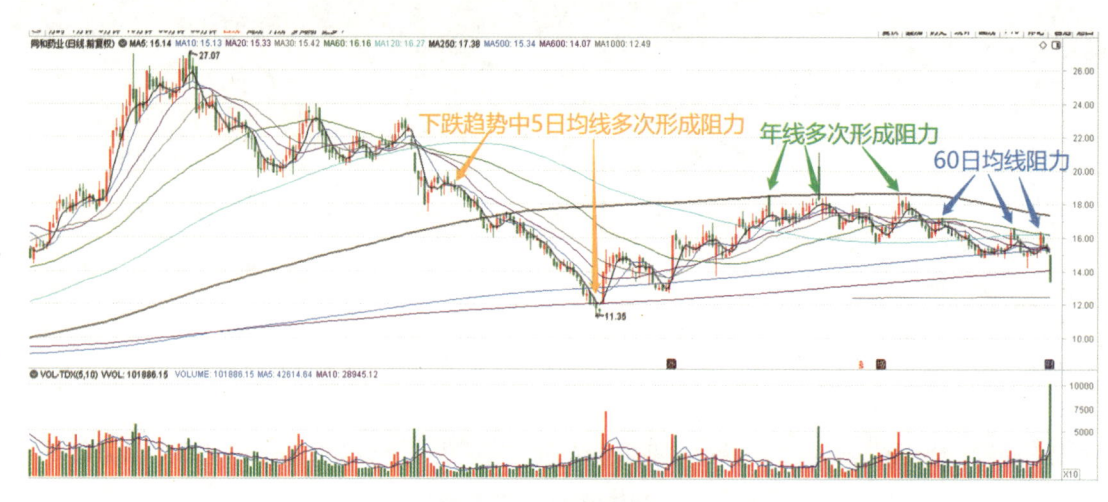

图 11-3 均线阻力位

到年线位置 3 次，但都没有突破年线的阻力位便开始继续下跌；在跌破 60 日均线以后，60 日均线就形成了阻力位，也是 3 次反弹都没能突破 60 日均线，股价就继续下跌。从以上案例可以看出，短线阻力可以看短期均线，中长线的阻力就看长期均线。依然还是要遵守一个原则：下跌趋势和高位的股票要多参考阻力位。

2. 均线判断支撑位

图 11-4 是均线判断支撑位的案例。

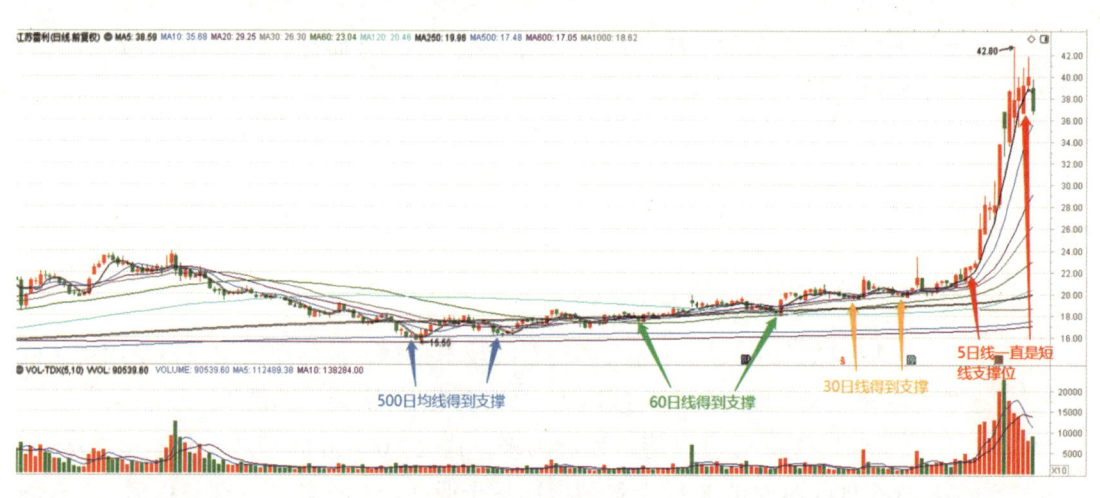

图 11-4 均线支撑位

第十一章
使用 K 线进行精准挂单交易

从图 11-4 中可以清晰地看出来，这是 300660 江苏雷利截至 2021 年 8 月 6 日收盘时的 K 线走势图，这只个股在经过一轮阴跌调整以后，股价在 2021 年 1 月 14 日有效收复 500 日均线，代表 500 日均线得到支撑，之后就开始反弹。到了 2 月 4 日和 2 月 8 日这两个交易日，又在 500 日均线位置得到支撑，之后股价就开始一波反弹走势。

后来股价反弹后开始回调，之前突破过 60 日均线又跌漏了，但是在第二次突破 60 日均线以后，分别在 2021 年 3 月 26 日和 5 月 11 日得到 60 日均线有效支撑，之后股价又开始一路反弹行情。

走主升浪之前的两次回调又在 30 日均线位置得到支撑。在走主升浪的时候，短线一直是以 5 日均线作为支撑来上涨走主升浪的。其实 5 日均线作为短线支撑走主升浪的情况是很常见的，大家在实战当中，一旦个股开始走主升浪，就可以盯着 5 日均线一路持有，只要收盘价不破 5 日均线就持有，收盘价破了 5 日均线就考虑短线减仓即可。

> 再次强调：上涨趋势中，均线起到支撑的概率大！下跌趋势中，均线起到阻力位的概率大，这是两个重点。
>
> 请大家务必重视均线的支撑位和阻力位的判断使用技巧，因为均线是 8561 A 股特色股票交易体系的核心因素，也是这些年我指导客户挂单交易的时候需要重点考虑的因素，学好均线的使用对于大家以后操作来说，一定会起到事半功倍的作用。
>
> 在这里我只是告诉大家，均线是技术分析里面相对客观的指标，虽然有滞后性，但是学好用好了照样可以做出差价来。

三、依靠趋势线判断支撑位和阻力位的方法

趋势线是怎样形成的呢？很多股民朋友也都在用趋势线判断行情，其实趋势线是一个既简单又实用的技术分析方法，但是在画线的时候要注意几点：

第一，画趋势线的时候要把所有价格包含在内，也就是说画趋势线的时候要把线条落在上影线尖的最高价格和下影线尖的最低价格，只有这样才是客观的，因为学习技术分析有个前提假设——股价包含一切信息，如果把上下影线去掉，不画在趋势线里面，那就是不客观的。

第二，在画趋势线的时候要随时注意趋势的变化，一旦趋势发生变化，趋势线就要进行相应的修正，变换画线的角度。

第三，要分清楚当前股价运行在什么趋势当中，是下降趋势还是上升趋势，抑或是在高位横盘阶段、底部震荡阶段等，分析清楚这些因素，再去画趋势线，这样有利于顺势而为。

说到顺势而为，大家也会听到的比较多，什么叫顺势？就是前面所说的股价运行在哪个阶段，处于哪个阶段就要用哪个阶段的交易策略。怎么分析趋势呢？下面教给大家一个画趋势线的方法。

我在波段高低点的介绍中提到过，什么是波段高低点，在这里就不重复了。大家打开个股K线图，从K线图中先找到波段高低点，然后开始画线。

上升趋势的定义：一个波段低点比前面一个波段低点高，一个波段高点比前一个波段高点高，这就是判断上升通道的要点！

上升趋势的画线方法：从相对底部开始，一个波段的低点比前一个波段的低点高；从相对底部开始，一个波段的高点比前一个波段的高点高。然后可以把趋势线的连线点放在每个波段的低点上，至少有两个或两个以上的点相连接，这样画出来的就是一个上升通道的下轨，也就是上升趋势中的支撑位。再从两个或以上的高点连线形成一条趋势线，这就是上升趋势中的上升通道的上轨，也就是上升趋势中的阻力位。

下跌趋势的定义：一个波段低点比前面一个波段低点低，一个波段高点比前一个波段高点低，这就是判断下降通道的要点！

下跌趋势的判断方法：从相对顶部开始，一个波段的低点比前一个波段的低点低；从相对顶部开始，一个波段的高点比前一个波段的高点低。然后可以把趋势线的连线点放在每个波段的低点上，至少有两个或两个以上的点相连接，这样画出来的就是一个下降通道的下轨，也就是下跌趋势中的支撑位。再从两个或以上的高点连线形成一条趋势线，这就是下跌趋势中的下降通道的上轨，也就是上升趋势中的阻力位。上面写得有点抽象，下面用一个案例来阐述如何画出下降通道和上升通道，如图11-5所示。

从图11-5中可以看出，画下降通道的上轨的时候，先找到两个次高点画出一条线，这条线就是下降通道的上轨；再找到两个次低点画出一条下降通道的下轨线。这样一个标准的下降通道就画好了。

画上升通道上轨的时候，要找到两个上涨过程中的次高点连成一条线，再找到两个上涨趋势里面次低点连一条线，这样一个典型的上升通道就画好了。

在制定交易策略的时候，必须先分析清楚，当下股价运行在什么趋势当中，这样才能客观制定相应的交易策略，否则就会起到相反的作用。在高位横盘趋势和下跌趋势里多做倒波段先卖后买的交易，在底部震荡筑底趋势和

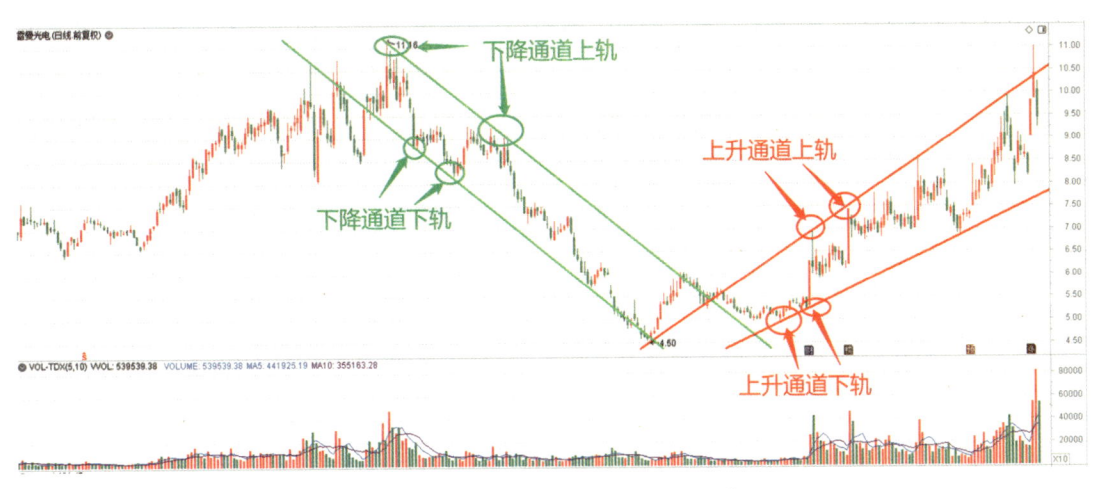

第十一章 使用K线进行精准挂单交易

图 11-5 画出下降通道和上升通道

在上升趋势当中要多做正向交易先买后卖,这就是顺大势而为,这点在前面章节中也提到过。

学会了以上画趋势线的方法,再看下面K线图中的阻力位和支撑位就会清晰很多了。

1. 用趋势线判断阻力位

先看一个用趋势线判断阻力位的案例,如图 11-6 所示。

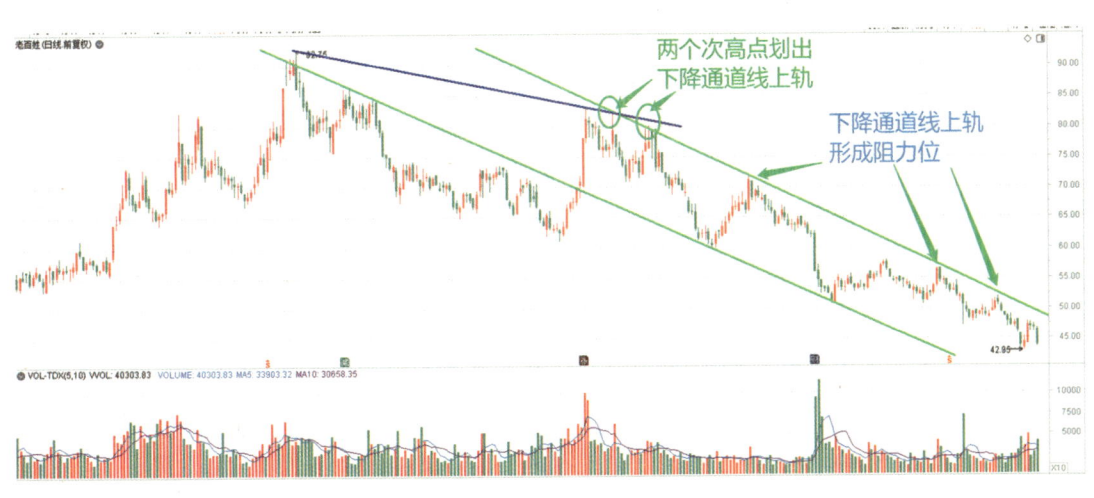

图 11-6 趋势线的阻力位

从图 11-6 中可以清晰地看出来,这是 603883 老百姓截至 2021 年 8 月

6日收盘时候的K线走势图。图中蓝色线表示的是第一个角度的下降通道，绿色线表示的是另外一个下降通道的上轨和下轨。从图中可以看出，在股价刚开始下跌的那个顶部位置，两个高点画出一条下降趋势线，之后股价一直在这条趋势线的下方向下调整运行，之后有三次反弹到这条趋势线的位置，就开始遇阻回落，说明这条线是有阻力作用的。截至2021年8月6日收盘，股价还没有走出这个下降通道。在股价没有走出下降通道之前，这种股票是不能参与的，尤其是到了下降通道线上轨位置，对于短线来说不能随便追高买入。在未来股价跌到下降通道的下轨位置的时候，也会有遇到支撑位止跌反弹的概率。

2. 用趋势线判断支撑位

如何利用趋势线判断支撑位，如图11-7所示。

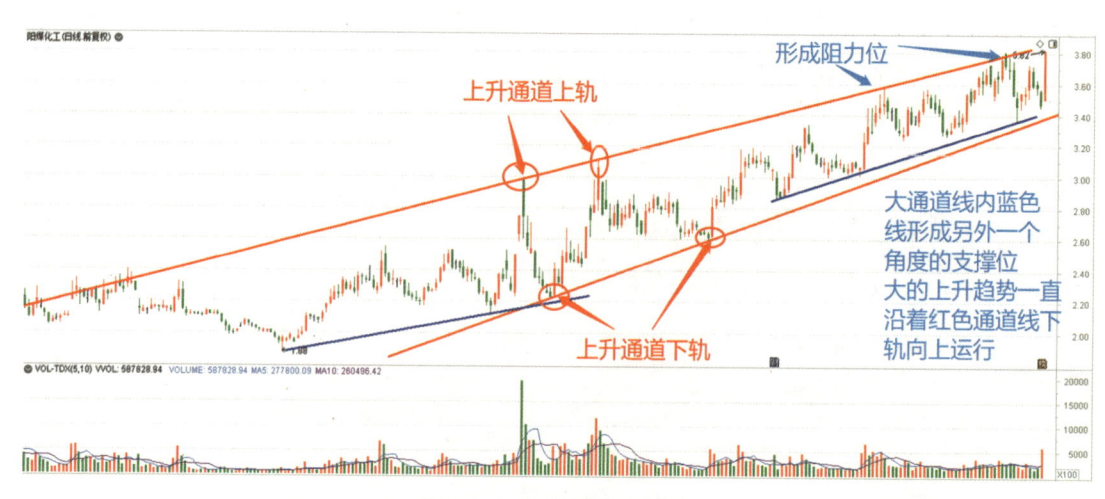

图11-7 趋势线的支撑位

从图11-7中可以清晰地看出来，这是600691阳煤化工截至2021年8月6日收盘时候的K线走势图。图中红色的两条上升通道线会形成阻力和支撑的作用，红色通道线内的另外的上升小角度也会形成相应的阻力和支撑。所以，在画通道线的时候，要随时关注上涨角度的变化，及时调整通道线的角度，这样才能把握准确的买卖点。

> 细节提示：在使用趋势线判断支撑位和阻力位的时候，一般会用下轨作为支撑位参考，利用上轨作为阻力位参考。

经过本节的学习，相信大家对趋势线的支撑位和阻力位应该有了一个更新的认识和了解，我在讲课中提到波段操作的时候，也会参考趋势线的支撑位和阻力位。大家可以自己找一些个股画一下趋势线，找找支撑位和阻力位。

四、缺口判断法

对于缺口这个技术分析，大家也不陌生，经常会听到高开、低开、跳空这类的说法，其实说的就是股价开盘的时候高于上个交易日最高价开盘或者低于上个交易日最低价开盘，这样就会形成缺口。

如果高于上一个交易日的最高价开盘，而后全天交易时间中没能补上跳空缺口的空白区域，这个缺口就成为跳空高开的缺口；相反，如果股价低于上个交易日最低价开盘，全天走势未能把跳空低开空白价格区域补上，就成为跳空低开缺口。

缺口的形成和股票出现利好或者利空有关，或参与这只个股的投资者多数都看好或者看空，在开盘的时候才会形成跳空高开或者低开。当缺口出现以后，行情往往会朝着某个方向快速发展，该缺口也成为日后较强的支撑或阻力区域。因此，利用缺口理论对行情大势进行研判，是股票交易中常见的一种技术分析手段。

综合以上缺口理论来看，缺口一般会形成阻力位或者支撑位的作用。说的简单一点，假如股价处于一个缺口的下方，在股价上涨的时候，遇到上方的缺口位置，大概会形成阻力位，有遇阻回落的风险；当前股价处于一个缺口的上方，在股价下跌的时候，到了这个缺口位置，大概会遇到支撑位，股价有反弹可能。下面用案例继续讲解。

1. 用缺口判断阻力位

先看用缺口判断阻力位的案例，如图11-8所示。

从图11-8中可以清晰地看出来，这是300636同和药业截至2021年8月6日收盘时候的K线走势图，这只个股在2020年10月26日和10月27日连续两个交易日都是跳空低开，留下两个向下的跳空缺口，这两个缺口就形成了阻力位，股价一直下跌。到了2021年1月13日止跌企稳后，股价开始反弹，一直到了2021年4月26日当天股价高开，最高点正好冲到2020年10月27日那天留下的跳空缺口位置，开始遇到阻力，股价开始下跌收出一根大阴线，之后股价再次走出下跌趋势。所以在实战当中，这种缺口位置

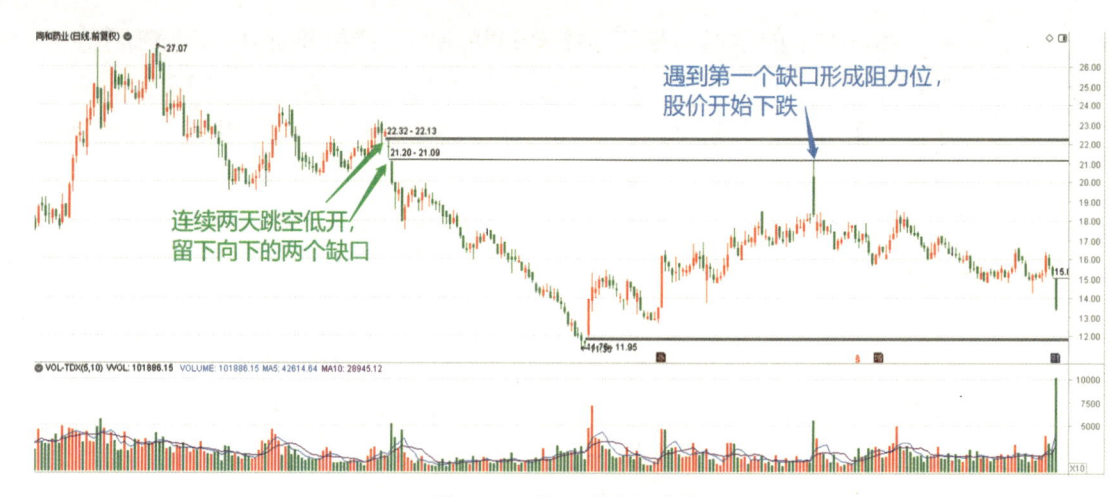

图 11-8 缺口成为阻力位

的阻力位还是要注意的。尤其到了缺口附近，就不要再追高买入，而是要适当减仓降低仓位，以防遇到缺口阻力股价再次下跌。

2. 用缺口判断支撑位

缺口既可以当阻力位，也可以成为支撑位，下面介绍一个缺口支撑的案例，如图 11-9 所示。

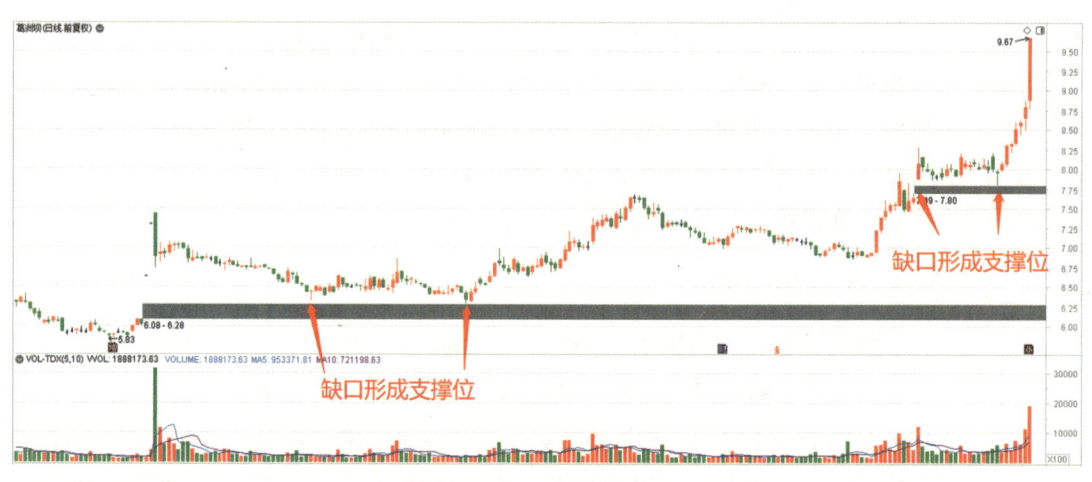

图 11-9 缺口成为支撑位

从图 11-9 中可以清晰地看出来，这是 600068 葛洲坝截至 2021 年 8 月 6 日收盘时候的 K 线走势图，在图中可以看出，这只个股在 2020 年 10 月 28 日连续上涨的时候留下缺口，之后股价回调了一波，截至 2020 年 12 月 7 日回调补掉一部分缺口，当天收出一根十字星，股价开始反弹，这种情况说明留下的这部分缺口就形成较强支撑位。股价反弹以后，再次回调，到了2021年2月4日的时候，股价再次回调到这个缺口附近，形成第二次支撑，股价开启了一波上涨行情。到了2021年7月5日的时候，开盘价再次高开，留下一个跳空向上的缺口，之后股价一直在这个缺口上方运行。到了2021年7月28日当天，股价向下调整补了一部分缺口，收出一根十字星，开始止跌企稳，说明这个缺口又形成有效支撑，股价便开始加速上行。截至2021年8月6日收盘，股价涨停大阳线，依然处于上涨趋势当中。

由以上案例可以看出，缺口对于股价的支撑和阻力作用不容小视，虽然多数情况下普通投资者分不清楚什么是突破性缺口、什么是持续性缺口，其实用简单的方法就可以看出来，不用太过纠结即可。

在实战当中，我也会将缺口作为参考，制定卖出或者买入交易策略。

五、单根 K 线判断法

单根 K 线对于做短线或者 T+0 来说是简单有效的一种方法，也是我在实战当中经常用到的一种技术分析方法。在多年的实战当中，单根 K 线是我做分时 T+0 的时候用得最多的方法。

1. 单根 K 线判断阻力位

对于单根 K 线判断支撑位和阻力位的方法，可能很少有人研究过，经过多年的实战验证，单根 K 线的阻力位和支撑位，在做精准挂单的时候是非常实用的。

有的时候把握好了会分毫不差，多数情况会相差几分钱，当然这要看个股的价格高低。即使差几分钱，对于一般投资者来说也是很神奇的了，在给出支撑位价位的时候，在挂单成交的一刻，有的学员心里感触是很深的，他们会觉得很神奇。下面就给大家讲一个怎么用单根 K 线判断阻力位的案例，如图 11-10 所示。

从图 11-10 中可以清晰地看出来，这是 688083 中望软件截至 2021 年 8 月 6 日收盘时候的 K 线走势图。这只个股在 2021 年 4 月 26 日出现一根滞涨的阳线，这根阳线是带着长上影线的，在这根 K 线最高价的位置，代表有空头狙击过，所以在之后高位横盘期间，有过几次股价冲到 4 月 26 日最高点位置就开始遇到短线阻力。在 2021 年 8 月 3 日、4 日、5 日这三个交易日，虽然股价曾冲过了 4 月 26 日的最高点价位，但还是被空头狙击回来，短线

8561 单根 K 线战牛熊

图 11-10　单根 K 线的阻力位

再次回调。这就是单根 K 线带来的阻力位，以后出现类似情况的时候，同样需要谨慎对待。

2. 单根 K 线判断支撑位

继续讲解单根 K 线判断支撑位，如图 11-11 所示。

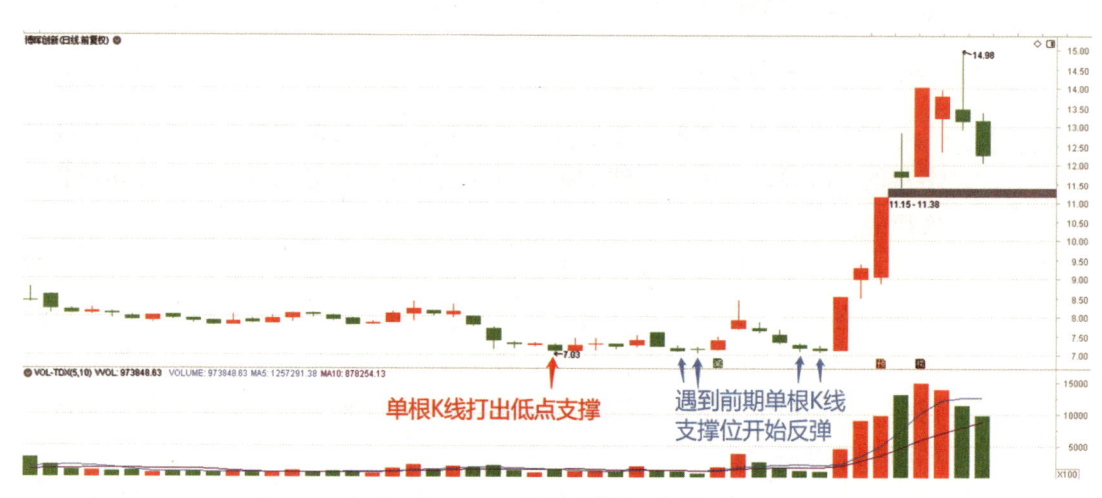

图 11-11　单根 K 线的支撑位

从图 11-11 中可以清晰地看出来，这是 300318 博晖创新截至 2021 年 8 月 6 日收盘时候的 K 线走势图。这只个股在 2021 年 7 月 8 日最低价调整到 7.03 元以后，开始止跌企稳；在 2021 年 7 月 19 日和 7 月 27 日这两个交易日的最低点，一个是 7.05 元，一个是 7.06 元，股价都得到支撑，股价开始走了一波主升浪。

我在小班课中讲过一个重要的知识点：一定要关注波段高低转折点那根K线的最高点价格和最低点价格，这根转折的K线是最有参考意义的！

通过以上几个案例可以看出，单个K线对于支撑位和阻力位来说也是可以参考的。单根K线分析支撑位和阻力位，属于微观层面的，而像趋势线和缺口等属于宏观战略层面的，这是有区别的。

单根K线适合参考较为精准的阻力位和支撑位挂单操作，因为这些位置在盘中一般都是转瞬即逝，盘中跟踪很难买到最低点的价格或者卖出最高点的价格，只有挂单才会有机会成交。

六、布林轨道线判断法

布林轨道线指标也是股票市场最实用的技术分析参考指标。关于布林轨道线的介绍在网上有很多，在这里咱们就不多做阐述了，简单讲一下大概如何使用即可。

布林轨道线有三条线，经常称为上轨、中轨和下轨。布林线通常有四种状态，开口（三线分开，上轨向上运行，下轨向下运行）、收口（上轨和下轨同时向中轨靠拢）、三轨同方向运行（上轨、下轨和中轨向一个方向运行）、三线走平（三条轨道线走平）。

布林线三条线为开口状态，预示着股价将开始大幅波动，股价将突破下轨或上轨；收口状态，预示着股价进入调整尾声，股价在高位要谨防变盘向下调整，股价在底部区域预示着股价将大概率上涨；走平预示着多空双方处于僵持阶段，也就是横盘阶段；三轨同方向运行，表示股价将朝着一个方向运行（上涨或下跌）。

大家简单了解一下如何使用布林轨道线即可，其实我认为不要再去纠结到底是怎么算出来的，因为很少有人能彻底研究透。这就跟拿着枪射击一样的道理，您只要枪法准，其实没必要纠结这把枪到底是怎么研究制造出来的。把时间用在练习瞄准上，这样就会达到事半功倍的效果。当然这是个人的建议，我也不反对大家去研究透彻任何技术指标。那样会效果更好，但对于多数普通投资者来说，我认为学会如何使用就可以了。

下面开始用案例来讲解如何用布林轨道线判断支撑位和阻力位，这种方法较为适合短线判断支撑位或者阻力位。

1. 布林轨道线判断阻力位

先来看一个布林轨道线判断阻力位的案例，如图 11-12 所示。

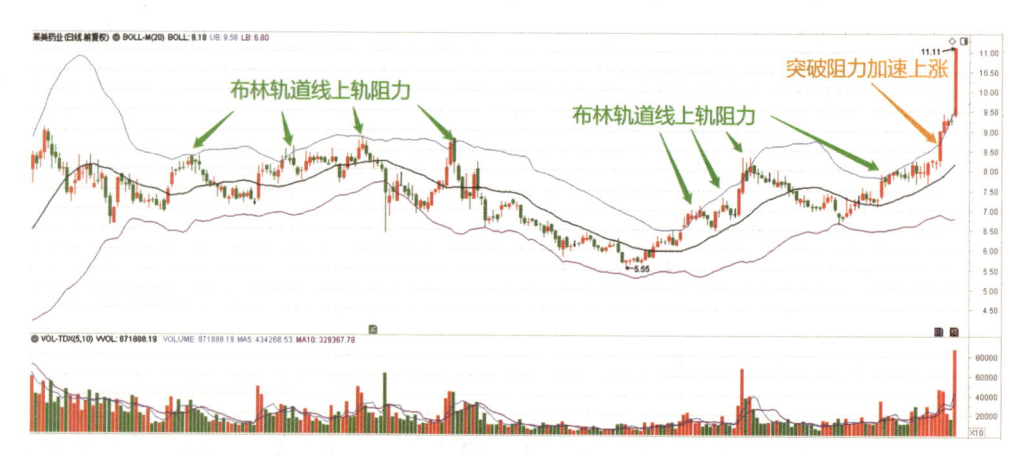

图 11-12　布林轨道线判断阻力位

从图 11-12 中可以清晰地看出来，这是 300006 莱美药业截至 2021 年 8 月 6 日收盘时候的 K 线走势图。这只个股在 2020 年 9 月至 2021 年 7 月横盘期间，多次遇到布林轨道线的上轨阻力位后，股价便开始调整。直到 2021 年 8 月 2 日当天收盘有效突破了布林轨道线的上轨以后，股价才出现加速上涨的趋势。实战当中，当股价在高位和处于下跌通道的时候，多找布林轨道线上轨和中轨作为阻力位来参考，这样成功率会高一些。

2. 布林轨道线判断支撑位

接下来在讲一下布林轨道线判断支撑位的案例，如图 11-13 所示。

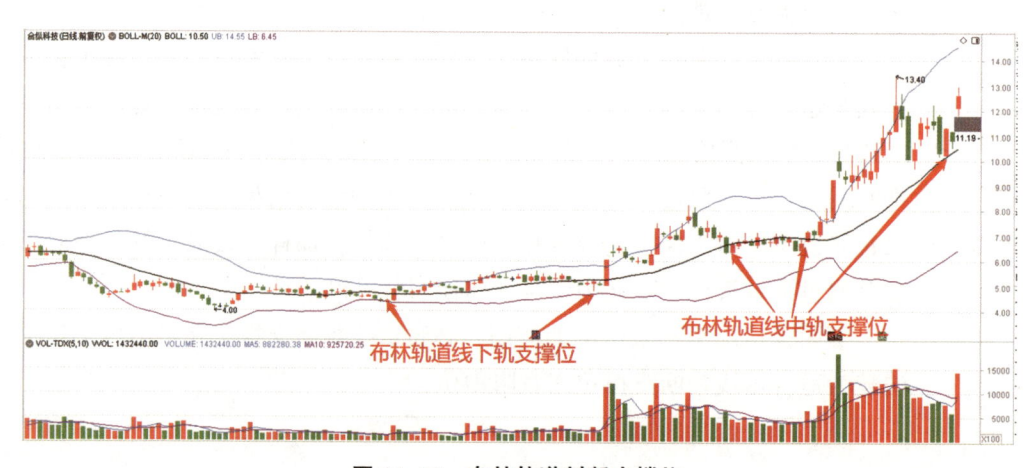

图 11-13　布林轨道判断支撑位

从图11-13中可以清晰地看出来，这是300477合众科技截至2021年8月6日收盘时候的K线走势图。这只个股在2021年3月24日至2021年5月17日两次遇到布林轨道线下轨得到支撑，股价开始反弹；在2021年6月16日至7月6日，多次遇到布林轨道线中轨得到支撑，股价开始上涨；在8月5日短线调整的时候，最低点再次到了布林轨道线中轨位置得到支撑后继续上涨。所以在实战当中，布林轨道线的中轨和下轨位置可以多参考一下支撑位，尤其股价是在底部区域和上升趋势的时候，可以将支撑位作为买卖点来参考。

> 布林轨道线使用注意事项：在布林轨道线参考支撑位和阻力位的时候，给大家一些需要注意的细节。
>
> 由于布林轨道线在上涨或者下跌过程中，处于股价波动较大的区域，所以在股价大幅上涨或者下跌的时候，建议把布林轨道线的支撑位和阻力位的参考权重稍微放低一点。不是说不能参考，而是在股价大幅波动期间，布林线的支撑或者阻力作用会跟随股价加速波动，这个时候再去参考支撑位或者阻力位就失之偏颇。
>
> 股价在上涨阶段可以着重参考三条轨道线的支撑位，这样准确率高点；股价在下跌阶段可以着重参考三条轨道线的阻力位，这样准确率稍微高点；横盘整理期间，阻力位和支撑位准确率相对都客观一些。
>
> 在具体参考布林轨道线的时候，上轨参考阻力位多一些，下轨参考支撑位多一些，而中轨会时常在支撑位和阻力位两个角色当中来回转换。
>
> 所以，在此提醒一下各位投资者，布林轨道线的支撑位和阻力位在股价相对平稳运行期间或者说在高位和低位平台整理区间的判断准确率会相对稳定一些。
>
> 以上这些细节需要注意一下，各位投资者可以找相关个股案例多分析一下便知。

各位股民朋友一定要仔细学习本节内容，多加练习，熟练掌握以上判断股价支撑位和阻力位的方法，对股价进行综合判断分析，切忌单独使用一种方法就妄下断论，因为没有哪种技术分析可以百分之百准确。只有综合分析才能提高准确率，所谓"一招鲜吃遍天"的方法是没有的，一定要综合分析判断才相对客观。

在我从业多年的实战中，教给客户和学员使用的技术分析，多数都是以上述技术分析来判断支撑位和阻力位。当然，还有其他的技术分析方法，以后有机会再和大家交流，但不能学得太杂了，否则容易进入另外一个极端，形成选择困难症，反而使自己更加迷茫。

> 阻力变支撑，
> 加仓往上攻。
> 支撑变阻力，
> 反弹要放弃。

给各位投资者稍微解释一下这首诗的含义：所有的支撑位都会变成阻力位，所有的阻力位也会变成支撑位位。由此可见，阻力位和支撑位是可以变换角色的。

在股价没有突破阻力位之前，这个阻力位就是阻力位，一旦股价突破这个阻力位，那这个阻力位就会变成支撑位了。

同理，对于一个支撑位而言，股价没有跌破之前是支撑位，一旦股价跌破这个支撑位，那这个支撑位就会变成阻力位了。虽然有点绕口，但是必须要搞清楚这个道理。

在股价突破阻力位以后，回踩确认之前的阻力位变成支撑位的有效性以后，就可以加仓买入。

在股价跌破支撑位以后，反弹至之前的支撑位、现在的阻力位位置的时候，就要考虑卖出或减仓手中的股票。

建议各位投资者把上边这首打油诗记住，以后在交易操作的时候可以作为一个参考。

第二节
什么是挂单交易

为什么要使用挂单交易来操作股票呢？因为挂单交易是8561股票交易法则交易体系中提倡的一种方法，挂单交易也是我指导客户经常且每天都用到的策略。多数投资者都不是专业做股票的，都有自己的生意或者工作，这

第十一章
使用 K 线进行精准挂单交易

样挂单交易就是首选了，挂完单子以后该去忙啥就忙啥，不用总盯着看盘。

挂单交易不用实时盯盘，预判好了买单价格和卖单价格以后，挂上单子就可以等待成交了。如果当天不能成交，第二天还可以继续挂单，没有特殊利好或者利空出现，一般都是预定好价格即可，直到成交为止。

挂单交易相对客观，能屏蔽一部分人的弱点，说白了就是能客观看待股价涨跌，做到不贪婪不恐惧。

由于挂单交易属于追跌杀涨式的操作思路，经常会有买了就涨、卖了就跌的情况出现，也会出现买在当天最低价、卖在当天最高价的情况。而多数投资者都是追涨杀跌式操作方法，所以买了就跌、卖了就涨是非常常见的。

由于采用追跌杀涨式操作，跌的时候股价才会到预定的买单位置，所以成交以后会发现是全天的最低点位置；有的时候卖单挂单是必须高挂才行，到了卖单位置成交以后，也经常会成为全天的最高点。追涨杀跌右侧交易和追跌杀涨的左侧交易，这两种思路是完全不同的两个境界。

跟我学习多年的投资者对于以上内容，相信是深有感触的。一开始的时候，按照挂单价格成交了，他们都会感觉好神奇，为什么买的是当天最低点，买完就涨；卖的是当天最高点，卖完就会跌呢？我相信这也是很多投资者想要做到的一点，这种方法无异于增加了投资者信心，而且慢慢会把其心态也改变过来。因为很多投资者慢慢就会放弃追涨杀跌式操作思路，从而回到理性中来，这样时间长了，习惯使用挂单交易后，就可以跑赢多数投资者了。

既然多数投资者追涨杀跌式操作是亏钱的，那为什么不反向操作追跌杀涨呢？经过多年验证，这种追跌杀涨式的操作方法，不敢保证盈利，但是有一点是可以保证的，您至少不会买在上影线的尖上，也不会卖在最低点下影线的尖上。有了这个技术保证，对多数投资者来说就有吸引力了。

挂单交易简单地说就是，提前预设一个买卖价格，挂在这个价格上等待成交即可。比如您手里持有某只股票，现在价格是 10 元，您想在第二个交易日以 10.3 元价格卖出持股，但是您又没有时间看盘，这个时候您就可以在 9 点之前（其实有的券商凌晨就可以挂单，每个券商要求不一样，具体可以咨询开户券商）挂上卖价 10.3 元。如果当天股价到了 10.3 元，则您这笔挂单卖出就会成交，从而完成一笔挂单交易。如果不能成交，接下来每天都可以挂单这个价位卖出，但是超过涨跌停板价格以后就不能挂单了，要等挂单价格再次回到涨跌停板范围以内再进行挂单。

同理，如果您想买入一只股票，但股票现价是 10 元，您想在第二个交易日买入。经过分析发现，9.8 元有个支撑位，那这个时候您就可以挂买单价格 9.8 元买入这只股票。如果第二个交易日股价跌到了 9.8 元，那您这笔买入挂单就会自动成交。如果不成交，那你可以每天挂单继续等待。

在 2023 年 2 月，全面注册制推出以后，其中有一个交易规则没有作出改变，这对我和我所有的学生来说真是太友好了，因为全面注册制新规推出以后，对于追涨杀跌式操作方法，作出了较为严格的限制。2% 价格笼子的新规则就是为了限制那些游资突然挂高了去拉升股价，或者突然挂低了去砸盘。而这个新规则直接限制了那些爱追涨杀跌的投资者的交易习惯。我在小班课程中教给大家的挂单交易属于追跌杀涨式交易方法，所以不在 2% 价格笼子限制的范围内，这点让我很欣慰。

从这个角度来看，我们的监管层越来越重视保护投资者，这也是在传导正确的投资理念，用政策来引导投资者不要盲目追涨杀跌。

第三节
挂单交易的优势

挂单交易有很多优势，主要包括以下几个方面：

第一，挂单交易相对客观，不会随意改变交易价格。

由于挂单的价格是提前预判好的，相对客观一些，因为假如要是盘中看着股价波动来进行交易，很容易受到当时盘中情绪的影响，从而做出非理性的交易决策。而挂单以后是等待成交，不再是盘中冲动式的追涨杀跌，也不会随意更改交易价格，这样就会相对客观。

第二，挂单交易节省时间，不用实时盯盘，挂上单子可以忙自己的工作。

使用挂单交易把价格挂好以后，可以去忙自己的本职工作，不必时刻盯盘。其实多数情况下，很多投资者每天使劲盯着盘，一天四个小时下来，也不知道看了个啥，心脏时刻跟着分时图而上下跳动着。但是，你改变不了盘面，任何趋势都不会因为你的意志而转移，人家该涨就涨，该跌就跌。

挂单以后每天收盘时看一下是否成交就可以了，如果成交了再计划挂单下个买卖点就可以了。这样长时间用挂单交易，也会让投资者的心态越来越稳，心态稳了，投资股市时就会更加客观理性，从而少犯错误。

第三，挂单交易属于追跌杀涨，股价跌了才能买到，不会买在最高点；同样，股价涨到挂卖单位置才会成交，也不会卖在最低点。

由于挂单交易的买点是在比现在更低的价格买入，而不是在更高的价格

第十一章
使用K线进行精准挂单交易

买入，必须是等股价跌到设定的价格才能成交，这样就属于追着下跌的价格买，绝对不会买在短线的最高点。而挂单的卖出价格，是必须等股价涨到提前设定好的价格才会成交卖出，这样就可以保证不会卖在短线的最低点。

长此以往也就避免了买在短线最高点，买完就跌；卖在短线最低点，卖完就涨的尴尬情况。

在我多年的教学和指导客户交易的实战当中，经常会出现在挂单的价格成交以后，买完就涨、卖完就跌的情况，很多客户感觉太神奇了。其实难者不会，会者不难，只要学会了，再耐心地按着计划执行，买完就涨或者卖完就跌的情况就会成为常态。

第四节
挂单交易的劣势

任何事情都有两面性，有好的方面，也就有不好的方面，我一直提倡这个概念，不能总看到好的方面，必须直面每件事情的缺点，这样就能客观理智地面对失败，提前做好预案，也就会避免因做错而恐慌了。

挂单交易的劣势具体有以下几点：

第一，特殊利好和利空会影响挂单交易的效果。

由于挂单交易是挂单之后不再随意更改股票卖价或者买价，一旦遇到极端行情也会出现买了继续下跌，或者卖出以后继续上涨的情况。比如，您想买一只现价10元的股票，您想在支撑位9.8元买入，挂单以后就等待成交了。结果第二交易日出现一个特大利空，股价直接低开到9.8元下方，那您这笔买单就会直接成交。但是成交以后，由于利空因素，股价也许还会继续下跌，虽然买的不是最高点，也会比9.8元的价格更低一些，但也会出现买完继续下跌而亏损的情况。

同样您想卖出一只股票，如果现在价格是10元，您想在10.3元阻力位卖出这只股票，但是第二天出现一个特大利好，股价就会高开，直接高开到您挂单卖出的10.3元以上，那您这笔卖出交易就会成交。虽然有时候会卖得比10.3元价格更高一些，但是成交以后，由于受到利好因素的影响，股票价格还会继续上涨甚至封住涨停板，后期还会继续涨停。这样虽然没有卖在最低位置，但也没有卖到最高价位。

当然这是特殊情况，也很少遇到，但很少遇到并不代表不会遇到。对于这一点来说，只能仁者见仁、智者见智了，还是看每个人的心态如何了。如果您认可这个方式就去试着做，因为我平时主要是考虑到解套策略的需要，所以才会选择用挂单方式指导投资者。

前边我也说过，这个挂单是客观的，只要您心里觉得买卖价格合理，挂上单子即可，否则总想着卖在最高点、买在最低点，这样的思路是没办法做到的，因为任何事情都没有十全十美的。买完就涨，卖完就跌，是我们的所有投资者的梦想，但多数情况下是事与愿违的。

良好的心态对于技术分析来说是至关重要的，总想完美是不可能的，因为这个市场就不是完美的市场，各种缺陷、各种风险、各种机会、各种诱惑等综合因素都在时刻影响着这个市场的发展和运行。

第二，经常出现挂单不成交的情况。

由于挂单交易是提前预判买卖价格，所以有的时候出现偏差也是常见的情况，我认为这个很正常，真要是有人能做到，挂到哪个价位都可以成交，那不成神仙了吗？

所以，如果不成交，而且最初做出交易决定时的买卖理由没有发生变化，那继续挂单就可以。

我经常在提示学员挂单价格以后，后边会补上一句话：给就要，不给就算。其实这就是在提示投资者，也许这个挂单不会成交，只有这样才会相对客观地面对每天挂单的交易策略。

第三，由于长时间不能成交，会造成放弃挂单。

当股市处于弱势当中，有时候股价振幅较小，经常出现挂单不成交的情况。一天可以挂单，两天可以挂单，不过时间久了，有的投资者就会失去耐心，从而也容易放弃挂单交易策略。

其实我这些年也遇到很多这种情况，也听投资者埋怨过，说刘老师天天挂单天天挂单，就是不成交，您这不是玩呢吗？一般情况下我会解释一下，股市机会稍纵即逝，也许您解套与否就在一念之间。

这些年我遇到过不学习、没有耐心、不坚持挂单而错过解套机会的，也遇到过非常有耐心，每天坚持挂单，最后抓住瞬间的解套机会的。我想我是最有发言权的，因为我亲身带着众多学员和客户一路打拼过来，用事实说话是我的一贯作风。

第五节
挂单交易的实战应用

再次强调一下，在使用挂单交易方法之前，建议各位投资者先把之前学过的如何判断支撑位和阻力位完全理解透彻，因为判断支撑位和阻力位是挂单交易的重中之重。你挂单的价格成交概率高不高，直接取决于你判断的支撑位和阻力位是否准确。

由于我当时在券商做投资顾问期间，以及做投资者教育期间，看到都是做账户解套的投资者比较多，平时在引导投资者进行挂单的时候，一般目的是想加仓做差价，就挂单支撑位上买入一部分做差价；想卖出就挂单阻力位上卖出做差价，或者挂在持股成本价格解套就卖出的策略，所以挂单是最有效的交易方式。

在实战当中，挂买单的时候可以选择在最近的支撑位进行买入，由于各种方法分析支撑位时有所区别，所以投资者也可以综合分析。如果在使用其中几种判断支撑位的方法中，支撑位同时符合几个条件，那这个支撑位就会稍微强势一点，也就是支撑的有效性会高一点，买了就涨的概率就会大。

如果在使用其中几种判断阻力位的方法中，阻力位同时符合几个条件，那这个阻力位就会稍微确定一点，也就是阻力位的有效性会高一点，卖了就跌的概率就大。

下面分享一个使用 K 线判断阻力位卖出的实战案例，如图 11-14 和图 11-15 所示。

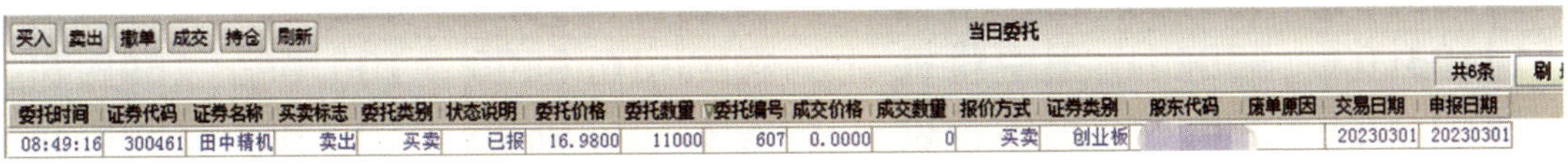
买入 卖出 撤单 成交 持仓 刷新　当日委托
共6条

委托时间	证券代码	证券名称	买卖标志	委托类别	状态说明	委托价格	委托数量	委托编号	成交价格	成交数量	报价方式	证券类别	股东代码	废单原因	交易日期	申报日期
08:49:16	300461	田中精机	卖出	买卖	已报	16.9800	11000	607	0.0000	0	买卖	创业板	[illegible]		20230301	20230301

图 11-14　学员账户单子

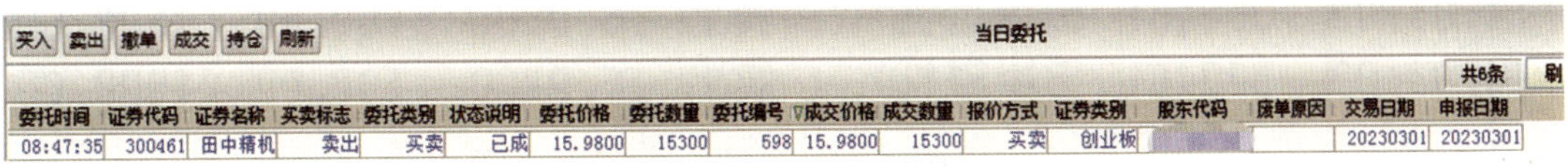
买入 卖出 撤单 成交 持仓 刷新　当日委托
共6条

委托时间	证券代码	证券名称	买卖标志	委托类别	状态说明	委托价格	委托数量	委托编号	成交价格	成交数量	报价方式	证券类别	股东代码	废单原因	交易日期	申报日期
08:47:35	300461	田中精机	卖出	买卖	已成	15.9800	15300	598	15.9800	15300	买卖	创业板	[illegible]		20230301	20230301

图 11-15　学员账户单子

8561 单根 K 线战牛熊

当天这位学员挂了两个卖出的单子，这两笔都是之前加仓的，想要卖出做差价，所以挂了两个单子，一个价格挂在 16.98 元，一个单子挂单在 15.98 元。16.98 元那笔单子没有成交，而 15.98 元的单子当天成交了。

成交情况如图 11-16 所示。

成交时间	证券代码	证券名称	买卖标志	成交价格	成交数量	成交金额
14:02:57	300461	田中精机	卖出	15.9800	1200.00	19176.00
14:02:57	300461	田中精机	卖出	15.9800	1200.00	19176.00
14:02:57	300461	田中精机	卖出	15.9800	1900.00	30362.00
14:03:00	300461	田中精机	卖出	15.9800	700.00	11186.00
14:03:00	300461	田中精机	卖出	15.9800	1400.00	22372.00
14:03:00	300461	田中精机	卖出	15.9800	1000.00	15980.00
14:03:00	300461	田中精机	卖出	15.9800	1400.00	22372.00
14:03:00	300461	田中精机	卖出	15.9800	900.00	14382.00
14:03:00	300461	田中精机	卖出	15.9800	400.00	6392.00
14:03:00	300461	田中精机	卖出	15.9800	300.00	4794.00
14:03:01	300461	田中精机	卖出	15.9800	100.00	1598.00
14:03:01	300461	田中精机	卖出	15.9800	300.00	4794.00
14:03:01	300461	田中精机	卖出	15.9800	800.00	12784.00
14:03:01	300461	田中精机	卖出	15.9800	800.00	12784.00
14:03:01	300461	田中精机	卖出	15.9800	100.00	1598.00
14:03:01	300461	田中精机	卖出	15.9800	400.00	6392.00
14:03:01	300461	田中精机	卖出	15.9800	200.00	3196.00
14:03:01	300461	田中精机	卖出	15.9800	300.00	4794.00
14:03:03	300461	田中精机	卖出	15.9800	100.00	1598.00
14:03:03	300461	田中精机	卖出	15.9800	100.00	1598.00
14:03:03	300461	田中精机	卖出	15.9800	100.00	1598.00
14:03:03	300461	田中精机	卖出	15.9800	100.00	1598.00
14:03:03	300461	田中精机	卖出	15.9800	100.00	1598.00
14:03:03	300461	田中精机	卖出	15.9800	100.00	1598.00

图 11-16 成交的账户

第十一章
使用 K 线进行精准挂单交易

在 2023 年 3 月 1 日下午 14 点 02 分 57 秒至下午 14 点 03 分 03 秒的这几秒钟里，上述挂在 15.98 元的股票成功卖出。这样的话，之前在低位买入的这 11000 股，就成功做出了一笔差价。

图 11-17 成交的股票走势

从图 11-17 中可以看出，田中精机当天最高价格就是 15.98 元，而卖出成交的价格就是 15.98 元，也就是说当天卖了一个最高价。这种精准的挂单相信让很多投资者会直呼很神奇，但这就是我和我的学员们在实战当中经常遇到的情况。虽然以后这只股票也会有更高点出现，但是当时目的就是为了把在底部买入的加仓部分做差价。我们是持有底仓的，做差价的部分必须遵守原则，这个原则就是只要做差价的部分有合理利润就要出手，找好阻力位挂单卖出，卖出以后持股成本就会降低，接下来还会找低位支撑位去加仓。如此反复，直到这只个股走完主升浪，或者我们觉得获利知足了，就可以随时获利了结。

以上这两笔挂单并不是挂了一天，而是挂了好几天才给成交的。那么很多人就有疑问了，这个挂单为什么能这么精准呢？到底是怎么提前判断出这个阻力位呢？下面来讲一下当时的挂单价格是如何判断的，如图 11-18 所示。

8561 单根 K 线 战 牛熊

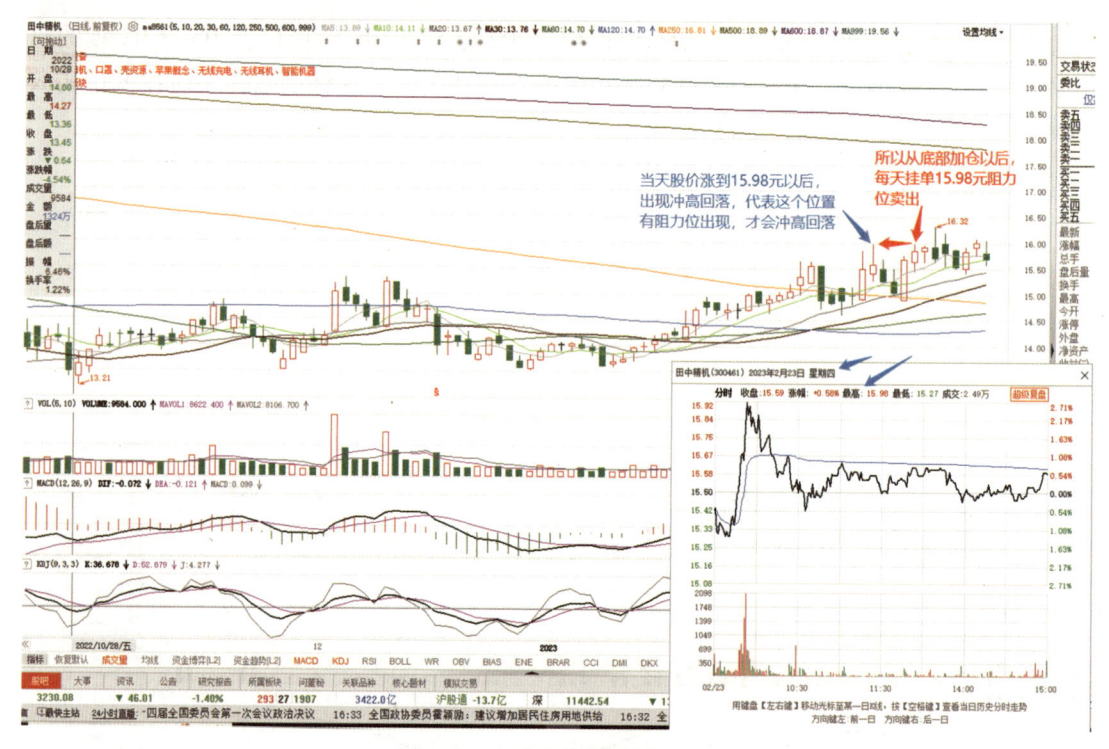

图 11-18　成交股 K 线走势图

　　从图 11-18 中可以看出，这是 300461 田中精机的 K 线走势图，2023 年 2 月 23 日周四那天，这只个股最高涨到 15.98 元以后就开始回调，当天形成一个带上引线的 K 线，代表这根 K 线最高点 15.98 元就是阻力位，否则就不会冲高到这个价位就开始回调下跌。当时用的是"单根 K 线判断阻力位"的方法来进行预判的，也就判断出来这根 K 线最高点位是一个阻力位，接下来几天就开始每天挂单在这个价位卖出。直到 3 月 1 日最高点正好涨到这个位置，结果我们成交以后，股价就开始震荡调整，也就让我们卖出了一个当天最高价。

　　由于本书讲的重点是 K 线知识点，咱们只讲 K 线判断支撑位和阻力位的实战案例就可以了，主要是给大家一个实战案例的演示，让大家知道，使用挂单交易是可以有效做差价的。而且，像这种卖在某个交易日的最高点，或买在某个交易日的最低点的案例太多了。其余判断支撑位和阻力位的实战案例，在这里就不多做阐述了，用的方法都是大同小异，只要学会支撑位和阻力位的判断方法，不管你用什么方法判断都可以，挂单的价格就是买在支撑位、卖在阻力位。这样就能经常遇到买完就涨、卖完就跌，也会出现卖在某天的最高价、买在某天的最低价等情况，长此以往就会增加投资者对股市的信心。

第十一章
使用K线进行精准挂单交易

第六节
挂单交易的注意事项

没有规矩不成方圆，做任何事情必须要有原则或者说是底线，是不能逾越的，接下来说几点关于挂单交易的注意事项，来尽量提高交易的成功率。

第一，不要随便更改挂单价格。

这些年的教学和交易实战当中，我遇到过很多次"打脸"的情况。有的时候给出指导价格以后，从分时K线中看着就是到不了，结果心理发生改变以后，指导客户更改了挂单价格，而往往只要一更改价格，原来的挂单价格就会成为现实，如果不撤单就会成交，这样的案例也有很多，所以后来我就相对客观了，不再随意更改挂单价格。这也是我为什么要提示各位投资者的原因所在，这些都是我的亲身经历。

第二，在判断好支撑位和阻力位以后，要适当给出灵活的振幅。

这个灵活的振幅怎么理解呢？比如您经过分析以后，判断一个支撑位的价格是8.81元，这个时候建议您要打出一定的富余量，因为有时候到不了这个支撑价位就会开始反弹。如果您可丁可卯地挂在8.81元，也许就不能成交。所以这种情况下，要挂高几分钱，这样成交的概率就大。像前面讲的那个挂单15.98元案例，那个主力还是挺善良的，还真给了那个价位，否则那天也会失去成交的机会，但是当时对那只个股走势把握比较大，即使那天没有成交，后期也会成交的，所以当时就没有给出适当的富余量。希望大家以后在实战当中尽量不要这样，除非你特别有把握。

还有一个情况，就是您可丁可卯挂上8.81元了，股价也到了，但是如果您挂单晚于其他相同价格的挂单的话，就会先成交别人的，最后才成交您的挂单，这也比较尴尬。就是股价确实到了您判断的支撑位8.81元了，但就是没让您的挂单成交，最后股价开始上涨，从而错过低位买进的机会。

同理，假设您想卖出某只股票的时候，想挂单交易，如果经过分析之后判断某只股票的阻力位在9.62元的位置，那您想卖出的时候也要打出提前量，少挂几分钱，这样也会避免股价接近阻力位但是没有达到真正的阻力位，股价回调时就无法成交，这种情况也是常见的。因为股市里面主力比我们更懂技术分析，所以通常情况下，主力也是在看着技术分析做文章，和散户投资者比拼分析能力。

我经常和投资者说的一句话是：既然想买就不要在乎那一分两分了，既然想卖也不要在乎那一分两分，否则会错失很多机会。

我指导投资者进行挂单交易的时候，一般也会给出价格的富余量，这样成交的机会就会加大，这也是经过实战验证后给出的建议。

在实战当中，我也会经常听到学员跟我抱怨："刘老师啊，我挂单的就是那个最高价格或者某个最低价格，当天股价也到了，为什么没给我成交呢？"其实就是上述原因造成的，所以上述因素一定要考虑进去，这样才能提高成功率。

就在我写这段文字的时候，这边有个学员挂单 002094 青岛金王加仓做差价，挂了十几天 3.81 元，结果在 2023 年 3 月 20 日的时候，盘中最低价格就是 3.81 元，但就是没给成交。主要是因为在 3.81 元成交的量太小了，还有就是挂单时间没有别人早，所以成交了别人的单子，没给这位学员成交。但不管成交与否，这种精准的挂单对于大多数散户投资者来说，可能是想都不敢想的！所以，遇到这种情况也没办法，只能尽量每天早点挂单或者再挂高一点价格，以避免这种情况出现。如图 11–19 所示。

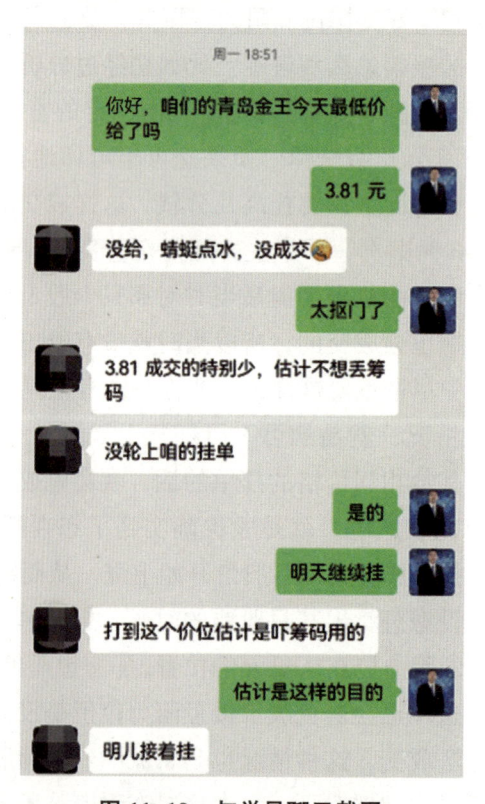

图 11–19　与学员聊天截图

第十一章
使用 K 线进行精准挂单交易

从图 11-19 中可以看出，这位学员根据小班课学习的知识点，一直在挂单，结果挂了很多天，3 月 20 日青岛金王的最低点真到了 3.81 元，就是没给成交。

图 11-20　学员挂的单子

如图 11-20 所示，2023 年 3 月 20 日那天青岛金王最低价就是到了 3.81 元，之后就开始反弹了，至于后面是否走出新低是另外一回事，这个最低的价格挂得还是比较精准的。

以上情况也是我这些年经常遇到的比较尴尬的情况，所以在此提示大家注意这个细节！

第三，移动均线随股价波动而变化，要注意移动均线的使用技巧。

前面讲过用均线判断支撑位和阻力位的知识点，建议大家重视均线的使用方法。有个细节还需要提示一下各位投资者。

均线为什么叫移动均线呢？因为均线每天都随着股价分时变化而实时变化，均线的周期越短，变化就越快。所以，在选择用均线判断支撑位和阻力位的时候，尤其是在参考短期均线的时候要注意每天均线价格的变动因素，这样制定的价格才会有效，否则会造成误差，从而导致判断不准确。

比如，您今天看着 5 日均线价格是 5.43 元，股价还在上升趋势当中，明天一开盘，5 日均线价格就会移动到 5.46 元了，如果您还按照上个交易日的均线价格去挂单，那大概率是不会成交的。

第四，选择距离股价最近的任意两条均线作为差价的操作空间。

在选择均线判断买入或者卖出的时候，要注意选择相邻的两条均线中间的空间作为做短差的空间，且不可跨过中间的均线直接挂下一条均线作为买卖依据挂单，这样也有可能会被您跨过去的那条中间的均线"截和"了！

第五，挂单必须在涨跌停范围内。

大家都清楚股票的涨跌幅，创业板和科创板每天涨跌幅是正负20%，主板每天的涨跌幅是正负10%，ST股票是正负5%。所以，在挂单的时候一定要计算好涨跌停的价格，否则您超出涨跌停价格，是不会成交的。

第六，挂单价格方面的细节。

在挂买卖单价格的时候要注意一个细节，不要挂整数关口价格，比如您要是想买一只股票的时候，最好别挂5.40元买入，挂高一两分钱，挂5.41元、5.42元买入，更不要挂低于整数关口价格，比如5.39元、5.38元这样的价格，因为整数关口一般有支撑，有的时候股价跌不破整数关就开始反弹，造成挂单买不上而无法成交。同理，如果想卖出一只个股的时候，不要挂5.40元整数，最好挂5.38元或5.39元价格卖出，更不要挂比整数关高的位置，如5.41元或5.42元，因为挂低于整数关位置价格，其卖出成交的概率就会加大。一般在整数关口的挂单会比较多，股价到了整数关，也许成交别人的，不会成交你的挂单。

还有，一般情况下主力也在盯着整数关，股价不到整数关价位就开始反弹或者掉头杀跌。这是实战当中我经常见到的情况，希望大家能重视这个细节。

在实战当中，其实主力对于支撑位和阻力位关注度也是非常高的，也会出现主力利用阻力位和支撑位来诱多或者诱空的情况，所以大家在实战的时候一定要活学活用，不要死搬硬套，这样才能提高成功概率。

第七节
一买就跌、一卖就涨的原因

很多投资者在日常交易当中，经常会遇到一种情况，每天好像觉得主力在盯着自己的账户看，你看好一只股票，只要你不去买入，它就一直涨一直涨，就是不回头，一旦你忍不住买入了，那就开始调整了；另外一种情况就是，你可能持有某只股票，持有了很长时间，就是不涨，一直在底部调整，甚至连续创新低，只要你一卖出，股价就会起飞。这些年在教学的时候，很多投资者也会经常问到这个问题，他们会对我说："刘老师啊，是不是主力能看到我的账户啊，怎么我一买就跌一卖就涨？而且主力还不嫌少，有时候持有1000股、10000股也会有这种情况。"我一般都会笑笑回答他们："其实主力不可能看到我们的账户，主要原因还是大家自己没有搞清楚，为什么会出现这种情况。"

那么到底是什么原因造成很多投资者一买就跌、一卖就涨呢？下面我们来分析一下。

第一，很多投资者在股价下跌的时候是不敢买股票的，一般都是在股价出现上涨了才敢追着买，所以你一买，它就开始下跌了，这就是典型的追涨杀跌型操作的结果。散户特别喜欢去追随那些当日上涨或近期涨幅过大的股票，实际上这种方式就很容易追高，就容易造成一买就跌；而遇到股价回调后，很多投资者就卖掉，但股票整理几天后又可能上涨，所以如果在回调的时候卖就容易一卖就涨。这种情况下，投资者千万不要频繁操作。

第二，多数投资者都是情绪化交易，情绪高涨的时候就敢买股票，内心恐慌的时候会选择卖出股票，这也会造成买完就跌、卖完就涨的情况。

第三，很多投资者不知道什么是支撑位、什么是阻力位，所以一般都会买在阻力位上，一买就跌，也会经常卖在支撑位上，所以才会一卖就涨了。

第四，很多投资者也搞不清楚，当前股价处于主力操盘的哪个阶段，一旦遇到洗盘，很容易就被洗出去。如果在高位出货，拉出大阳线，很容易就能把散户诱进去，也就会出现卖完就涨、买完就跌的情况。

以上几种原因就是造成投资者经常买完就跌、卖完就涨的几大因素，希望大家能好好研究一下，尽量避免这种情况的出现。最后送给大家一个经典的8561 A股特色股票投资交易体系中关于短线节奏的提示：

张三不追跌四不杀，
战略趋势必须学他。
战术节奏盘感为先，
支撑阻力盈利开关。

8561 投资理论摘录

　　做交易一定记住，不要有幻想，不要想当然，既然选择学习技术分析，那就完全按照技术分析的信号去做交易，而不是出了信号还不相信，还犹豫不决，这样就没有再继续学习的意义。因为你学习的知识点再多，不去执行也是白白浪费时间，还不如早点结束学习生涯。永远记住一句话：疑则不用！用则不疑！成功的投资者所具备的最起码的交易原则就是执行力！

第十二章　学习股市投资的原则

> 自我定位常自省，
> 方能深知学路径，
> 适合自己是王道，
> 莫要多求弯路跑。

所谓知己知彼，百战百胜；知己不知彼，胜负各一半；不知己也不知彼，逢战必败，这是永远不变的法则。我们在股市投资当中也一定要知己知彼，这样才能尽量提高投资的成功概率。到底该如何定位自己当前处于投资股市的哪个级别呢？以下几点给各位投资者做个参考，当然还有其他的判断自己所处阶段的方法，这里讲得不全面，请大家客观看待。

第一节
先定位自己

一是朦胧阶段：幼儿园级别。

只懂得简单的交易规则，会下单买卖交易，盈利和亏损全靠蒙，或者靠运气，这是最初级的级别。

二是初级阶段：小学级别。

听别人的消息选股，自己不会判断股票好坏，也不知道如何选股，谁说哪个股票好，就跟着去买。这部分投资者也是靠着运气在股市中生存。

三是中级阶段：中学级别。

出来一个消息以后，能分辨消息是好是坏，自己会利用一些简单的技术分析选股。这类投资者时而盈利，时而亏损，但亏损的时候比较多。

四是中高级阶段：高中级别。

出来一个消息以后，能分辨消息是好是坏，并且会逆向交易，也会利用利好消息逢高减仓，利用利空消息逢低吸纳，并且懂得个股基本面的好坏。这类投资者盈利的时候多于亏损的时候。

五是高级阶段：大学本科级别。

对于指数、板块、个股利好利空研究透彻，有自己的交易体系。懂得价值投资的理论体系，投资的胜率多一些。

六是专业级阶段：研究生级别。

等待时间多于操作时间，空仓次数相对多一些，能按照交易体系严格止盈止损，能持续稳定盈利，能够做到价值投资和投机相结合。这类投资者长期来看是不亏钱的。

有了以上这些如何给自己定位的条件，那么各位投资者就可以对号入座，判断出自己正处于哪个阶段，就可以清晰地作出一个自我定位了。在清晰定位以后，也就可以找出相应的不足之处，继续朝着正确的方向去学习，不断升级自己。

第二节
先由简到繁再大道至简的学习路径

第一，正确认识自己，评估自己的实际水平。

第二，明确自己学习的方向和内容。

第三，寻找自己所缺乏的理论知识，让真正有好技术又能教你的老师来带你成长，这样会加速你的成长，也能让你少走弯路。

第四，连续熟读和记忆一些有用的操作技巧。

第五，从行情中印证这些新学到的理论知识，改良书本中的一些知识为实战所用。

第六，大量研究图形和技术指标，把形态、成交量等重要的指标研究透，最后要能够形成条件反射，看到哪个形态就知道下步看多还是看空，一眼就能看出哪些股票还能不能参与或者是否值得关注，这样就会节省很多复盘的时间。

第七，经而大量的模拟和训练，以及大胆的分析、细心的操作，把自己对大盘和个股的分析做好记录，把理由写清楚。

第八，总结自己的学习和实战成果，并作记录背熟，将之变成理论依据，让自己的交易体系系统化、简单化。

第九，严格意义上说，操盘手不只是一个大项目的具体执行者，还是一个不折不扣的落实者，其对个人的要求就是在执行过程中不得有任何思想的干扰或影响。

记住，计划你的交易，交易你的计划。

第三节
适合自己的就是最好的

　　其实股市的成功之路有很多条，你只需要学习搞懂一个方面就可以了，不要想着全部行情都能搞明白，这是不现实的。只要你的交易策略能赚钱，对你来说就是对的，就是可行的，就是最好的交易策略。所以，没有最好只有适合，即便是再好的交易策略，如果别人能赚到钱，而你用这个策略赚不到钱，那就说明这个方法不适合你，你要继续寻找适合自己的交易策略，直到能稳定盈利了，那就留下这个策略进行深度学习和理解。

第十三章　影响股价涨跌的因素分析

> 股价涨跌因素多，
> 学习知识要常做，
> 看清本质心轻松，
> 应对波动不惶恐。

股票涨跌是多方面因素决定的，比如供求关系、资金量、业绩、政策、消息、市场情绪、技术形态等。当供不应求时股票会上涨，当供大于求时股票会下跌；当资金量增加时股票会上涨，而资金量减少股票会下跌。

当企业业绩较好时股票会上涨，而业绩较差时股票会下跌；当政策利好股票时股票会上涨，当政策不利好时股票会下跌；当股票有利好消息时股票会上涨，当股票有利空消息时股票会下跌。

下面介绍几种股票涨跌的因素。

（1）市场环境，也就是股市整体是牛市还是熊市，这非常重要。在熊市当中，多数个股都会大跌，部分个股的业绩却很稳定，在牛市的股价和熊市的股价完全不同，出现翻倍甚至更高的情况非常多。

市场环境对大多数股票来说，是影响股价最主要的因素，但部分超级成长白马股例外，这类股一般在股市低迷或者熊市时上涨，和大盘指数走反势。牛市时，反而有的走势却不尽如人意。

（2）股票趋势位置。如果一只股票大幅上涨，在高位反复震荡，也就是处于顶部区域，这种股票主力获利丰厚，主力有落袋为安的意愿，随时都会出货完毕。同时，也很少有投资者愿意买入大幅上涨的顶部个股，这就会造成股价在主力出完货以后出现大跌；如果在底部，则反之。这也是我们8561 A股特色股票投资交易体系中最重要的一个知识点。

（3）股票基本面。这不单指个股现在的业绩，未来业绩对股票价格影响更加重要；很多传统行业个股业绩优秀，但市场估值非常低。有的公司现在业绩一般，但股价非常高，后者主要是所在行业属于朝阳行业，未来高增长的确定性大，基本面未来会有非常大的改善。简单来讲，市场喜欢未来的蓝筹股，现在的蓝筹股没有未来的蓝筹股估值高。

（4）各种重要的行业发展规划、政策信息等。比如之前雄安新区的规划公布的时候，相关个股连续涨停，这种信息对个股短线涨跌影响非常大。

政策支持哪个行业，哪个行业就会出现大牛股，这是经常会遇到的情况。比如在2020年以后，国家大力支持半导体芯片产业，那么这个行业在未来就会出现真正的大牛股，因为这个行业在未来5～10年会出现世界级的公司，也就会出现世界级的大牛股，这是大概率事件。

（5）主力大资金对于股价的影响。如果主力大资金持续买入哪只股票，无疑会直接带来个股价格的明显变化，造成股价大幅上涨；同理，如果主力机构直接卖出个股，同样会带来个股价格的明显变化，造成股价大幅下跌。

第十三章
影响股价涨跌的因素分析

（6）各种极端的自然天气、灾害等。比如某地发生地震，在震区的上市公司如果损失大，必然会影响股价；又如受天气或者地震影响，部分矿区不能生产，相关资源股的价格会上涨。

（7）出现突发的公共安全事件或者"黑天鹅事件"。这种情况虽然不多见，但是也有一些案例，比如当时的长生生物、乐视网、康得新、康美药业等，都是因为突发的"黑天鹅事件"造成股价大跌，直到最后退市。

（8）技术形态方面的因素。其实在股市当中，不单是散户喜欢研究技术分析，很多主力资金都喜欢研究技术分析，因为技术分析会在某个点形成技术合力，比如在某个价位出现滞涨之后，再追高买入的投资者变少了，那么股价再继续上涨的动力就不足了，股价冲高回落的概率就会加大。同理，假如一个位置出现支撑位，走出来止跌的信号了，那么以前看空的投资者开始看多并买入这只股票，就会对这只股票形成看多的合力，这只股票上涨的概率就大了。

综合以上股价涨跌的因素分析，其实能够影响股价涨跌的因素很多，各位投资者一定要多学习，掌握更多的股价涨跌因素，这样在实战当中就不会感到迷茫了。

但在实战当中，其实会遇到很多奇怪的现象，比如按着正常的逻辑来说，业绩好的股票就会涨，业绩不好的股票就会下跌，但是有些成为"妖股"大涨的股票，反而都是那些业绩亏损的个股，这是什么逻辑呢？分析其主要原因就是，游资特别喜欢那些业绩不好的股票，因为这些类型的股票当中，没有大主力资金的参与，所以游资们就好操作，他们只需要面对散户投资者，这样就会更容易达到自己的目的。还有很多情况，是投资者根据业绩增长去买了某只股票，反而出现大幅亏损，其实这种就属于没有正确择时，只关注业绩，没有研究股价到底处于哪个周期当中。这些内容在《8561 A股特色股票投资交易体系》一书当中仔细分享过，这里就不多说了。

所以，有些教科书里的知识未必完全适合你，必须要找到适合自己的操作逻辑，要活学活用，多在实战中总结投资经验，这样才能在股市中立于不败之地。

在平时教学过程中，我遇到过太多的投资者，连股价到底为什么下跌、为什么上涨都不知道，就是在盲目投资，其实这跟赌博没什么区别，出现亏损也就很常见了。作为一个合格的股市投资者，必须要把最起码的股价涨跌原因搞清楚，即使是马后炮一样搞懂了也行，这样时间长了也就会形成自己的盘感，以后判断股价涨跌也就有了最基本的依据。

8561 投资理论摘录

　　保留本金最好的方法就是仓位控制，有的投资者会说，看准了就重仓，轻仓没意思！其实这都是赌性大的投资者，这类投资者一般都是没吃过大亏的。

　　对于普通投资者来说，一般情况下把握没有那么大，还要重仓吗？那最后不就是大幅亏损吗？

　　想到重仓买入会有高额的利润之前要先计算一下，买错了一笔能亏损多少钱，然后再去决定买多少仓位，这样才是正确理性的投资方法。

　　市场对于先知先觉者的回报是最为丰厚的。

后　　记

　　本书是从 2021 年 5 月开始逐步整理写作，出于种种原因，直到 2023 年 3 月才截稿，所以请各位读者不要在意书中案例的时效性问题，只需关注学习知识点即可。

　　股市沉浮二十余载，出于工作原因，我每天都要接触不同的投资者朋友，多年的券商投资顾问经历和多年的投资教育经历，让我倍感责任重大，每当看到投资者的账户大幅亏损的时候，我就觉得必须要做些什么，后来我决定把自己的经历和带学员及客户实战的经验写出来。帮助更多的投资者树立正确的投资理念，从而减少在股市中不必要的损失，成了我多年以来的首要工作方向。因为我见过太多大幅亏损的账户，看到这些账户以后，经过仔细分析，发现其实有些账户本不应该出现大幅亏损，也为投资者觉得可惜，只能劝那些投资者多学习，避免造成不可挽回的损失。要改变以前错误的操作思路，否则还会继续亏损。

　　股市投资其实说难也不难，只是很多散户投资者觉得太难了，总是亏损。其实只要把亏损的原因找到，做出改变，还是不难的，重要的是要自己真正悟出来一些正确的投资理念才行。我在讲公开课或者抖音直播的时候，会经常说一句话：股市之路唯有自渡！别人的看法或者建议，仅供参考，真正的操作还得靠自己不断学习摸索，才能找到属于自己的正确的投资策略。

　　温馨提示：本书当中展示的交割单和实战案例，仅作为各位投资者朋友学习使用，不能作为指导您真实交易的参考依据。请您知晓，股市有风险，投资需谨慎！

　　要了解更多作者的动向，可以关注作者微信公众号"刘金锁 8561"或者抖音号"liujinsuo8561"，也可以发邮件联系作者，作者邮箱：liujinsuo88@139.com.